IMPRIMERIE DE H. FOURNIER ET Cᵉ, 7 RUE SAINT-BENOIT.

RECUEILLEMENS
POÉTIQUES.

ŒUVRES COMPLÈTES

DE M. DE

LAMARTINE

TOME TROISIÈME

RECUEILLEMENS POÉTIQUES — POÈMES ET POÉSIES DIVERSES

PARIS

CHARLES GOSSELIN, FURNE ET Cie
ÉDITEURS

—

M DCCC XLII

ŒUVRES COMPLÈTES

DE M DE

LAMARTINE

LETTRE

A M. LÉON BRUYS D'OUILLY

SERVANT DE PRÉFACE.

Je vous envoie, mon cher ami, le petit volume de poésies nouvelles que M. Charles Gosselin réclame et que vous voulez bien vous charger de lui porter parmi vos bagages. Les poëtes seuls doivent se charger de ces commissions à la fois sérieuses et futiles, comme on ne donne les choses légères à porter qu'aux mains des enfans.

Mon éditeur ne se contente pas de vers; il veut encore un titre. Dites-lui d'appeler ce volume *Recueillemens poétiques*. Ce titre rend parfaitement l'impression que j'ai eue en écrivant ces poésies. C'est le nom des heures que j'y ai trop rarement consacrées.

Vous me demandez, mon cher ami, comment, au milieu de mes travaux d'agriculteur, de mes études philosophiques, de mes voyages et du mouvement politique qui m'emporte quelquefois dans sa sphère tumultueuse et passionnée, il peut me rester quelque liberté d'esprit et quelques heures d'audience pour cette poésie de l'âme qui ne parle qu'à voix basse dans le silence et dans la solitude! C'est comme si vous demandiez au soldat ou au matelot s'il leur reste un moment pour penser à ce qu'ils aiment et pour prier Dieu, dans le bruit du camp ou dans l'agitation de la mer. Tout homme a en soi une merveilleuse faculté d'expansion et de concentration, de se livrer au monde sans se perdre soi-même, de se quitter et de se retrouver tour à tour. Voulez-vous que je vous dise mon secret? c'est la division du temps; son heure a chaque chose, et il y en a pour tout. Bien entendu que je parle de l'homme qui vit comme nous, à cent lieues de Paris et à dix lieues de toute ville, entre deux montagnes, sous son chêne ou sous son figuier. Et puisque vous voulez le récit vrai et confidentiel d'une de mes journées de paysan que vous trouvez trop pleines et que je sens si vides, tenez, le voilà : prenez et lisez, comme dit solennellement le grand poëte des Confessions, J.-J. Rousseau.

Mais d'abord souvenez-vous que, pour vivre ainsi double, il faut se coucher de bonne heure et que votre lampe s'éteigne quand la lampe du tisserand et celle de la fileuse brillent encore, comme des étoiles tombées à terre, à travers les branches, sur les flancs noirs de nos collines. Il faut entendre en s'endormant les chants éloignés des jeunes garçons du village qui reviennent de la veillée dans les étables, et qui se répondent en s'affaiblissant comme une sonore invitation au sommeil.

<small>Suadentque cadentia sidera somnos.</small>

Notre ami et maître Virgile savait tout cela.

Quand donc l'année politique a fini, quand la chambre, les conseils généraux de département, les conseils municipaux de village, les élections, les moissons, les vendanges, les semailles me laissent deux mois seul et libre dans cette chère masure de Saint-Point que vous connaissez, et où vous avez osé coucher quelquefois sous une tour qui tremble aux coups du vent d'ouest, ma vie de poëte recommence pour quelques jours. Vous savez mieux que personne qu'elle n'a jamais été qu'un douzième tout au plus de ma vie réelle.

La poésie n'a été pour moi que ce qu'est la prière, le plus beau et le plus intense des actes de la pensée, mais le plus court et celui qui dérobe le moins de temps au travail du jour. La poésie, c'est le chant intérieur.

Que penseriez-vous d'un homme qui chanterait du matin au soir? Je n'ai fait des vers que comme vous chantez en marchant quand vous êtes seul débordant de force dans les routes solitaires de vos bois. Cela marque le pas et donne la cadence aux mouvemens du cœur et de la vie. Voilà tout.

L'heure de ce chant pour moi, c'est la fin de l'automne; ce sont les derniers jours de l'année qui meurt dans les brouillards et dans les tristesses du vent. La nature âpre et froide nous refoule alors au dedans de nous-mêmes; c'est le crépuscule de l'année; c'est le moment où l'action cesse au dehors; mais l'action intérieure ne cessant jamais, il faut bien employer à quelque chose ce superflu de force qui se convertirait en mélancolie dévorante, en désespoir et en démence, si on ne l'exhalait pas en prose ou en vers! Béni soit celui qui a inventé l'écriture, cette conversation de l'homme avec sa propre pensée, ce moyen de le soulager du poids de son âme! il a prévenu bien des suicides!

A ce moment de l'année, je me lève bien avant le jour; cinq heures du matin n'ont pas encore sonné à l'horloge lente et rauque du clocher qui domine mon jardin, que j'ai quitté mon lit, fatigué de rêves, rallumé ma lampe de cuivre et mis le feu au sarment de vigne qui doit réchauffer ma veille dans cette petite tour voûtée, muette et isolée, qui ressemble à une chambre sépulcrale habitée encore par l'activité de la vie. J'ouvre ma fenêtre; je fais quelques pas sur le plancher vermoulu de mon balcon de bois. Je regarde le ciel et les noires dentelures de la montagne qui se découpent nettes et aiguës sur le bleu pâle d'un firmament d'hiver, ou qui noient leurs cimes dans un lourd océan de brouillards; quand il y a du vent, je vois courir les nuages sur les dernières étoiles qui brillent et disparaissent tour à tour comme des perles de l'abîme que la vague recouvre et découvre dans ses ondulations. Les branches noires et dépouillées des noyers du cimetière se tordent et se plaignent sous la tourmente des airs, et l'orage nocturne ramasse et roule leur tas de feuilles mortes qui viennent bruire et bouillonner au pied de la tour comme de l'eau.

A un tel spectacle, à une telle heure, dans un tel silence, au milieu de cette nature sympathique, de ces collines où l'on a grandi, où l'on doit vieillir, à dix pas du tombeau où repose en nous attendant tout ce qu'on a le plus pleuré sur la terre, est-il possible que l'âme qui s'éveille et qui se trempe dans cet air des nuits, n'éprouve pas un frisson universel, ne se mêle pas instantanément à toute cette magnifique confidence du firmament et des montagnes, des étoiles et des prés, du vent et des arbres, et qu'une rapide et bondissante pensée ne s'élance pas du cœur pour monter à ces étoiles, et de ces étoiles pour monter à Dieu? Quelque chose s'échappe de moi pour se confondre à toutes ces choses, un soupir me ramène à tout ce que j'ai connu, aimé, perdu dans cette maison et ailleurs; une espérance forte et évidente comme la Providence, dans la nature, me reporte au sein de Dieu où tout se retrouve : une tristesse et un enthousiasme se confondent dans quelques mots que j'articule tout haut sans crainte que personne les entende, excepté le vent qui les porte à Dieu. Le froid du matin me saisit : mes pas craquent sur le givre, je referme ma fenêtre, et je rentre dans ma tour où le fagot réchauffant pétille et où mon chien m'attend.

Que faire alors, mon cher ami, pendant ces trois ou quatre longues heures de silence qui ont à s'écouler en novembre entre le réveil et le mouvement de la lumière et du jour? Tout dort dans la maison et dans la cour ; à peine entend-on quelquefois un coq, trompé par la lueur d'une étoile, jeter un cri qu'il n'achève pas et dont il semble se repentir, ou quelque bœuf endormi et rêvant dans l'étable pousser un mugissement sonore qui réveille en sursaut le bouvier. On est sûr qu'aucune distraction domestique, aucune visite importune, aucune affaire du jour ne viendra vous surprendre de deux ou trois heures et tirailler votre pensée. On est calme et confiant dans son loisir. Car le jour est aux hommes, mais la nuit n'est qu'à Dieu.

Ce sentiment de sécurité complète est à lui seul une volupté. J'en jouis un instant avec délices. Je vais, je viens, je fais mes six pas dans tous les sens, sur les dalles de ma chambre étroite, je regarde un ou deux portraits suspendus au mur, images mille fois mieux peintes en moi ; je leur parle, je parle à mon chien qui suit d'un œil intelligent et inquiet tous mes mouvemens de pensée et de corps. Quelquefois je tombe à genoux devant une de ces chères mémoires du passé mort; plus souvent, je me promène en élevant mon âme au Créateur et en articulant quelques lambeaux de prières que notre mère nous apprenait dans notre enfance et quelques versets mal cousus de ces psaumes du saint poëte hébreu, que j'ai entendu chanter dans les cathédrales et qui se retrouvent çà et là, dans ma mémoire, comme des notes éparses d'un air oublié.

Cela fait (et tout ne doit-il pas commencer et finir par cela?) je m'assieds près de la vieille table de chêne où mon père et mon grand-père se sont assis. Elle est couverte de livres froissés par eux et par moi : leur vieille Bible, un grand Pétrarque in-4°, édition de Venise en deux énormes volumes, où ses œuvres latines, sa politique, ses philosophies, son *Africa*, tiennent deux mille pages, et où ses immortels sonnets en tiennent sept. Parfaite image de la vanité et de l'incertitude du travail de l'homme qui passe sa vie à élever un monument immense et laborieux à sa mémoire, et dont la postérité ne sauve qu'une petite pierre pour lui faire une gloire et une immortalité. Un Homère, un Virgile, un volume de lettres de Cicéron, un tome dépareillé de Châteaubriand, de Goethe, de Byron, tous philosophes ou poëtes, et une petite Imitation de Jésus-Christ, bréviaire philosophique de ma pieuse mère, qui conserve la trace de ses doigts, quelquefois de ses larmes, quelques notes d'elle, et qui contient à lui seul plus de philosophie et plus de poésie que tous ces poëtes et tous ces philosophes. Au milieu de tous ces volumes poudreux et épars, quelques feuilles de beau papier blanc, des crayons et des plumes qui invitent à crayonner et à écrire.

Le coude appuyé sur la table et la tête sur la main, le cœur gros de sentimens et de souvenirs, la pensée pleine de vagues images, les sens en repos ou tristement bercés par les grands murmures des forêts qui viennent tinter et expirer sur mes vitres, je me laisse aller à tous mes rêves; je ressens tout, je pense à tout, je roule nonchalamment un crayon dans ma main, je dessine quelques bizarres images d'arbres ou de navires sur une feuille blanche; le mouvement de la pensée s'arrête, comme l'eau dans un lit de fleuve trop plein; les images, les sentimens s'accumulent, ils demandent à s'écouler sous une forme ou sous une autre, je me dis : Écrivons. Comme je ne sais pas écrire en prose faute de métier et d'habitude, j'écris des vers. Je passe quelques heures assez douces à épancher sur le papier, dans ces mètres qui marquent la cadence et le mouvement de l'âme, les sentimens, les idées, les souvenirs, les tristesses, les impressions dont je suis plein : je me relis plusieurs fois à moi-même ces harmonieuses confidences de ma propre rêverie; la plupart du temps je les laisse inachevées et je les déchire après les avoir écrites. Elles ne se rapportent qu'à moi, elles ne pourraient être lues par d'autres; ce ne seraient pas peut-être les moins poétiques de mes poésies, mais qu'importe! Tout ce que l'homme sent et pense de plus fort et de plus beau, ne sont-ce pas les confidences qu'il fait à l'amour, ou les prières qu'il adresse à voix basse à son Dieu? Les écrit-il? non sans doute, l'œil ou l'oreille de l'homme les profanerait. Ce qu'il y a de meilleur dans notre cœur n'en sort jamais.

Quelques-unes de ces poésies matinales s'achèvent cependant ; ce sont celles que vous connaissez, des

Méditations, des Harmonies, Jocelyn, et ces pièces sans nom que je vous envoie. Vous savez comment je les écris, vous savez combien je les apprécie à leur peu de valeur ; vous savez combien je suis incapable du pénible travail de la lime et de la critique sur moi-même. Blâmez-moi, mais ne m'accusez pas, et en retour de trop d'abandon et de faiblesse, donnez-moi trop de miséricorde et d'indulgence. *Naturam sequere!*

Les heures que je puis donner ainsi à ces gouttes de poésie, véritable rosée de mes matinées d'automne, ne sont pas longues. La cloche du village sonne bientôt l'angélus avec le crépuscule ; on entend dans les sentiers rocailleux qui montent à l'église ou au château, le bruit des sabots des paysans, le bêlement des troupeaux, les aboiemens des chiens de berger et les cahots criards des roues de la charrue sur la glèbe gelée par la nuit ; le mouvement du jour commence autour de moi, me saisit et m'entraîne jusqu'au soir. Les ouvriers montent mon escalier de bois et me demandent de leur tracer l'ouvrage de leur journée ; le curé vient et me sollicite de pourvoir à ses malades ou à ses écoles ; le maire vient, et me prie de lui expliquer le texte confus d'une loi nouvelle sur les chemins vicinaux, loi que j'ai faite et que je ne comprends pas mieux que lui. Des voisins viennent, et me somment d'aller avec eux tracer une route ou borner un héritage ; mes vignerons viennent m'exposer que la récolte a manqué et qu'il ne leur reste qu'un ou deux sacs de seigle pour nourrir leur femme et cinq enfans pendant un long hiver; le courrier arrive chargé de journaux et de lettres qui ruissellent comme une pluie de paroles sur ma table, paroles quelquefois douces, quelquefois amères, plus souvent indifférentes, mais qui demandent toutes une pensée, un mot, une ligne. Mes hôtes, si j'en ai, se réveillent et circulent dans la maison; d'autres arrivent et attachent leurs chevaux harassés aux barreaux de fer des fenêtres basses. Ce sont des fermiers de nos montagnes, en veste de velours noir, en guêtres de cuir; des maires des villages voisins, de bons vieux curés à la couronne de cheveux blancs, trempés de sueur; de pauvres veuves des villes prochaines qui seraient heureuses d'un bureau de poste ou de timbre, qui croient à la toute-puissance d'un homme dont le journal du chef-lieu a parlé, et qui se tiennent timidement en arrière sous les grands tilleuls de l'avenue avec un ou deux pauvres enfans à la main. Chacun a son souci, son rêve, son affaire; il faut les entendre, serrer la main à l'un, écrire un billet pour l'autre, donner quelque espérance à tous. Tout cela se fait en rompant, sur le coin de la table chargée de vers, de prose et de lettres, un morceau de ce pain de seigle odorant de nos montagnes, assaisonné de beurre frais, d'un fruit du jardin, d'un raisin de la vigne. Frugal déjeuner de poëte et de laboureur dont les oiseaux attendent les miettes sur mon balcon. Midi sonne; j'entends mes chevaux caressans hennir et creuser du pied le sable de la cour, comme pour m'appeler. Je dis bonjour et adieu aux hôtes de la maison qui restent jusqu'au soir; je monte à cheval et je pars au galop, laissant derrière moi toutes les pensées du matin pour aller à d'autres soucis du jour. Je m'enfonce dans les sentiers creux et escarpés de nos vallées : je gravis et je redescends pour gravir encore nos montagnes; j'attache mon cheval à bien des arbres, je frappe à plusieurs portes; je retrouve ici et là mille affaires pour moi ou pour les autres, et je ne rentre qu'à la nuit après avoir savouré, pendant six ou sept heures de routes solitaires, tous les rayons du soleil, toutes les teintes des feuilles jaunissantes, toutes les odeurs, tous les bruits gais ou tristes de nos grands paysages dans les jours d'automne. Heureux si en rentrant, harassé de fatigue, je trouve par hasard au coin du feu quelque ami arrivé pendant mon absence, au cœur simple, à la parole poétique, qui, en allant en Italie ou en Suisse, s'est souvenu que mon toit est près de sa route, et qui, comme Hugo, Nodier, Quinet, Sue ou Manzoni, vient nous apporter un écho lointain des bruits du monde et goûter avec indulgence un peu de notre paix.

Voilà, mon cher ami, la meilleure part de vie de l'année pour moi. Que Dieu la multiplie et soit béni pour ce peu de sel dont il l'assaisonne; mais ces jours s'envolent avec la rapidité des derniers soleils qui dorent entre deux brouillards les cimes pourprées des jeunes peupliers de nos prés.

Un matin, le journal annonce que les chambres sont convoquées pour le milieu ou la fin de décembre. De ce jour, toute joie du foyer et toute paix s'évanouissent; il faut préparer ce long interrègne domestique que produit l'absence dans un ménage rural, pourvoir aux nécessités de Saint-Point, à celles d'un séjour onéreux de six mois à Paris, *res angusta domi*, il faut partir.

Je sais bien qu'on me dit : Pourquoi partez-vous? ne tient-il pas à vous de vous enfermer dans votre quiétude de poëte et de laisser le monde politique travailler pour vous? Oui, je sais qu'on me dit cela; mais je ne réponds pas : j'ai pitié de ceux qui me le disent. Si je me mêlais à la politique pour plaisir ou pour vanité, on aurait raison; mais si je m'y mêle par devoir comme tout passager dans un gros temps met sa main à la manœuvre, on a tort; j'aimerais mieux chanter au soleil sur le pont, mais il faut monter à la vergue et prendre un ris, ou déployer la voile. Le labeur social est le travail quotidien et obligatoire de tout homme qui participe aux périls ou aux bénéfices de la société. On se fait une singulière idée de la politique dans notre pays et dans notre temps. Eh! mon Dieu, il ne s'agit pas le moins du monde pour vous et pour moi de savoir à quelles pauvres et passagères individualités appartiendront quelques années de pouvoir? Qu'importe à l'avenir que telle ou telle année du gouvernement d'un petit pays qu'on appelle la France ait été marquée par le consulat de tels ou tels hommes; c'est l'affaire de leur gloriole, c'est l'affaire du calendrier. Mais il s'agit de savoir si le monde social avancera ou rétrogradera dans sa route sans terme; si l'éducation du genre humain se fera par la liberté ou par le despotisme qui l'a si mal élevé jusqu'ici ; si les législations seront l'expression du droit et du devoir de tous ou de la tyrannie de quelques-uns ; si l'on pourra enseigner à l'humanité à se gouverner par la vertu plus que par la force ; si l'on introduira enfin dans les rapports politiques des hommes entre eux et des nations entre elles, ce divin principe de fraternité qui est tombé du ciel sur la terre pour détruire toutes les servitudes et pour sanctifier toutes les disciplines ; si on abolira le meurtre légal ; si on effacera peu à peu du code des nations ce meurtre en masse qu'on appelle la guerre ; si les hommes se gouverneront enfin comme des familles, au lieu de se parquer comme des troupeaux ; si la liberté sainte des consciences grandira enfin avec les lumières de la raison, multipliées par le verbe, et si Dieu, s'y réfléchissant de siècle en siècle davantage, sera de siècle en siècle mieux adoré en œuvres et en paroles, en esprit et en vérité.

Voilà la politique telle que nous l'entendons, vous, moi, tant d'autres et presque toute cette jeunesse qui est née dans les tempêtes, qui grandit dans les luttes, et qui semble avoir en elle l'instinct des grandes choses qui doivent graduellement et religieusement s'accomplir. Croyez-vous qu'à une pareille époque et en présence de tels problèmes il y ait honneur et vertu à se mettre à part dans le petit troupeau des sceptiques et à dire comme Montaigne : Que sais-je ? ou comme l'égoïste : Que m'importe ?

Non. Lorsque le divin juge nous fera comparaître

devant notre conscience à la fin de notre courte journée d'ici-bas, notre modestie, notre faiblesse ne seront point une excuse pour notre inaction. Nous aurons beau lui répondre : Nous n'étions rien, nous ne pouvions rien, nous n'étions qu'un grain de sable, il nous dira : J'avais mis devant vous, de votre temps, les deux bassins d'une balance où se pesaient les destinées de l'humanité : dans l'un était le bien, dans l'autre était le mal. Vous n'étiez qu'un grain de sable, sans doute, mais qui vous dit que ce grain de sable n'eût pas fait incliner la balance de mon côté? Vous aviez une intelligence pour voir, une conscience pour choisir, vous deviez mettre ce grain de sable dans l'un ou dans l'autre ; vous ne l'avez mis nulle part ; que le vent l'emporte ; il n'a servi ni à vous ni à vos frères.

Je ne veux pas, mon cher ami, me faire en mourant cette triste réponse de l'égoïsme, et voilà pourquoi je termine à la hâte ce griffonnage et je vous dis adieu.

Mais je m'aperçois que cette lettre a vingt pages ; tant pis : il est trop tard pour la recommencer.

M. Charles Gosselin me demande un avertissement ; si cette lettre est trop longue pour une lettre, faites-en une préface. Cela ne se lit pas.

DE LAMARTINE.

Saint-Point, 1er décembre 1838.

RECUEILLEMENS
POÉTIQUES.

I.

CANTIQUE

SUR LA MORT

DE MADAME LA DUCHESSE DE BROGLIE.

Saint-Point, 15 novembre 1838.

Quand le printemps a mûri l'herbe
Qui porte la vie et le pain,
Le moissonneur liant la gerbe
L'emporte à l'aire du bon grain;
Il ne regarde pas si l'herbe qu'il enlève
Verdit encore au pied de jeunesse et de sève,
Ou si, sous les épis courbés en pavillon,
Quelques frêles oiseaux à qui l'ombre était douce
Du soleil ou du vent s'abritaient sur la mousse,
Dans le nid caché du sillon?

Que lui fait la fleur bleue ou blanche
Qui, liée en faisceau doré,
Sur le bras qui l'emporte, penche
Son front mort et décoloré.
« Portez les blonds épis sur mon aire d'argile !
« Faites jaillir le blé de la paille fragile !
« La fleur parfumera le froment de son miel,
« Et broyé sous la meule où Dieu fait sa mouture,
« Ce grain d'or deviendra la sainte nourriture
    « Que rompent les enfans du ciel ! »

Seigneur ! ainsi tu l'as cueillie,
Aux jours de sa félicité.
Cette femme qui multiplie
Ton nom dans sa postérité !
En vain dans le lit d'or dont ses jours étaient l'onde,
On voyait resplendir l'eau limpide et profonde,
En vain sa chevelure à ses pieds ruisselait,
En vain un tendre enfant, dernier fruit de sa couche,
Ouvrait les bras à peine et s'essuyait la bouche
    Teinte encor de son chaste lait.

Tu vois cette âme printanière,
Fructifiant avant l'été,
Répandre en dons, comme en prière,
Son parfum de maturité.
Et tu dis à la Mort, ministre de ta grâce :
Laisse tomber sur elle un rayon de ma face,
Qu'elle sèche d'amour pour mes biens immortels !
Et la Mort t'obéit et t'apporte son âme,

Comme le vent enlève une langue de flamme
      De la flamme de tes autels!

      O Dieu! que ta loi nous est rude!
      Que nos cœurs saignent de tes coups!
      Quel vide et quelle solitude
      Fait cette absence autour de nous!
Par quel amour jaloux, par quel cruel mystère,
De tout ce qui l'ornait dépouilles-tu la terre?
N'avons-nous pas besoin d'exemple et de flambeau?
Et pour que ton regard sans trop d'horreur s'y pose,
Dieu saint! ne faut-il pas que quelque sainte rose
      Te parfume ce vil tombeau?

      Elle était ce thym des collines
      Que l'aurore semble attirer,
      Que pour embaumer nos poitrines
      Nos lèvres venaient respirer!
Dans cet air froid du monde infecté de nos vices
Ses lèvres de corail étaient deux frais calices
D'où coulait ta parole en célestes accens!
Combien de fois moi-même, embaumé de ses grâces,
Comme en sortant d'un temple, en sortant de ses traces,
      Je sentis mon cœur plein d'encens!

      Oh! qui jamais s'approcha d'elle
      Sans éprouver sur son tourment
      D'une brise surnaturelle
      Le divin rafraîchissement?
Au timbre de sa voix, au jour de sa paupière,

Amis! qui ne sentit fondre son cœur de pierre,
Et ne dit en soi-même, en l'écoutant parler,
Ce que disait l'apôtre au disciple incrédule :
« Ne sens-tu pas, mon cœur, quelque chose qui brûle,
  « Et qui demande à s'exhaler? »

Elle était née un jour de largesse et de fête,
D'une femme immortelle au verbe de prophète;
Le génie et l'amour la conçurent d'un vœu!
On sentait à l'élan que retenait la règle,
Que sa mère l'avait couvée au nid de l'aigle,
  Sous une poitrine de feu!

Les palpitations de l'âme maternelle
Au-delà du tombeau se ressentaient en elle;
Elle aimait les hauts lieux et le libre horizon;
Un élan naturel l'emportait vers les cimes
Où la création donne aux âmes sublimes
  Les vertiges de la raison!

Dès qu'un seul mot rompait le sceau de ses pensées
On les voyait monter vers le ciel élancées,
Jusqu'où monte au Très-Haut la contemplation;
Son œil avait l'éclair du feu sur une armure,
Et le son de sa voix vibrait comme un murmure
  Des grandes harpes de Sion.

Elle montait ainsi jusqu'où l'on perd de vue
L'âme contemplative à son Dieu confondue,
Perçant avec la foi les voiles de la mort;

Et revenait semblable à l'oiseau du déluge
Rapporter un rameau de paix et de refuge
    Aux faibles qui doutaient du bord!

L'amour qui l'enlevait la ramenait au monde,
Non pas pour s'abreuver comme nous de son onde,
Non pas pour se nourrir du pain qu'il a levé,
Mais pour faire choisir parmi la graine amère
A ces petits enfans, dont elle était la mère,
    Quelques tiges de sénevé !

Ce grain qu'elle cherchait comme la poule gratte
Le froment ou le mil sur une terre ingrate,
C'était, Seigneur, c'était les lettres de ta loi ;
C'était le sens caché dans les mots du saint livre
Dont le silence parle et dont l'esprit fait vivre
    Ceux qui se nourrissent de foi !

    Au bruit du monde qui l'admire
    Et se pressait pour l'escorter,
    Comme l'onde autour du navire
    Pour l'engloutir ou le porter,
    Aux nœuds d'une gloire importune
    Qui l'enchaînait à sa fortune,
    Elle, éprise d'autre trésor !
    A l'œil de l'amitié ravie

Qui regardait luire sa vie
Humble dans un chandelier d'or !

Aux roulis inconstans de l'onde
Où le souffle orageux des airs
L'agitait sur la mer du monde
A la lueur de nos éclairs;
A ces foudres, à ces naufrages
Qui jettent sur tous nos rivages
Nos respects avec nos débris,
A ces tempêtes populaires
Qui font sombrer dans leurs colères
Ceux que soulevaient leurs mépris,

Elle échappait rêveuse et tendre
Par ce divin recueillement
Qui fait silence pour entendre
Le vol de l'ange au firmament !
Grâce au bras que son Christ lui prête,
Elle marchait sur la tempête
Sans tremper ses pieds au milieu ;
Et cette figure céleste
Esprit et corps n'étaient qu'un geste
Qui foulait l'onde et montrait Dieu !

Quelle ombre du Très-Haut sur elle !
Quelle auguste et sainte pudeur
Comme un séraphin sous son aile
La vêtissait de sa splendeur !
Comme toute profane idée

Disparaissait intimidée
Sous le rayon de sa beauté !
Comme le vent de pure flamme
Balayait de devant cette âme
Toute cendre de volupté !

———

Ton amour, ô Seigneur ! est dans l'amour suprême !
L'amour de ces enfans en qui le chrétien t'aime !
Sur leurs cœurs ulcérés cette huile de ta foi !
Ces aumônes d'esprit en pages de ta loi !
Ces pains multipliés pour nourrir leurs misères,
Ces conversations la nuit avec ses frères
Pour charmer leur exil en se parlant de toi.
Ces cœurs fertilisés se fondant en prières
    Aux hymnes du prophète-roi !
C'était là de ses nuits les voluptés sévères.
Anges qui les voiliez, ô redites-les moi !

    Dites, oiseaux évangéliques,
    Passereaux du sacré jardin,
    Dont les notes mélancoliques
    Enchantent les flots du Jourdain ?

    Saintes colombes de ces saules
    Qui joignant vos pieds de rubis
    Veniez percher sur les épaules
    Du pasteur des douces brebis !

Oiseaux cachés parmi les branches
Sur les bords du sacré vivier,
Qui couvrez de vos ailes blanches
Le Térébinthe et l'Olivier !

Vous qui même à son agonie,
Accourant à sa sainte voix,
Veniez mêler votre harmonie
Aux gémissemens de sa croix !

Dites quels amoureux messages
Ou de tristesse ou de douceur,
Du désert et des saints rivages
Vous apportiez à cette sœur ?

Dites quelles saintes pensées
Sous l'arbre de la passion,
Dites quelles larmes versées
Sur la poussière de Sion,

Vous remportiez sur les racines
Du jardin des saintes douleurs,
Et vous versiez dans les piscines
Où Jésus répandit ses pleurs ?

Ces colombes un jour aux rives immortelles
Emmenèrent d'ici cette sœur avec elles,
Pour goûter, ô Seigneur, combien ton ciel est doux !
Elle alla se poser sur les rosiers mystiques
Que le Siloé baigne au jardin des cantiques,

Et ne revint plus parmi nous !

Elle n'est plus ! le jour a pâli de sa perte !
Où son cœur comblait tout, que la place est déserte !
Berceau de ses enfans ! maison de son époux !
Seuils des temples sacrés où pliaient ses genoux !
Prisons dont sa clé d'or écartait les verrous !
Porte des malheureux par son aumône ouverte !
      Comment vous consolerez-vous ?
Et nous, cœurs ténébreux dont la lampe est couverte,
      Nous ses amis, que ferons-nous ?

Remplirons-nous les cieux du cri de nos alarmes ?
Nous inonderons-nous de cendres et de larmes ?
Répandrons-nous notre âme en lamentations,
Comme ceux qui n'ont pas l'espoir dans leurs calices,
Et qui ne mêlent pas le sel des sacrifices
      A l'eau de leurs afflictions ?

Non, nos yeux souilleraient d'une tache profane
De l'immortalité la robe diaphane ;
Pleurer la mort des saints c'est la déshonorer !
Quand Dieu cueille son fruit mûr sur l'arbre de vie,
A qui donc appartient la douleur ou l'envie ?
      Qui donc a le droit de pleurer ?

Non ! nous élargissons les ailes de notre âme
Pour aimer l'esprit pur où nous aimions la femme ;
Époux, enfans, amis, point de pleurs, point d'adieu !
Celle dont ici-bas l'ombre s'est éclipsée

Devient pour nos esprits une sainte pensée
Par qui notre âme monte à Dieu !

———

Gloire à Dieu ! grâce à la terre !
Qui s'ornant de si beaux dons,
Par un terrible mystère
Te rend ceux que nous perdons !
Gloire à ce morceau d'argile
Où, dans une chair fragile
Qu'anime un sacré levain,
Avec un souffle de vie
Prêtée un jour et ravie
Tu fais un être divin !

Frères ! qu'elle sera belle
La société des saints
Où va nous attirer celle
Qui vit encor dans nos seins !
Où s'uniront dans la gloire
Comme dans cette mémoire
Génie, amour et beauté,
Ces trois sublimes images
De tes plus parfaits ouvrages,
Symbolique Trinité !

Là ces âmes fugitives
Qui, sans se poser au sol,
Ne font, cherchant d'autres rives,

Qu'effleurer nos flots du vol ;
Là ces natures célèbres
Qui traversent nos ténèbres
En y jetant leur éclair !
Là ces enfans et ces femmes,
Toute cette fleur des âmes
Qui laissent un parfum dans l'air !

Vous y souriez ensemble
A ceux qui cherchent vos pas,
Divins esprits que rassemble
Le cher souci d'ici-bas !
J'y vois ta grâce, ô ma mère !
Et toi goutte trop amère
De mon calice de fiel,
Fleur à ma tige enlevée
Et dans mon cœur retrouvée,
Qui donnez son nom au ciel !

Apparitions célestes,
Disparaissant tour à tour,
Qui d'en haut nous font les gestes
Que fait l'amour à l'amour !
Tendresses ensevelies
Sous tant de mélancolies
Qu'un jour doit ressusciter !
Feux que notre nuit voit poindre !
Oh ! mourons pour les rejoindre !
Vivons pour les mériter !

Un jour elle disait à celui qui la pleure :
Le monde n'a qu'un son, la gloire n'a qu'une heure,
Suspendez votre harpe aux piliers du saint lieu !
Mélodieux écho des accords prophétiques,
Chantez aux jours nouveaux les éternels cantiques;
     Dieu donc n'est-il pas toujours Dieu?

Je lui jurai, Seigneur! de célébrer ta gloire;
Et le vent de la vie emporta ma mémoire,
Et le courant du monde effaça ses accens;
Et le foyer divin où ta flamme tressaille,
Dans mon cœur oublieux brûla l'herbe et la paille
     Au lieu de brûler ton encens!

Et maintenant je viens comme Marthe et Marie,
Qui portaient à Jésus l'encens de Samarie,
Et trouvèrent ses bras morts et crucifiés,
Acquitter au Seigneur mon denier sur ta tombe,
Et gémir tristement ce cantique qui tombe
     Comme une larme sur tes piés.

II.

A UNE JEUNE FILLE

QUI PLEURAIT SA MÈRE.

Saint-Point, 24 octobre 1838.

Que notre œil l'un dans l'autre pose
Triste, quand nous nous regardons !
Nous manque-t-il donc une chose
Que du cœur nous nous demandons ?

Ah ! je sais la pensée amère
Qui de tes regards monte aux miens !
Dans mes yeux tu cherches ta mère,
Je vois mon ange dans les tiens.

Quoique ta tristesse ait des charmes,
Ne nous regardons plus ainsi :
Hélas ! ce ne sont que des larmes
Que les yeux échangent ici !

La mort nous sevra de bonne heure,
Toi de ton lait, moi de mon miel ;
Pour revoir ce que chacun pleure,
Pauvre enfant, regardons au ciel !

III.

A M. DE GENOUDE

SUR SON ORDINATION.

Monceaux, décembre 1835.

Du sein expirant d'une femme
Qui te montra le ciel du geste de l'adieu,
Une nuit de douleur déracine ton âme,
Et du lit nuptial jette ta vie à Dieu.
Comme un vase où l'enfant distrait se désaltère,
Frappé d'un coup trop fort laisse fuir sa liqueur,
Ton âme laisse fuir les eaux de notre terre
  Et la mort a fêlé ton cœur !

  Tu ne boiras plus de notre onde,
Tu ne tremperas plus tes lèvres ni tes mains
A ces courans troublés où les ruisseaux du monde
Versent tant d'amertume ou d'ivresse aux humains ;
L'âme du prêtre en vain à notre air exposée
Est la peau de brebis qu'étendait Gédéon :

On trouvait le matin sèche de la rosée
　　La miraculeuse toison !

　　Dieu seul remplira ton calice
Des pleurs tombés d'en haut pour laver le péché,
De la sueur de sang, et du fiel du supplice,
Et de l'eau de l'égout par l'éponge séché ;
Comme ces purs enfans qu'à l'autel on élève,
Laissent tondre leurs fronts jusqu'au dernier cheveu,
Tu couperas du fer les rejets de ta sève
　　Pour jeter ta couronne à Dieu !

　　Tu détacheras de nos voies
Tes pieds nus qui suivront leurs sentiers à l'écart,
Dans nos courtes douleurs, dans nos trompeuses joies
De notre pain du jour tu laisseras ta part ;
Tu ne combattras plus sous l'aube et sous l'étole ;
C'est la paix du Seigneur que ta main doit tenir ;
Tu n'élèveras plus en glaive de parole
　　La voix qui ne doit que bénir !

　　Tu chercheras, le long du fleuve,
Les rencontres du Christ ou du Samaritain ;
L'infirme, le lépreux, l'orphelin et la veuve
Viendront sous ton figuier s'asseoir dès le matin ;
Ton cœur vide de soins se remplira des nôtres.
Ton manteau, si j'ai froid, l'hiver sera le mien,
Et pour prendre et porter tous les fardeaux des autres
　　Ton bras déposera le tien !

Comme le jardinier mystique
Qui suivait d'Emmaüs, en rêvant, le chemin,
Et relevant les fleurs au soleil symbolique,
Marchait en émondant les tiges de la main,
Tu prendras dans chaque âme et dans chaque pensée,
Ce qui la fane aux bords ou la ronge au milieu,
Ce qui l'incline à terre ou la tient affaissée,
    Et tu lèveras tout à Dieu!

    Cependant trois enfans sans mère
Te suivront du regard et du pied aux autels,
Et se diront entre eux : Ce saint fut notre père
Quand il portait son nom d'homme chez les mortels;
Et les peuples émus penseront en eux-même,
Voyant leurs bras pendus à tes robes de lins,
De l'amour du Seigneur combien il faut qu'on aime
    Pour laisser ses fils orphelins!

    C'est ainsi que Sion contemple
Le cèdre du Liban, taillé pour le saint lieu,
Qui soutient la charpente et parfume le temple,
Incorruptible appui de la maison de Dieu,
Tandis que les rejets de ses propres racines
Reverdissent aux lieux qu'il ombrageait avant,
Et se multipliant sur les rudes collines,
    Souffrent le soleil et le vent.

    Toi pourtant qui dans ta poitrine
Oses prendre et porter l'aigle des vieilles lois
Comme Paul à Tarsys prit l'œuf de la doctrine

Et le portait éclore aux soleils d'autrefois.
Ses ailes d'aujourd'hui les as-tu regardées?
Sais-tu si deux mille ans l'oiseau n'a pas grandi?
Sais-tu quelle heure il est au cadran des idées?
  Et si l'aurore est le midi?...

  Si l'oiseau retourne à son aire?
Si l'œuf des vérités qu'il ne peut contenir
N'est pas éclos plus loin et n'a pas changé l'ère
D'où son jour plus parfait datera l'avenir?
Sais-tu quel vol nouveau son œil divin mesure?
De quel nuage il veut s'abattre? et sur quels bords?
Et jusqu'au soir des temps pour qu'il se transfigure,
  Combien il lui faut de Thabors?...

  Quand le Fils de l'Homme au Calvaire,
Premier témoin de Dieu, sur sa croix expira,
Le rideau ténébreux du sombre sanctuaire
Dans le temple ébranlé du coup se déchira,
Le jour entra tout pur dans l'ombre des symboles,
Les fantômes sacrés d'Oreb et de Sina
Pâlirent aux éclairs des nouvelles paroles,
  Et le passé s'illumina!

  O Christ! n'était-ce pas ton signe?
N'était-ce pas pour dire à l'antique maison
Que de voiler le jour nulle arche n'était digne?
Qu'une aube se levait sans ombre à l'horizon?
Que Dieu ne resterait caché dans nul mystère?
Que tout rideau jaloux se fendrait devant toi?

Que ton verbe brûlait son voile? et que la terre
    N'aurait que ton rayon pour foi?

    Nouveaux fils des saintes demeures,
Dieu parle! regardez le signe de sa main,
Des pas, encor des pas pour avancer ses heures;
Le siècle a fait vers vous la moitié du chemin!
Comprenez le prodige! imitez cet exemple,
Déchirez ces lambeaux des voiles du saint lieu!
Laissez entrer le jour dans cette nuit du temple!
    Plus il fait clair, mieux on voit Dieu!

    Voyez se presser à la porte
Cette foule en rumeur d'adorateurs sans voix
Qui court après ses dieux que la raison emporte,
Comme autrefois Laban après ses dieux de bois!
Ne tirez plus les siens de l'arche des symboles,
Mais dites-lui qu'aux sens le temps les a repris,
Que tous ces dieux de chair n'étaient que des idoles,
    Et d'aller au Dieu des esprits!

    Hâtez cette heure fortunée
Où tout ce qui languit de la soif d'adorer
Sous l'arche du Très-Haut, d'astres illuminée,
Pour aimer et bénir viendra se rencontrer!
Que le mystère entier s'éclaire et se consomme!
Le Verbe où s'incarna l'antique vérité
Se transfigure encor; le Verbe s'est fait homme,
    Le Verbe est fait humanité.

La foi n'a-t-elle point d'aurore ?
Avant qu'à l'horizon l'astre des cieux ait lui
Dans ces foyers des nuits qu'un jour lointain colore,
On croit le reconnaître à ces feux teints de lui ;
Mais lui-même noyant les phares de ses plages
Dans des flots de splendeur et de sérénité,
Efface en avançant ses multiples images
    Sous sa rayonnante unité !

IV.

A MADAME ***,

QUI FONDAIT UNE SALLE D'ASILE.

12 juin 1836.

Les lionceaux ont des asiles,
Les oiseaux du ciel ont des nids,
Les pauvres mères de nos villes
N'ont point de toits pour leurs petits !

Oh ! rouvrez-leur des bras de mère,
Donnez-leur le lait et le pain,
Et gardez de la graine amère
Le van qui leur épand le grain.

Et vous, venez, timide enfance,
Bénissez Dieu sur leurs genoux ;
Jamais sa tendre Providence
Ne sourit sous des traits plus doux.

V.

A M. WAP,

POËTE HOLLANDAIS,

EN RÉPONSE A UNE ODE ADRESSÉE A L'AUTEUR

SUR LA MORT DE SA FILLE.

Que le ciel et mon cœur bénissent ta pensée,
Toi qui pleures de loin ce que la mort m'a pris !
Et que par ta pitié cette larme versée
    Devienne une perle sans prix !
Que l'ange de ton cœur devant Dieu la suspende,
Pour la faire briller de la splendeur des cieux,
Et qu'en larmes de joie un jour il te les rende
    Ces pleurs, aumône de tes yeux !

Oh ! quand j'ai lu ce nom qui remplissait naguère
De joie et de clarté mon oreille et mon cœur,
Ce nom que j'ai scellé sur mes lèvres de père
    Comme un mystère de douleur !
Quand je l'ai lu gravé sur ta funèbre page,
Un nuage à mes yeux de mon cœur a monté,
Et j'ai dit en moi-même : Il n'est donc nulle plage
    Où quelque ange ne l'ait porté ?

A M. WAP.

Et qu'ai-je fait, dis-moi, pour mériter, ô barde!
Que ton front se couvrît de cendre avec le mien?
Dieu n'avait pas remis cette enfant sous ta garde,
    Mon bonheur n'était pas le tien!
Nous parlons ici-bas des langues étrangères,
L'onde de mes torrens n'est pas l'eau que tu bois;
Mais l'âme comprend l'âme, et la pitié rend frères
    Tous ceux dont le cœur est la voix.

Toute voix qui la nomme entre au fond de mon âme,
Je ne puis sans pâlir en entendre le son,
Et j'adore de l'œil jusqu'aux lettres de flamme
    Qui composaient son divin nom!
Le jour, la nuit, tout haut ma bouche les épelle
Comme si dans leur sens ces lettres l'enfermaient!
Il semble à mon amour que quelque chose d'elle
    Vit dans ces sons qui la nommaient.

Oh! si comme mon cœur! si tu l'avais connue!
Si dans le plus divin de tes songes d'amant
Cette forme angélique une heure était venue
    Luire devant toi seulement!
Si le rayon vivant de son regard céleste,
Ce rayon, dont mon œil douze ans fut réjoui,
Eût plongé dans le tien comme un éclair qui reste
    A jamais dans l'œil ébloui!

Si ses cheveux, pareils aux rayons de l'aurore,
Dont sa mère lissait les soyeux écheveaux,
Déployant les reflets du cuivre qui les dore,

A M. WAP.

Avaient déroulé leurs anneaux,
Si tu les avais vus en deux ailes de femme,
Sur sa trace en courant après elle voler
Et découvrir ce front où les baisers de l'âme
    Allaient d'eux-mêmes se coller !

Si ton oreille avait entendu l'harmonie
De sa voix où déjà vibraient à l'unisson
L'innocence et l'amour, le cœur et le génie,
    Modulés dans un même son !
Si de ce doux écho ton oreille était pleine,
Et si, passant ton doigt sur ton front incertain,
Comme moi tu sentais encor la tiède haleine
    De ses longs baisers du matin !

Comme moi tu n'aurais qu'un seul nom sur la bouche,
Qu'une blessure au cœur, qu'une image dans l'œil,
Qu'une ombre sur tes pas, qu'un rêve dans ta couche,
    Qu'une lampe au fond du cercueil !
Elle, elle, et toujours elle, elle dans chaque aurore !
Elle dans l'air qui flotte afin d'y respirer !
Elle dans le passé pour s'y tourner encore,
    Elle au ciel pour le désirer.

C'était l'unique fleur de l'Éden de ma vie
Où le parfum du ciel ne se corrompît pas,
Le seul esprit d'en haut que la mort assouvie
    N'eût point éloigné de mes pas !
C'était de mes beaux jours la plus pure pensée,
Que Dieu d'un vœu d'amour me permit d'animer

Pour que dans ce beau corps mon âme retracée
   Pût se réfléchir et s'aimer !

Je la vois devant moi, la nuit, comme une étoile
Dont la lueur me cherche et vient me caresser;
Le jour, comme un portrait détaché de la toile
   Qui s'élance pour m'embrasser!
Je la vois, s'enfuyant dans mon sein qui l'adore,
Faire éclater de là son rire triomphant,
Ou du sein de sa mère, à mon baiser sonore
   Apporter ses lèvres d'enfant !

Je la vois, grandissant sous les palmiers d'Asie,
Se mûrir aux rayons de ces soleils nouveaux,
Et rêveuse déjà, lutter de poésie
   Avec le chant de ses oiseaux.
J'entends à son insu se révéler son âme,
Dans ces vagues soupirs d'un cœur qui se pressent,
Préludes enchantés de ces accords de femme
   Où l'âme va donner l'accent !

Oui, pour revivre encor, je vis dans son image :
Le cœur plein d'un objet ne croit pas à la mort ;
Elle est morte pour vous qui cherchez son visage,
Mais pour nous elle est près, elle vit, elle dort ;
Je l'entends, je l'appelle, et je sais que chaque heure
Avance l'heure fixe où je vais la revoir,
Et je dis chaque jour, au penser qui la pleure :
   A demain ! peut-être à ce soir !

Oh ! si de notre amour l'espoir était le rêve !
Si nous ne devions pas retrouver dans les cieux
Ces êtres adorés qu'un ciel jaloux enlève,
Que nous suivons du cœur, que nous cherchons des yeux;
Si je ne ne devais plus revoir, toucher, entendre,
Elle ! elle qu'en esprit je sens, j'entends, je vois,
A son regard d'amour encore me suspendre,
  Frissonner encore à sa voix !

Si les hommes, si Dieu me le disait lui-même ;
Lui, le maître, le Dieu, je ne le croirais pas,
Ou je lui répondrais par l'éternel blasphème,
  Seule réponse du trépas !
Oui, périsse et moi-même et tout ce qui respire,
Et ses mondes et lui, lui dans son ciel moqueur !
Plutôt que ce regard, plutôt que ce sourire,
  Que cette image dans mon cœur !

Mais toi qui m'as compris, toi dont la voix mortelle
Rend la voix dans mon sein à des échos si chers !
Toi qui me dis son nom ! toi qui fais parler d'elle
  La langue immortelle des vers !
Que les anges du ciel recueillent ta parole,
Cette parole aida mes larmes à sortir !
Et que le chant du ciel dont ta voix me console
  Dans ta vie aille retentir.

Pour ce tribut pieux, de ta paupière humide,
Puisses-tu, jusqu'au soir de tes jours de bonheur,
Ne voir à ton foyer jamais de place vide,

D'abîme creusé dans ton cœur !
Et puisse à ton chevet, veillant ton agonie,
Une enfant dans son sein recevoir tes adieux ;
Essuyer ta sueur, et comme un doux génie
    Cacher la mort, et montrer Dieu !

VI.

A MADAME LA DUCHESSE DE R***

SUR SON ALBUM.

Il est une langue secrète,
Dialecte silencieux,
Que sait l'amant ou le poëte,
Et que les yeux parlent aux yeux.

Qu'importe la langue parlée ?
Le langage humain n'est qu'un art,
Mais cette langue révélée
Dieu la fit avec le regard !

Une femme aux cheveux de soie
Qu'on voit marcher sur son chemin,
Et dont le bras nu vous coudoie,
Oh ! n'est-ce pas un mot divin !

Il dit ivresse, il dit génie,
Grâce, amour, candeur, pureté,
Les yeux en boivent l'harmonie,
Et le sens en est volupté.

A MADAME LA DUCHESSE DE R***.

Il retentit longtemps dans l'âme,
Comme dans l'oreille une voix,
Et la belle image de femme
Est comme un air redit cent fois !

O noble et suave figure,
Où rayonne ivresse et langueur,
Mot caressant de la nature,
Que ne dis-tu pas dans le cœur ?

VII.

A UNE JEUNE MOLDAVE.

Paris, 24 janvier 1837.

Souvent en respirant ces nocturnes haleines
Qui des monts éloignés descendent sur les plaines
Ou des bords disparus sur les vagues des mers,
On croit dans ces parfums, que l'esprit décompose,
Reconnaître l'odeur des lis ou de la rose
      Apporté de loin par les airs.

L'imagination, cet œil de la pensée,
Se figure la tige aux rochers balancée
Exhalant pour vous seul son souffle du matin.
« Je t'aime, lui dit-on, violette ou pervenche,
« O sympathique fleur dont l'urne qui se penche
      « M'adresse ce parfum lointain!

« Comme un amant distingue entre de jeunes têtes,
« Parmi ces fronts charmans qui décorent nos fêtes,
« L'odeur des blonds cheveux dont se souvient son cœur,

« A travers ces parfums mystérieux et vagues
« Que la brise des nuits fait flotter sur les vagues,
   « Je démêle et bois ton odeur ! »

Ainsi, fleur du Danube attachée à sa rive,
A travers tes forêts ton doux encens m'arrive,
Et mon cœur enivré se demande pourquoi ?
Pourquoi la vierge assise au pied du sycomore,
En murmurant les vers d'un pays qu'elle ignore,
   Rougit-elle en pensant à moi ?

C'est que la poésie est l'haleine de l'âme,
Que le vent porte loin aux oreilles de femme,
Et qui leur parle bas comme une voix d'amant :
Que la vierge attentive à la strophe touchante
Croit entre sa pensée et le livre qui chante,
   Sentir un invisible aimant !

Oh ! combien de baisers d'une bouche secrète
Sur la page sacrée a reçu le poëte
Sans en avoir senti le délirant frisson !
Oh ! qu'il voudrait, semblable aux notes de sa lyre,
Aller boire un regard des yeux qui vont le lire,
   Envieux d'un rêve et d'un son !...

VIII.

RÉPONSE

A UN CURÉ DE CAMPAGNE.

13 novembre 1836.

Doux pasteur du troupeau des âmes,
Qui conduis aux sources de Dieu
Ces petits enfans et ces femmes
Penchés aux coupes du saint lieu.

Semeur des célestes paroles,
Qui sèmes la gerbe du Christ,
Ce sénevé des paraboles
Dont le grain lève dans l'esprit.

Médecin d'intime souffrance
Qui la retourne et qui l'endort,
Qui guéris avec l'espérance
Et vivifie avec la mort.

RÉPONSE

Poëte à la lyre infinie
Qui, pour chanter dans le grand chœur,
N'as pas besoin d'autre génie
Que des battemens de ton cœur.

Eh quoi ! tu craindrais que ma porte
A tes accens ne s'ouvrît pas,
Avec les anges pour escorte
Et les prophètes sur tes pas ?

Homme d'amour et de prière,
Ah ! loin de craindre un froid accueil,
Viens en paix, et que la poussière
De tes pieds s'attache à mon seuil.

Mes chiens, qui devinent leur maître,
D'eux-même iront lécher tes doigts,
Les colombes de ma fenêtre
Ne s'envoleront pas aux toits.

Mes oiseaux même ont l'habitude
De voir monter par le chemin
Ces anges de la solitude,
Et le marteau connaît leur main.

Fils des champs, j'aimai de bonne heure
Ces laboureurs vêtus de deuil,
Dont on voit la pauvre demeure
Entre l'église et le cercueil.

A UN CURÉ DE CAMPAGNE.

Le jardin qui rit à leur porte
Dans son buisson de noisetiers,
Leur seuil couvert de feuille morte
Où le pauvre a fait des sentiers ;

La voix de leur cloche sonore
Qui dit aux vains enfans du bruit :
Que le Seigneur est dans l'aurore !
Que le Seigneur est dans la nuit !

Les longs bords de leur robe blanche,
Par des groupes d'enfans suivis,
Qu'on voit balayer le dimanche
La poussière du vieux parvis.

Cette odeur de myrte et de roses
Qui s'exhale autour de leurs pas,
Et leur voix qui parle de choses
Que l'œil des hommes ne voit pas.

Quand le sillon courbe le reste,
Eux seuls travaillent de leur main
A l'œuvre du père céleste
Pour un autre prix que du pain !

L'onde qu'ils versent désaltère
D'autres soifs que la soif des sens,
Et de tous les dons de la terre
Ils ne moissonnent que l'encens.

Viens donc, détachant ta ceinture,
Au foyer des bardes t'asseoir;
Ils sont l'hymne de la nature,
Et vous en êtes l'encensoir!

Quand l'agneau victime du monde,
Dont la laine a fait tes habits,
Aux flancs des collines sans onde
Paissait lui-même les brebis,

Loin des piscines de son père
Il n'écartait pas de la main
La pauvre brebis étrangère
Trouvée aux ronces du chemin,

Et quand il glanait en exemple
L'épi laissé dans le buisson,
Et portait, humble enfant, au temple,
Les prémices de sa moisson,

Il mêlait, pour grossir la gerbe,
Qu'il offrait au père commun,
Des brins verdoyans de chaque herbe
Et des tiges de tout parfum.

IX.

AMITIÉ DE FEMME.

A MADAME L*** SUR SON ALBUM.

Amitié, doux repos de l'âme,
Crépuscule charmant des cœurs,
Pourquoi, dans les yeux d'une femme,
As-tu de plus tendres langueurs?

Ta nature est pourtant la même;
Dans le cœur dont elle a fait don
Ce n'est plus la femme qu'on aime,
Et l'amour a perdu son nom.

Mais comme en une pure glace
Le crayon se colore mieux,
Le sentiment qui le remplace
Est plus visible en deux beaux yeux.

Dans un timbre argentin de femme
Il a de plus tendres accens,
La chaste volupté de l'âme
Devient presque un plaisir des sens.

AMITIÉ DE FEMME.

De l'homme la mâle tendresse
Est le soutien d'un bras nerveux,
Mais la vôtre est une caresse
Qui frissonne dans les cheveux.

Oh ! laissez-moi, vous que j'adore,
Des noms les plus doux tour à tour,
O femmes ! me tromper encore
Aux ressemblances de l'amour !

Douce ou grave, tendre ou sévère,
L'amitié fut mon premier bien ;
Quelque soit la main qui me serre,
C'est un cœur qui répond au mien.

Non jamais ma main ne repousse
Ce symbole d'un sentiment ;
Mais lorsque la main est plus douce,
Je la serre plus tendrement.

X.

ÉPITAPHE DES PRISONNIERS FRANÇAIS

MORTS PENDANT LEUR CAPTIVITÉ EN ANGLETERRE,

ET A QUI DES OFFICIERS ANGLAIS ONT ÉLEVÉ UN MONUMENT PAR SOUSCRIPTION.

Ici dorment, jetés par le flot de la guerre,
D'intrépides soldats, nés sous un ciel plus beau ;
Vivans, ils ont porté les fers de l'Angleterre,
Morts, ce noble pays leur offrit dans sa terre
     L'hospitalité du tombeau.

Là, toute inimitié s'efface sous la pierre,
Le dernier souffle éteint la haine dans les cœurs,
Tout rentre dans la paix de la maison dernière,
Et le vent des vaincus y mêle la poussière
     A la poussière des vainqueurs.

Écoutez ! de la terre une voix qui s'élève
Nous dit : Pourquoi combattre et pourquoi conquérir ?
La terre est un sépulcre et la gloire est un rêve ?
Patience, ô mortels ! et remettez le glaive,
     Un jour encor ! tout va mourir !

XI.

A UN ANONYME.

Ah ! béni soit celui dont l'amitié discrète
Me prodigue ses vœux sans oser se nommer ;
Et que ces vœux touchans qu'il adresse au poëte,
Retombent sur son front comme des fleurs qu'on jette
    Retombent pour nous embaumer.

XII.

A M. FÉLIX GUILLEMARDET,

SUR SA MALADIE.

Saint-Point, 15 septembre 1837.

Frère ! le temps n'est plus où j'écoutais mon âme
Se plaindre et soupirer comme une faible femme
Qui de sa propre voix soi-même s'attendrit,
Où par des chants de deuil ma lyre intérieure
Allait multipliant comme un écho qui pleure
  Les angoisses d'un seul esprit !

Dans l'être universel au lieu de me répandre,
Pour tout sentir en lui, tout souffrir, tout comprendre,
Je resserrais en moi l'univers amoindri ;
Dans l'égoïsme étroit d'une fausse pensée
La douleur en moi seul, par l'orgueil condensée,
  Ne jetait à Dieu que mon cri !

Ma personnalité remplissait la nature,
On eût dit qu'avant elle aucune créature

N'avait vécu, souffert, aimé, perdu, gémi !
Que j'étais à moi seul le mot du grand mystère,
Et que toute pitié du ciel et de la terre
    Dût rayonner sur ma fourmi !

Pardonnez-nous, mon Dieu ! tout homme ainsi commence ;
Le retentissement universel, immense,
Ne fait vibrer d'abord que ce qui sent en lui ;
De son être souffrant l'impression profonde,
Dans sa neuve énergie, absorbe en lui le monde,
    Et lui cache les maux d'autrui !

Comme Pygmalion, contemplant sa statue,
Et promenant sa main sous sa mamelle nue
Pour savoir si ce marbre enferme un cœur humain ;
L'humanité pour lui n'est qu'un bloc sympathique
Qui, comme la Vénus du statuaire antique,
    Ne palpite que sous sa main.

O honte ! ô repentir ! quoi, ce souffle éphémère
Qui gémit en sortant du ventre de sa mère,
Croirait tout étouffer sous le bruit d'un seul cœur ?
Hâtons-nous d'expier cette erreur d'un insecte ;
Et pour que Dieu l'écoute et l'ange le respecte,
    Perdons nos voix dans le grand chœur !

Jeune, j'ai partagé le délire et la faute,
J'ai crié ma misère, hélas ! à voix trop haute,
Mon âme s'est brisée avec son propre cri !
De l'univers sensible atome insaisissable,

Devant le grand soleil j'ai mis mon grain de sable,
Croyant mettre un monde à l'abri.

Puis mon cœur, insensible à ses propres misères,
S'est élargi plus tard aux douleurs de mes frères ;
Tous leurs maux ont coulé dans le lac de mes pleurs,
Et, comme un grand linceul que la pitié déroule,
L'âme d'un seul, ouverte aux plaintes de la foule,
      A gémi toutes les douleurs !

Alors dans le grand tout mon âme répandue,
A fondu, faible goutte au sein des mers perdue
Que roule l'Océan, insensible fardeau !
Mais où l'impulsion sereine ou convulsive,
Qui de l'abîme entier de vague en vague arrive,
      Palpite dans la goutte d'eau.

Alors, par la vertu, la pitié m'a fait homme,
J'ai conçu la douleur du nom dont on le nomme,
J'ai sué sa sueur et j'ai saigné son sang ;
Passé, présent, futur, ont frémi sur ma fibre
Comme vient retentir le moindre son qui vibre
      Sur un métal retentissant.

Alors, j'ai bien compris par quel divin mystère
Uu seul cœur incarnait tous les maux de la terre,
Et comment, d'une croix jusqu'à l'éternité,
Du cri du Golgotha la tristesse infinie
Avait pu contenir seul assez d'agonie
      Pour exprimer l'humanité !...

Alors j'ai partagé, bien avant ma naissance,
Ce pénible travail de sa lente croissance
Par qui sous le soleil grandit l'esprit humain,
Semblable au rude effort du sculpteur sur la pierre,
Qui mutile cent fois le bloc dans la carrière
    Avant qu'il vive sous sa main.

Les germinations sourdes de ces idées,
Pareilles à ces fleurs des saisons retardées
Que le pied du faucheur écrase avant leur fruit;
Cet éternel assaut des vagues convulsives
N'arrachant qu'un rocher par siècles à leurs rives;
    Ce temps qui ne fait que du bruit!

Cet orageux effort des partis politiques,
Pour rasseoir le saint droit sur les bases antiques,
Pyramide impuissante à se tenir debout,
La liberté que l'homme immole ou prostitue
Du peuple qui la souille au tyran qui la tue
    Passant des cachots à l'égout!

Dieu, comme le soleil attirant les nuages,
Le vulgaire incarnant les purs dogmes des sages,
L'erreur mettant sa main entre l'œil et le feu,
Et le sage du ciel, parlant en paraboles,
Obligé d'écarter en tremblant ces symboles,
    De peur de mutiler le Dieu!

Pas un dogme immuable où le doute ne pose,
Le mensonge ou le vide au bout de toute chose,

SUR SA MALADIE.

Et le plus beau destin en trois pas traversé ;
La mort, coursier trompeur à qui l'espoir se fie,
S'abattant au milieu de la plus belle vie
      Sur le cavalier renversé !

Ces amours enlacés par mille sympathies
Arrachés du sol tendre ainsi que des orties
A l'heure où de leurs fleurs notre âme embaumerait,
Et le sort choisissant pour but au coup suprême
La minute où le sein bat sous un sein qui l'aime
      Pour percer deux cœurs d'un seul trait.

Ces mères expirant de faim le long des routes,
De leur mamelle à sec pressant en vain les gouttes,
Aux lèvres de leur fils sur leurs genoux gisant ;
Le travail arrosant de sa sueur stérile
Du sol ingrat et dur l'insatiable argile
      Qui boit la rosée et le sang !

Et les vents de la mort dont les fortes haleines
Vident dans le tombeau de grandes villes pleines,
Et sèchent en trois jours trois générations,
Et ces grands secoûmens de choses et d'idées,
Qui font monter si haut en vagues débordées
      Les écumes des nations !

Et ces exils qui font à tant d'enfans sans mères
Des fleuves étrangers boire les eaux amères,
Et ces dégoûts d'esprit et ces langueurs du corps,
Et devant ce tombeau que leur misère envie,

Ces infirmes traînant sur les bords de la vie
  Le linceul de leurs longues morts !

Oui, j'ai trempé ma lèvre, homme, à toutes ces peines;
Les gouttes de ton sang ont coulé de mes veines ;
Mes mains ont essuyé sur mon front tous ces maux,
La douleur s'est faite homme en moi pour cette foule,
Et comme un océan où toute larme coule,
  Mon âme a bu toutes ces eaux !

Les tiens surtout, ami ! jeune ami dont la lèvre,
Que le fiel a touché, de sourire se sèvre !
Qui, sous la main de Dieu, penches ton front pâli,
Ton front, que tes deux mains supportant comme une urne
Soutiennent tout pesant de sa fièvre nocturne,
  Où la veille a laissé son pli !

Oh ! les tiennes surtout, âme que Dieu condamne,
A penser sans parler, à sentir sans organe,
A subir des vivans les mille impressions
Sans pouvoir t'y mêler du regard ou du geste,
Comme cette ombre assise au banquet et qui reste
  Sans voix, mais non sans passions !

Au milieu des vivans dont la part t'est ravie,
Tu t'asseois seul devant les flots morts de ta vie,
Sans pouvoir en prendre un dans le creux de ta main
Pour tromper en courant ta soif à ces délices,
Et savoir seulement sur le bord des calices
  Quel goût a le breuvage humain ?

O fils de la douleur! frère en mélancolie!
Oh! quand je pense à toi, moi-même je m'oublie;
L'angoisse de tes nuits glace mes membres morts,
Je déchire des mains mes blessures pansées,
Et je sens dans mon front l'assaut de tes pensées
     Battre l'oreiller que je mords!

Et j'élève au Seigneur mes deux mains vers la voûte,
En lui criant tout haut ton nom pour qu'il l'écoute;
J'entoure ton chevet et j'y veille du cœur,
Et je compte les coups de ta lente insomnie,
Et je lave des yeux, après ton agonie,
     Le suaire de ta langueur!

Et prenant tes deux pieds froids contre ma poitrine,
Je les chauffe en mon sein sous mon front qui s'incline,
Et le barde se change en femme de douleurs,
Et ma lyre devient l'urne de Madeleine
Alors qu'elle embaumait le corps sous son haleine,
     Dans l'aromate de ses pleurs!

XIII.

FRAGMENT BIBLIQUE.

MICOL, JONATHAS.

MICOL, dans l'obscurité, sans voir Jonathas.

L'astre des nuits à peine a fini sa carrière !
Et déjà le sommeil a fui de ma paupière !
O nuit ! ô doux sommeil ! tout ressent vos bienfaits !
Hélas ! et mes yeux seuls ne les goûtent jamais !

Elle tombe à genoux près de l'arche.

Toi que j'invoque en vain, toi dont la main puissante
A semé de ces feux la voûte éblouissante,
Toi ! de qui la parole a formé les humains,
Pour servir de jouet à tes divines mains,
O Dieu ! si de ce trône, ardent, inaccessible,
Où se cache à nos yeux ta majesté terrible,
Tu daignes abaisser tes regards jusqu'à nous,
Vois une amante en pleurs tombant à tes genoux !
Vois ce cœur déchiré qui tremble et qui t'implore
Au pied du tabernacle où tu veux qu'on t'adore,
T'offrir, sans se lasser de tes cruels refus,
Des vœux toujours soumis et jamais entendus !

FRAGMENT BIBLIQUE.

Vois en pitié ce peuple accablé de misère,
Vois en pitié ce roi que poursuit ta colère !
A ce peuple abattu rends ta gloire, Seigneur !
Rends ta force à Saül ! et David à mon cœur !

Elle se relève.

Quoi ! le ciel aurait-il écouté ma prière ?
Ma prière a rendu ma douleur moins amère !
Il semble qu'en mon cœur une invisible main
Verse un baume inconnu qui rafraîchit mon sein !
Quel pouvoir assoupit le feu qui me dévore ?
Est-ce un premier regard de ce Dieu que j'implore ?
Est-ce un rayon d'espoir qui descend dans mon cœur ?
Mais pour moi l'espérance, hélas ! n'est qu'une erreur.

Avec plus d'abattement.

O David ! que fais-tu ? Dans quel climat barbare
Gémis-tu, loin de moi, du sort qui nous sépare ?
Quels monts ou quels rochers cachent tes tristes jours ?
Dans quels déserts languit l'objet de mes amours ?
Seul, au fond des forêts, peut-être à la même heure,
Il lève au ciel ses mains, il m'appelle, il me pleure !
Il pleure ! et nos soupirs, autrefois confondus,
Emportés par les vents, ne se répondent plus !
Ah ! pour moi, jusqu'au jour où la main de mon père
Aura fermé mes yeux, lassés de la lumière,
Redemandant David, et lui tendant les bras,
Mes yeux de le pleurer ne se lasseront pas !

JONATHAS, s'avançant vers Micol.

Épouse de David ! que le Dieu de nos pères
Vous comble dans ce jour de ses bontés prospères !

MICOL.

Pourquoi me parlez-vous des bontés du Seigneur ?
Je n'ai depuis longtemps connu que sa rigueur !

JONATHAS.

Le Seigneur est sévère, et n'est pas inflexible :
Aux cris de l'innocence il se montre sensible,
Il abat, il relève, il console, il punit;
Tel aujourd'hui l'accuse et demain le bénit.

MICOL.

J'adore sa justice et ne puis la comprendre.
La voix d'un cœur brisé n'a pu se faire entendre;
Il m'a ravi ma joie, et la tombe aujourd'hui
Est le dernier bienfait que j'attende de lui.

JONATHAS.

Mais, si ce Dieu, ma sœur, lassé de sa colère,
Jetait sur Israël un regard moins sévère ?
S'il désarmait son bras ! s'il ramenait à nous
Le vengeur de Juda, mon espoir, votre époux ?
Si David !...

MICOL.

Ah ! cruel ! quel est donc ce langage !
Pourquoi d'un tel bonheur me rappeler l'image ?
Arraché de mes bras depuis un si long temps,
David est-il encore au nombre des vivans ?

JONATHAS.

Eh bien! apprenez donc le sujet de ma joie,
Il vit!...

MICOL.

Il vit! ô ciel!

JONATHAS.

Et Dieu vous le renvoie!

MICOL.

Est-il vrai? quoi? David? — Ne me trompez-vous pas?
Je reverrais David?

DAVID, s'élançant du bosquet où il était caché.

David est dans tes bras!

MICOL, après un moment d'égarement.

Dieu! n'est-ce point un songe? Est-il vrai que je veille?
David! quoi? c'est sa voix qui frappe mon oreille?
Je le vois, je le touche? — Oh! Dieu qui me le rends,
Ah! laisse-moi mourir dans ses embrassemens!

DAVID.

Une seconde fois, s'il faut que je la pleure!
Dieu qui vois mon délire, ô Dieu! fais que je meure!

JONATHAS, à David.

Non, rien ne saurait plus l'arracher de tes bras!

FRAGMENT BIBLIQUE.

MICOL, à David.

Non : nous mourrons ensemble, ou je suivrai tes pas !
Mais parle ! qu'as-tu fait ? dans quel climat sauvage
As-tu caché tes jours, pendant ce long veuvage ?
Quel Dieu te protégea ? quel Dieu t'a ramené ?

DAVID.

Hélas ! traînant partout mon sort infortuné,
Quels bords n'ont pas été témoins de ma misère ?
J'ai porté ma fortune aux deux bouts de la terre ;
D'abord, loin des humains, seul avec ma douleur,
J'ai cherché les déserts et j'aimais leur horreur ;
Des profondes forêts j'aimais les vastes ombres ;
Les monts et les rochers et leurs cavernes sombres
M'ont vu pendant deux ans troubler leur triste paix,
Disputer un asile aux monstres des forêts,
Arracher aux lions leur dépouille sanglante,
Et me nourrir comme eux d'une chair palpitante.
Du moins lorsque la nuit enveloppait les cieux,
Je gravissais les monts qui dominaient ces lieux,
Et, parcourant de loin cette immense étendue,
Je revoyais la terre à mes yeux si connue ;
La lune, me prêtant ses paisibles clartés,
Me montrait ces vallons par mon peuple habités,
La plaine où tant de gloire illustra mon jeune âge,
Et du fleuve sacré le paisible rivage ;
Sur son cours fortuné j'attachais mes regards,
Et mes yeux de Sion distinguaient les remparts !
— Voilà Sion ! disais-je. Et voilà la demeure

FRAGMENT BIBLIQUE.

Où soupire Micol, où Jonathas me pleure!
Tout ce qui me fut cher habite dans ces lieux!
Et je ne pouvais plus en détacher mes yeux.
Enfin, las de traîner ma honteuse existence,
Dans mes oisives mains je ressaisis ma lance,
Et brûlant de trouver un illustre trépas,
J'allai chercher la mort au milieu des combats!
J'allai chercher la mort, je rencontrai la gloire!
Je volai, comme ici, de victoire en victoire;
Plus d'un peuple étonné me demanda pour roi :
J'ai préféré mourir à régner loin de toi!
Et je reviens enfin, à mes sermens fidèle,
Vaincre pour ma patrie ou tomber avec elle!

MICOL.

Mais sais-tu?...

DAVID.

Je sais tout et ne redoute rien :
Ce bras est votre appui, mon Dieu sera le mien.

MICOL.

Mais Saül?

DAVID.

Ses malheurs l'auront changé peut-être.

JONATHAS.

Fuis, les momens sont chers et le roi va paraître;
Que ce bocage épais te dérobe à ses yeux!

David se retire.

MICOL.

Après tant d'infortune, attendons tout des cieux!

MICOL, JONATHAS, SAÜL.

SAUL, sortant de ses tentes.

L'ombre fuit, et la terre a salué l'aurore.
Quand le Dieu d'Israël me regardait encore,
Chaque jour m'annonçait un bienfait du Seigneur.
Chaque jour maintenant m'apporte son malheur!
Quand le flambeau des cieux va finir sa carrière,
Je crains l'ombre : il revient, et je hais sa lumière!
Mais qui cache aujourd'hui son disque pâlissant?
O ciel! il s'est voilé d'un nuage sanglant!
D'une clarté livide il couvre la nature!
Voyez les eaux! le ciel! les rochers! la verdure!
Tout ne se peint-il pas d'une horrible couleur?
— Soleil, je te comprends et je frémis d'horreur!

MICOL.

Mon père, calmez-vous! jamais, sur la nature,
L'aurore n'a paru plus sereine et plus pure.

JONATHAS.

O mon roi! quel prestige a fasciné vos yeux?
Jamais un jour plus beau n'a brillé dans les cieux.

SAUL.

Qui me soulagera du poids de ma vieillesse ?
Hélas ! qui me rendra les jours de ma jeunesse ?
Aux plaines de Gessen qui conduira mes pas ?
Qui me rendra ma force au milieu des combats ?
Qui me rendra ces jours où ma terrible épée
Brillait comme l'éclair au fort de la mêlée ?
Où, comme un vil troupeau dispersé devant nous,
Le superbe étranger embrassait nos genoux ?
Autrefois tous mes jours se levaient sans nuage !
Tel qu'un jeune lion amoureux du carnage,
Chaque jour j'attaquais un ennemi nouveau,
Chaque jour m'apportait un triomphe plus beau ;
Israël reposait à l'ombre de mes tentes ;
Je chargeais ses autels de dépouilles sanglantes !
Et le peuple de Dieu couronnant son vengeur,
Disait : Gloire à Saül ! et moi : Gloire au Seigneur !

Un moment de silence.

Et maintenant, qui suis-je ? une ombre de moi-même :
Un roi qu'on abandonne à son heure suprême !
Combattant vainement cette fatalité,
Ce pouvoir inconnu dont je suis agité,
Persécuté, puni, sans connaître mon crime,
Par une main de fer entraîné dans l'abîme,
Triste objet de pitié, de mépris ou d'effroi,
L'esprit du Dieu vivant s'est séparé de moi !

MICOL.

O mon père ! éloignez cette horrible pensée !

JONATHAS.

Rappelez, ô mon roi! votre vertu passée!
Soyez toujours Saül! qu'Israël aujourd'hui
Retrouve en vous son roi, son vengeur, son appui.
Ramenez la fortune, au bruit de votre gloire.

SAUL.

Malheureux! Est-ce à moi de parler de victoire?
Va! loin des cheveux blancs la victoire s'enfuit!
Des bonheurs d'ici-bas la vieillesse est la nuit!
Ce bras est impuissant à sauver ma couronne;
Dieu la mit sur mon front, mais ce Dieu m'abandonne;
Et partout un abîme est ouvert sous mes pas.

JONATHAS.

Nous fléchirons le ciel!

SAUL.

On ne le fléchit pas.
Inexorable au gré de son ordre suprême,
Il conduit les mortels, les peuples, les rois même;
Aveugles instrumens de ses secrets desseins,
Tout tremble devant nous; nous tremblons dans ses mains.
Sous les doigts du potier, l'argile est moins soumise,
Et Dieu, quand il lui plaît, nous rejette et nous brise;
Il m'a brisé, mon fils! j'ai régné, j'ai vécu!
Bientôt ma race et moi, nous aurons disparu!

JONATHAS.

D'où vous vient, ô mon roi! cet effrayant augure?

SAUL.

Ah! je lis mon arrêt sur toute la nature!
Un fantôme implacable agite mon sommeil,
Un fantôme implacable assiége mon réveil :
Mille songes affreux, sans liaison, sans suite,
Sont présens à toute heure à mon âme interdite ;
—Un jeune homme expirant sous un coup inhumain!
—Un vieillard malheureux se perçant de sa main!
—Un trône en poudre,—un roi dont le destin s'achève,
—Un autre qui s'éteint,—un autre qui se lève,
—De la joie et du sang!—un triomphe!—un cercueil!
—Et des chants de victoire! et des accens de deuil!
Ce désordre confus et ces sombres images,
Peut-être du sommeil sont-ils les vains ouvrages?
J'ai fait, pour les lier, des efforts superflus :
Mon fils, depuis longtemps Dieu ne m'éclaire plus!

JONATHAS.

Demandez-lui, Seigneur, sa force et sa lumière,
Espérez tout de lui!

SAUL.

Que veux-tu que j'espère?
Où sont mes défenseurs? où sont mes compagnons?
Le glaive a moissonné leurs vaillans bataillons,
Au milieu des combats, ils sont tombés sans vie :
Je foule leur poussière et je leur porte envie!
Ils sont morts sans leur frère en vengeant leur pays!
C'est moi qu'il faut pleurer, puisque je leur survis!

Quel appui, Dieu puissant, reste-t-il à ta cause?
Sur quel héros faut-il que mon bras se repose?
Un vieillard, un enfant, une femme et des pleurs,
Voilà donc mon espoir! voilà donc tes vengeurs!

MICOL.

Il en restait un autre!

SAUL.

Et qui donc?

JONATHAS.

O mon père,
N'aviez-vous pas deux fils? n'avais-je pas un frère?

SAUL.

Que dites-vous? ô ciel! oh! regrets superflus!
Oui, David fut mon fils, hélas! il ne l'est plus,
David n'est plus mon fils! ah! s'il l'était encore!
S'il entendait la voix du vieillard qui l'implore!
Si le Seigneur pour nous armait encor sa main
De la foudre sacrée ou d'un glaive divin!
Il rendrait à mes sens la force et la lumière,
Et l'ennemi tremblant, couché dans la poussière,
Sous nos coups réunis tomberait aujourd'hui!
Car David est ma force et Dieu marche avec lui.
Mais j'ai brisé moi-même un appui si fidèle,
C'est par des attentats que j'ai payé son zèle;
David n'est plus mon fils! je l'ai trop outragé!
Si mon malheur le venge, il est assez vengé!

JONATHAS.

A ce héros, Seigneur, rendez plus de justice!
Ah! s'il savait son prince au bord du précipice,
Ce héros généreux viendrait, n'en doutez pas,
Se venger de vos torts en vous offrant son bras!

SAUL.

Ah! tu dis vrai, peut-être; oui, ce cœur magnanime
Est fait pour concevoir un dessein si sublime.
Mais séparé de nous, au fond de ses déserts,
Il n'a point entendu le bruit de nos revers?
Il ne reviendra pas me ramener ma gloire?

JONATHAS.

Eh bien! Seigneur, eh bien! ce que vous n'osez croire,
Ce fils reconnaissant pour vous l'a déjà fait.

SAUL.

Oh ciel!

JONATHAS.

Oui, de ces lieux s'approchant en secret,
David, humble et tremblant, attend dans le silence
Que son père et son roi l'admette en sa présence.

SAUL.

Quoi! David?

JONATHAS.

Oui, David, en ce danger pressant,

Veut vous offrir sa tête, ou vous donner son sang.

SAUL.

Ah ! béni soit le ciel qui vers nous le renvoie !
David ? où donc es-tu ? courez que je le voie !
Je brûle de serrer dans mes bras attendris
Le salut d'Israël, mon vengeur et mon fils !

Micol et Jonathas se retirent.

SAUL, seul.

Je vais donc le revoir ! jour heureux et terrible !
Pour un cœur grand et fier, oh ! Dieu ! qu'il est pénible
De s'offrir dans l'opprobre et dans l'adversité
Aux regards d'un héros qu'on a persécuté !
Mais, que dis-tu, Saül ? Dans ce moment suprême,
Sois juste, et tu seras plus grand qu'il n'est lui-même !
. . . .
. . . .

XIV.

TOAST

PORTÉ DANS UN BANQUET NATIONAL

DES GALLOIS ET DES BRETONS, A ABERGAVENNY

DANS LE PAYS DE GALLES *.

Saint-Point, 25 septembre 1838.

Quand ils se rencontraient sur la vague ou la grève
En souvenir vivant d'un antique départ,
Nos pères se montraient les deux moitiés d'un glaive
Dont chacun d'eux gardait la symbolique part ;
Frère ! se disaient-ils, reconnais-tu la lame ?
Est-ce bien là l'éclair, l'eau, la trempe et le fil ?
Et l'acier qu'a fondu le même jet de flamme
     Fibre à fibre se rejoint-il ?

Et nous, nous vous disons : O fils des mêmes plages !

---

* On sait que les Gallois et les Bretons, d'origine celtique, se reconnaissent comme une seule famille, et célèbrent de temps en temps la commémoration de cette communauté de race.

Nous sommes un tronçon de ce glaive vainqueur,
Regardez-nous aux yeux, aux cheveux, aux visages,
Nous reconnaissez-vous à la trempe du cœur?...
N'est-ce pas cet œil bleu comme la mer profonde
Qui brise entre nos caps sur des écueils pareils?
Où notre ciel brumeux réfléchit dans son onde
      Plus de foudres que de soleils!

Le vent ne fait-il pas battre sur vos épaules
Au branle de vos pas ces forêts de cheveux,
Crinière aux nœuds dorés du vieux lion des Gaules,
Où le soleil sanglant fait ondoyer ses feux?
Ne résonnent-ils pas au souffle des tempêtes
Comme ce crin épars par les lances porté,
Étendards naturels que font flotter nos têtes
      Sur les clans de la liberté?

De nos robustes mains quand la paume vous serre,
Ce langage muet n'est-il pas un serment
Qui jure l'amitié, l'alliance ou la guerre,
Que nul revers ne lasse et nul jour ne dément?
Nos langues, où le bruit de nos grèves domine,
Ne vibrent-elles pas, rudes du même son,
Ainsi que deux métaux nés dans la même mine
      Rendent l'accord à l'unisson?

Ne nous jouons-nous pas où le dauphin se joue?
N'entrelaçons-nous pas, comme d'humbles roseaux,
Le pin durci du pôle au chêne qui le noue
Pour nous bercer aux vents dans les vallons des eaux?

TOAST.

N'emprisonnons-nous pas dans la toile sonore
L'aile de la tempête, et, sur les flots amers,
N'aimons-nous pas à voir le jour nomade éclore
  De toutes les vagues des mers?

Le coursier aux crins noirs, trône vivant des braves,
Ne nous nomme-t-il pas dans ses hennissemens?
Nos bardes n'ont-ils pas des chants tristes et graves,
Des harpes de Morven vieux retentissemens?
N'en composent-ils pas les cordes les plus douces
Avec les pleurs de l'homme et le sang des héros,
Le vent plaintif du nord qui siffle sur les mousses,
  Le chien qui hurle aux bords des flots?

Le poli de l'acier, l'éclair de l'arme nue,
Ne caressent-ils pas nos mains et nos regards?
Est-il un horizon plus doux à notre vue
Qu'un soleil de combats sur des épis de dards?
Le passé dans nos cœurs n'a-t-il pas des racines
Qu'on ne peut extirper ni secouer du sol,
Et ne restons-nous pas rochers sous les ruines
  Quand la poussière a pris son vol?...

Reconnaissons-nous donc, ô fils des mêmes pères!
Le sang de nos aïeux là haut nous avoûra,
Que l'hydromel natal écume dans nos verres,
Et poussons dans le ciel trois sublimes hourra!
Hourra pour l'Angleterre et ses falaises blanches!
Hourra pour la Bretagne aux côtes de granit!
Hourra pour le Seigneur qui rassemble les branches

Au tronc d'où tomba le vieux nid !

Que ce cri fraternel gronde sur nos montagnes
Comme l'écho joyeux d'un tonnerre de paix !
Que l'Océan le roule entre les deux Bretagnes !
Que le vaisseau l'entende entre ses flancs épais !
Et qu'il fasse tomber dans la mer qui nous baigne,
Avec l'orgueil jaloux de nos deux pavillons,
L'aigle engraissé de mort, dont le bec encor saigne
  De la chair de nos bataillons ! *

L'esprit des temps rejoint ce que la mer sépare,
Le titre de famille est écrit en tout lieu.
L'homme n'est plus français, anglais, romain, barbare,
Il est concitoyen de l'empire de Dieu !
Les murs des nations s'écroulent en poussières,
Les langues de Babel retrouvent l'unité,
L'Évangile refait avec toutes ses pierres
  Le temple de l'humanité !

Réjouissons-nous donc dans le jour qu'il nous prête,
L'aube des jours nouveaux fait poindre ses rayons,
Vous serez dans les temps, monts à la verte crête,
Un Sinaï de paix entre les nations !
Sous nos pas cadencés faisons sonner la terre,
Jetons nos gants de fer et donnons-nous la main,
C'est nous qui conduisons aux conquêtes du père
  Les colonnes du genre humain !

* A Waterloo.

TOAST. 79

Dans le drame des temps nous avons deux grands rôles.
A nous les champs d'argile, à vous les champs amers !
Pour répandre de Dieu la semence aux deux pôles,
Creusons-nous deux sillons sur la terre et les mers !
Dans toute glèbe humaine où sa race fourmille
Premiers-nés d'Occident, à la neuve clarté,
Marchons, distribuant à l'immense famille
  Dieu, la paix et la liberté.

Dans notre coupe pleine où l'eau du ciel déborde,
Désaltérés déjà buvons aux nations !
Iles ! ou continens ! que l'onde entoure ou borde,
Ayez part sous le ciel à nos libations !
Oui, buvons, et passant notre coupe à la ronde
Aux convives nouveaux du festin éternel,
Faisons boire après nous tous les peuples du monde
  Dans le calice fraternel !

XV.

A UNE JEUNE FILLE POËTE*.

Saint-Point, 24 Août 1838.

Quand assise le soir au bord de ta fenêtre
Devant un coin du ciel qui brille entre les toits,
L'aiguille matinale a fatigué tes doigts,
Et que ton front comprime une âme qui veut naître;
Ta main laisse échapper le lin brodé de fleurs
Qui doit parer le front d'heureuses fiancées,
Et de peur de tacher ses teintes nuancées
      Tes beaux yeux retiennent leurs pleurs.

Sur les murs blancs et nus de ton modeste asile,
Pauvre enfant! d'un coup d'œil tout ton destin se lit,
Un crucifix de bois au-dessus de ton lit,
Un réséda jauni dans un vase d'argile,

---

* Ces vers furent adressés à mademoiselle Antoinette Quarré, jeune ouvrière de Dijon, qui avait envoyé à l'auteur plusieurs pièces de vers, imprimées depuis, qui ont vivement excité l'étonnement et l'admiration du public.

A UNE JEUNE FILLE POETE.

Sous tes pieds délicats la terre en froids carreaux,
Et près du pain du jour que la balance pèse
Pour ton festin du soir le raisin ou la fraise
    Que partagent tes passereaux.

Tes mains sur tes genoux un moment se délassent,
Puis tu vas t'accouder sur le fer du balcon
Où le pampre grimpant, le lierre au noir flocon
A tes cheveux épars, amoureux s'entrelacent ;
Tu verses l'eau de source à ton pâle rosier,
Tu gazouilles son air à ton oiseau fidèle
Qui béquète ta lèvre en palpitant de l'aile
    A travers les barreaux d'osier.

Tu contemples le ciel que le soir décolore,
Quelque dôme lointain de lumière écumant,
Ou plus haut, seule au fond du vide firmament
L'étoile, comme toi que Dieu seul voit éclore ;
L'odeur des champs en fleurs monte à ton haut séjour,
Le vent fait ondoyer tes boucles sur ta tempe,
La nuit ferme le ciel, tu rallumes ta lampe,
    Et le passé t'efface un jour!...

Cependant le bruit monte et la ville respire,
L'heure sonne appelant tout un monde au plaisir,
Dans chaque son confus que ton cœur croit saisir
C'est le bonheur qui vibre ou l'amour qui respire.
Les chars grondent en bas et font frissonner l'air ;
Comme des flots pressés dans le lit des tempêtes,
Ils passent emportant les heureux à leurs fêtes,

A UNE JEUNE FILLE POETE.

    Laissant sous la roue un éclair.

Ceux-là versent au seuil de la scène ravie
Cette foule attirée au vent des passions,
Et qui veut aspirer d'autres sensations
Pour oublier le jour et pour doubler la vie;
Ceux-là rentrent des champs, sur de plians aciers,
Berçant les maîtres las d'ombrage et de murmure,
Des fleurs sur les coussins, des festons de verdure
    Enlacés aux crins des coursiers.

La musique du bal sort des salles sonores,
Sous les pas des danseurs l'air ébranlé frémit,
Dans des milliers de voix le chœur chante ou gémit;
La ville aspire et rend le bruit par tous les pores.
Le long des murs dans l'ombre on entend retentir
Des pas aussi nombreux que des gouttes de pluie,
Pas indécis d'amant où l'amante s'appuie
    Et pèse pour le ralentir.

Le front dans tes deux mains, pensive tu te penches,
L'imagination te peint de verts coteaux
Tout résonnans du bruit des forêts et des eaux,
Où s'éteint un beau soir sur des chaumières blanches.
Des sources aux flots bleus voilés de liserons,
Des prés où quand le pied dans la grande herbe nage,
Chaque pas, aux genoux fait monter un nuage
    D'étamine et de moucherons.

Des vents sur les guérets, ces immenses coups d'ailes

A UNE JEUNE FILLE POETE.

Qui donnent aux épis leurs sonores frissons,
L'aubépine neigeant sur les nids des buissons,
Les verts étangs rasés du vol des hirondelles;
Les vergers allongeant leur grande ombre du soir,
Les foyers des hameaux ravivant leurs lumières,
Les arbres morts couchés près du seuil des chaumières
  Où les couples viennent s'asseoir.

Ces conversations à voix que l'amour brise,
Où le mot commencé s'arrête et se repent,
Où l'avide bonheur que le doute suspend
S'envole après l'aveu que lui ravit la brise :
Ces danses où l'amant prenant l'amante au vol,
Dans le ciel qui s'entr'ouvre elle croit fuir en rêve
Entre le bond léger qui du gazon l'enlève,
  Et son pied qui retombe au sol!

Sous la tente de soie ou dans ton nid de feuille
Tu vois rentrer le soir, altéré de tes yeux,
Un jeune homme au front mâle, au regard studieux.
Votre bonheur tardif dans l'ombre se recueille.
Ton épaule s'appuie à celle de l'époux.
Sous son front déridé ton front nu se renverse,
Son œil luit dans ton œil pendant que ton pied berce
  Un enfant blond sur tes genoux!

De tes yeux dessillés quand ce voile retombe,
Tu sens ta joue humide et tes mains pleines d'eau;
Les murs de ce réduit où flottait ce tableau
Semblent se rapprocher pour voûter une tombe;

A UNE JEUNE FILLE POETE.

Ta lampe y jette à peine un reste de clarté,
Sous tes beaux pieds d'enfant tes parures s'écoulent,
Et tes cheveux épars et les ombres déroulent
      Leurs ténèbres sur ta beauté.

Cependant le temps fuit, la jeunesse s'écoule,
Tes beaux yeux sont cernés d'un rayon de pâleur,
Des roses sans soleil ton teint prend la couleur,
Sur ton cœur amaigri ton visage se moule,
Ta lèvre a replié le sourire, ta voix
A perdu cette note où le bonheur tressaille;
Des airs lents et plaintifs mesurent maille à maille
      Le lin qui grandit sous tes doigts.

Eh quoi! ces jours passés dans un labeur vulgaire
A gagner miette à miette un pain trempé de fiel,
Cet espace sans air, cet horizon sans ciel,
Ces amours s'envolant au son d'un vil salaire,
Ces désirs refoulés dans un sein étouffant,
Ces baisers, de ton front chassés comme une mouche
Qui bourdonne l'été sur les coins de ta bouche,
      C'est donc là vivre, ô belle enfant!

Nul ne verra briller cette étoile nocturne?
Nul n'entendra chanter ce muet rossignol?
Nul ne respirera ces haleines du sol
Que la fleur du désert laisse mourir dans l'urne?
Non, Dieu ne brise pas sous ses fruits immortels
L'arbre dont le génie a fait courber la tige;
Ce qu'oublia le temps, ce que l'homme néglige,

A UNE JEUNE FILLE POETE.

Il le réserve à ses autels !

Ce qui meurt dans les airs, c'est le ciel qui l'aspire :
Les anges amoureux recueillent flots à flots
Cette vie écoulée en stériles sanglots ;
Leur aile emporte ailleurs ce que ta voix soupire
De ces langueurs de l'âme où gémit ton destin,
De tes pleurs sur ta joue, hélas ! jamais cueillies,
De ces espoirs trompés, et ces mélancolies,
  Qui pâlissent ton pur matin.

Ils composent tes chants, mélodieux murmure
Qui s'échappe du cœur par le cœur répondu ;
Comme l'arbre d'encens que le fer a fendu
Verse en baume odorant le sang de sa blessure !
Aux accords du génie, à ces divins concerts,
Ils mêlent étonnés ces pleurs de jeune fille
Qui tombent de ses yeux et baignent son aiguille,
  Et tous les soupirs sont des vers !

Savent-ils seulement si le monde l'écoute ?
Si l'indigence énerve un génie inconnu ?
Si le céleste encens au foyer contenu
Avec l'eau de ses yeux dans l'argile s'égoutte ?
Qu'importe aux voix du ciel l'humble écho d'ici-bas ?
Les plus divins accords qui montent de la terre
Sont les élans muets de l'âme solitaire
  Que le vent même n'entend pas.

Non, je n'ai jamais vu la pâle giroflée,

Fleurissant au sommet de quelque vieille tour
Que bat le vent du nord ou l'aile du vautour,
Incliner sur le mur sa tige échevelée ;
Non, je n'ai jamais vu la stérile beauté,
Pâlissant sous ses pleurs sa fleur décolorée,
S'exhaler sans amour et mourir ignorée,
      Sans croire à l'immortalité !

Passe donc tes doigts blancs sur tes yeux, jeune fille !
Et laisse évaporer ta vie avec tes chants ;
Le souffle du Très-Haut sur chaque herbe des champs
Cueille la perle d'or où l'aurore scintille ;
Toute vie est un flot de la mer de douleurs ;
Leur amertume un jour sera ton ambroisie !
Car l'urne de la gloire et de la poésie
      Ne se remplit que de nos pleurs !

XVI.

CANTIQUE SUR UN RAYON DE SOLEIL.

 Je suis seul dans la prairie
 Assis au bord du ruisseau ;
 Déjà la feuille flétrie,
 Qu'un flot paresseux charrie,
 Jaunit l'écume de l'eau.

 La respiration douce
 Des bois au milieu du jour
 Donne une lente secousse
 A la vague, au brin de mousse,
 Au feuillage d'alentour.

 Seul et la cime bercée,
 Un jeune et haut peuplier
 Dresse sa flèche élancée
 Comme une haute pensée
 Qui s'isole pour prier !

 Par instans le vent qui semble
 Couler à flots modulés
 Donne à la feuille qui tremble
 Un doux frisson qui ressemble
 A des mots articulés.

CANTIQUE

L'azur où sa cime nage
A balayé son miroir
Sans que l'ombre d'un nuage
Jette au ciel une autre image
Que l'infini qu'il fait voir.

Ruisselant de feuille en feuille
Un rayon répercuté
Parmi les lis que j'effeuille,
Filtre, glisse, et se recueille
Dans une île de clarté.

Le rayon de feu scintille
Sous cette arche de jasmin,
Comme une lampe qui brille
Aux doigts d'une jeune fille
Et qui tremble dans sa main.

Elle éclaire cette voûte,
Rejaillit sur chaque fleur,
La branche sur l'eau l'égoutte,
L'aile d'insecte et la goutte
En font flotter la lueur.

A ce rayon d'or qui perce
Le vert grillage du bord,
La lumière se disperse
En étincelle, et traverse
Le cristal du flot qui dort.

Sous la nuit qui les ombrage,
On voit, en brillans réseaux,
Jouer un flottant nuage
De mouches au bleu corsage
Qui patinent sur les eaux.

Sur le bord qui se découpe,
De rossignols frais éclos
Un nid tapissé d'étoupe
Se penche comme une coupe
Qui voudrait puiser ses flots.

La mère habile entrecroise
Au fil qui les réunit,
Les ronces et la framboise,
Et tend, comme un toit d'ardoise,
Ses deux ailes sur son nid.

Au bruit que fait mon haleine,
L'onde ou le rameau pliant,
Je vois son œil qui promène
Sa noire prunelle pleine
De son amour suppliant !

Puis refermant, calme et douce,
Ses yeux, sous mes yeux amis,
On voit à chaque secousse
De ses petits sur leur mousse
Battre les cœurs endormis.

CANTIQUE

Ce coin de soleil condense
L'infini de volupté.
O charmante providence !
Quelle douce confidence
D'amour, de paix, de beauté !

Dans un moment de tendresse,
Seigneur, on dirait qu'on sent
Ta main douce qui caresse
Ce vert gazon qui redresse
Son poil souple et frémissant !

Tout sur terre fait silence
Quand tu viens la visiter,
L'ombre ne fuit ni n'avance,
Mon cœur même qui s'élance
Ne s'entend plus palpiter !

Ma pauvre âme ensevelie
Dans cette mortalité
Ouvre sa mélancolie,
Et comme un lin la déplie
Au soleil de ta bonté.

S'enveloppant tout entière
Dans les plis de ta splendeur,
Comme l'ombre à la lumière
Elle ruisselle en prière,
Elle rayonne en ardeur !

Oh! qui douterait encore
D'une bonté dans les cieux,
Devant un brin de l'aurore,
Qui s'égare et fait éclore
Ces ravissemens des yeux?

Est-il possible, ô nature!
Source dont Dieu tient la clé,
Où boit toute créature,
Lorsque la goutte est si pure,
Que l'abîme soit troublé?

Toi qui dans la perle d'onde,
Dans deux brins d'herbe pliés,
Peux enfermer tout un monde
D'un bonheur qui surabonde
Et déborde sur tes pieds,

Avare de ces délices,
Qu'entrevoit ici le cœur,
Peux-tu des divins calices
Nous prodiguer les prémices
Et répandre la liqueur?

Dans cet infini d'espace,
Dans cet infini de temps,
A la splendeur de ta face,
O mon Dieu! n'est-il pas place
Pour tous les cœurs palpitans?

CANTIQUE

Source d'éternelle vie,
Foyer d'éternel amour,
A l'âme à peine assouvie
Faut-il que le ciel envie
Son étincelle et son jour ?

Non, ces courts momens d'extase
Dont parfois nous débordons,
Sont un peu de miel du vase,
Écume qui s'extravase
De l'océan de tes dons !

Elles y nagent, j'espère,
Dans les secrets de tes cieux,
Ces chères âmes, ô père !
Dont nous gardons sur la terre
Le regret délicieux !

Vous, pour qui mon œil se voile
Des larmes de notre adieu,
Sans doute dans quelque étoile
Le même instant vous dévoile
Quelque autre perle de Dieu !

Vous contemplez assouvies,
Des champs de sérénité,
Ou vous écoutez ravies,
Murmurer la mer de vies
Au lit de l'éternité !

Le même Dieu qui déploie
Pour nous un coin du rideau,
Nous enveloppe et nous noie,
Vous dans une mer de joie,
Moi dans une goutte d'eau !

Pourtant mon âme est si pleine,
O Dieu ! d'adoration,
Que mon cœur la tient à peine,
Et qu'il sent manquer l'haleine
A sa respiration !

Par ce seul rayon de flamme,
Tu m'attires tant vers toi,
Que si la mort, de mon âme
Venait délier la trame,
Rien ne changerait en moi !

Sinon qu'un cri de louange
Plus haut et plus solennel,
En voix du concert de l'ange
Changerait ma voix de fange,
Et deviendrait éternel !

Oh ! gloire à toi qui ruisselle
De tes soleils à la fleur !
Si grand dans une parcelle !
Si brûlant dans l'étincelle !
Si plein dans un pauvre cœur !

XVII.

ÉPITRE A M. ADOLPHE DUMAS.

18 septembre 1838.

Musa pedestris.

Dans les plis d'un coteau j'étais assis à terre,
Le soleil inondant l'horizon solitaire,
Une brise des bois jouant dans mes cheveux,
Paix, lumière et chaleur, servi dans tous mes vœux;
Mon jeune chien, quêtant parmi les sillons fauves,
Effeuillait à mes pieds les bluets et les mauves,
Faisant lever joyeux l'alouette du sol,
Dont le rire en partant l'insultait dans son vol :
Et tout était sourire et grâces sur mes lèvres ;
Et semblable au berger qui rappelle ses chèvres,
Et rassemble au bercail les petits des troupeaux ;
Tous mes sens rappelaient mon esprit au repos,
Je bénissais celui dont l'immense nature
Prête place au soleil à chaque créature,
Et la terre de Dieu qui, du val au coteau,
A pour nous cacher tous un coin de son manteau;

Et je ne savais pas, dans ma paisible extase,
Si quelque ver rongeur piquait au cœur ma phrase,
Si l'encre à flots épais distillait du flacon
Pour faire sur la feuille une tache à mon nom ;
Où si quelque journal aux doctrines ridées,
Comme les factions enrôlant les idées,
Condamnait ma pensée à tenir dans l'esprit
Et dans l'étroit pathos de *l'orateur inscrit*,
Et jetait sur mon vers ou sur ma prose indigne
L'ombre de ces grands noms qu'un *gérant* contresigne;
Le *Courrier* m'eût privé de feu, de sel et d'eau,
Que le jour sur mon front n'eût pas brillé moins beau.

Oh ! nous sommes heureux parmi les créatures,
Nous à qui notre mère a donné deux natures,
Et qui pouvons, au gré de nos instincts divers,
Passer d'un monde à l'autre et changer d'univers !
Lorsque nos pieds saignant dans les sentiers de l'homme
Ont usé cette ardeur que le soleil consomme,
Notre âme, à ces labeurs disant un court adieu,
Prend son aile et s'enfuit dans les œuvres de Dieu ;
La contemplation qui l'enlève à la terre
Lui découvre la source où l'eau la désaltère,
Puis quand la solitude a rafraîchi ses sens,
Son courage l'appelle et lui dit : Redescends !

Ainsi quand le pêcheur, fatigué de la rame,
Dans les replis d'une anse a rattaché sa prame,
Il ressaisit la bêche, et du terrain qu'il rompt
Fend la glèbe humectée avec l'eau de son front ;

Et quand la bêche échappe à sa main qu'elle brise,
Il rehisse sa voile au souffle de la brise,
Et regarde, en fendant la mer d'un autre soc,
La poudre de la vague écumer sous son foc ;
Pour son double élément il semble avoir deux âmes,
Taureau dans le sillon, mouette sur les lames.
Poëte ! âme amphibie aux élémens divers,
Ta vague ou ton sillon, c'est ta prose ou tes vers !

J'étais ainsi plongé dans cet oubli des choses,
Quand le vent du midi, parmi l'odeur des roses,
M'apporta cette épître où ton cœur parle au mien
En vers entrecoupés comme un libre entretien ;
Billet où tant de sens parle avec tant de grâce,
Que Virgile l'eût pris pour un billet d'Horace,
Pour un de ces oiseaux du Béranger romain,
Qui, prenant au hasard leur doux vol de sa main,
Les pieds encor trempés des ondes de Blanduse,
Allaient porter au loin les saluts de sa muse,
Et dont plusieurs, volant vers la postérité,
S'égarèrent pour nous dans l'immortalité !
Celui qui m'apporta tes vers sur ma fenêtre,
Ami ! ressemblait tant aux colombes du maître
Que, promenant ma main sur l'oiseau familier,
Je cherchai si son cou n'avait pas de collier,
Croyant lire en latin l'exergue de sa bague :
« Je viens du frais Tibur ; » mais il venait d'*Eyrague*.*
Je les ai lus trois fois, ces vers consolateurs,

---

* Village de Provence, d'où la lettre de M. Dumas était datée.

A M. ADOLPHE DUMAS.

Sans me laisser suprendre à leurs philtres flatteurs ;
Sur ce nectar du cœur j'ai promené la loupe ;
J'ai vidé le poison, mais j'ai gardé la coupe,
Cette coupe où la main a ciselé dans l'or
Ton amitié pour moi que j'y veux lire encor !
. . . .
Il est doux au roulis de la mer où l'on nage
De voir un feu lointain luire sur le rivage ;
De sentir au milieu des pierres de l'affront
La feuille d'oranger vous tomber sur le front ;
Pour rendre à cet ami l'odorante pensée
On cherche avec amour la main qui l'a lancée,
Et l'on éprouve un peu ce que Job éprouva
Lorsque de son fumier son ange le leva.
Au plus noir de l'absinthe à mes lèvres versée
C'est là l'impression du miel de ta pensée.
Je me dis : Ce vent doux parmi tant de frimas,
N'est pas né, je le sens, dans les mêmes climats ;
Mais, venu d'Orient, son souffle que j'aspire
A l'odeur d'un laurier et le son d'une lyre !...

Ce n'est pas cependant que mon esprit enflé
De l'orgueilleux chagrin d'un grand homme sifflé,
Jugeant avec mépris le siècle qui le juge,
Cherche à sa vanité ce sublime refuge
Où le Tasse et Milton, loin de leurs détracteurs,
Ont, leur gloire à la main, attendu leurs lecteurs.
Lorsque dans l'avenir un siècle ingrat l'exile,
Oui, l'immortalité du génie est l'asile,
Mais pour chercher comme eux l'ombre de ses autels,

Il faut avoir commis leurs livres immortels ;
D'un grand forfait de gloire il faut être coupables ;
L'ostracisme n'écrit que des rois sur ses tables.
Pour nous, sujets obscurs du jour qui va finir,
Laissons aux immortels leur foi dans l'avenir,
Buvons sans murmurer le nectar ou la fange,
Et ne nous flattons pas que le siècle nous venge.

Nous venger? l'avenir? lui? gros d'un univers?
Lui, dans ses grandes mains peser nos petits vers?
Lui, s'arrêter un jour dans sa course éternelle
Pour revoir ce qu'une heure a broyé sous son aile?
Pour exhumer du fond de l'insondable oubli
La page où du lecteur le doigt a fait un pli?
Pour décider au nom de la race future
Si l'hémistiche impie offensa la césure?
Ou si d'un feuilleton les arrêts en lambeaux
Ont fait tort d'une rime aux morts dans leurs tombeaux?

Quoi qu'en disent là-haut les scribes dans leurs sphères,
L'avenir, mes amis, aura d'autres affaires,
Il aura bien assez de sa tâche au soleil
Sans venir remuer nos vers dans leur sommeil.
Jamais le lit trop plein de l'océan des âges
De flots plus débordans ne battit ses rivages,
Jamais le doigt divin à l'éternel torrent
N'imprima dans sa fuite un plus fougueux courant ;
On dirait qu'amoureux de l'œuvre qu'il consomme
L'esprit de Dieu, pressé, presse l'esprit de l'homme,
Et trouvant l'œuvre longue et les soleils trop courts,

A M. ADOLPHE DUMAS.

Dans l'œuvre qu'il condense accumule les jours.
Que d'œuvres à finir! que d'œuvres commencées
Lèguent au lendemain nos mourantes pensées!
Quelle route sans fin nous traçons à ses pas!
Que sera ce chaos s'il ne l'achève pas?
Qu'il lui faudra de mains pour élever ces pierres
Que nous taillons à peine au fond de leurs carrières!
Qui donnera le plan, la forme, le dessin?
Quel effort convulsif contractera son sein?
Un monde à soulever couché dans ses vieux langes,
L'homme, image tombée, à dépouiller de fanges,
Comme on dresse au soleil du limon de l'oubli
Dans le sable du Nil un sphinx enseveli!
Sous mille préjugés dans la honte abattue,
Refaire un piédestal à la sainte statue,
Et sur son front levé rendre à l'humanité,
Les rayons disparus de sa divinité!
Réveiller l'homme enfant emmaillotté de songes,
Des instincts éternels séparer nos mensonges,
Des nuages obscurs qui couvrent l'horizon
Dégager lentement le jour de la raison,
De chaque vérité dont la lumière est flamme,
Du genre humain croissant féconder la grande âme;
Des peuples écoulés dépassant les niveaux,
Le faire déborder en miracles nouveaux.
Asservir à l'esprit les élémens rebelles,
Prendre au feu sa fumée, à l'aquilon ses ailes,
Sur des fleuves d'acier faire voguer les chars,
Multiplier ses sens par les sens de nos arts;
De ces troupeaux humains que la verge fait paître,

Parqués, marqués au flanc par les ciseaux du maître,
Fondre les nations en peuple fraternel
Marqués au front par Dieu de son chiffre éternel ;
Au lieu de mille lois qu'une autre loi rature,
Dans le code infaillible écrire la nature,
Déshonorer la force, et sur l'esprit dompté,
Faire du ciel en nous régner la volonté !
Comme du lit des mers les vagues débordées,
Voir les faits s'écrouler sous le choc des idées,
Porter toutes les mains sur l'arche des pouvoirs,
Combiner d'autres droits avec d'autres devoirs,
Parlant en vérités et plus en paraboles,
Arracher Dieu visible à l'ombre des symboles,
Dans l'esprit grandissant où sa foi veut grandir,
Au lieu de le voiler, le faire resplendir,
Et lui restituant l'univers qu'il anime,
Faire l'homme pontife et le culte unanime !
Écouter les grands bruits que feront en croulant
L'autel renouvelé, le trône chancelant,
Les voix de ces tribuns ameutant les tempêtes,
Artistes, orateurs, penseurs, bardes, prophètes,
Vaste bourdonnement des esprits en émoi,
Dont chacun veut son jour et crie au temps : A moi !

Voilà de l'avenir l'œuvre où la peine abonde.
Et tu veux qu'au milieu de ce travail d'un monde
Le siècle des six jours, sur sa tâche incliné,
Se retourne pour voir quelle âme a bourdonné ?
C'est l'erreur du ciron qui croit remplir l'espace.
Non : pour tout contenir le temps n'a que sa place ;

A M. ADOLPHE DUMAS.

La gloire a beau s'enfler, dans les siècles suivans
Les morts n'usurpent pas le soleil des vivans ;
La même goutte d'eau ne remplit pas deux vases ;
Le fleuve en s'écoulant nous laisse dans ses vases,
Et la postérité ne suspend pas son cours
Pour pêcher nos orgueils dans le vieux lit des jours.

Quoi ! faut-il en pleurer ? le doux chant du poëte
Ne le charme-t-il donc qu'autant qu'on le répète ?
Le son mélodieux du bulbul de tes bois
Est-il donc dans l'écho plutôt que dans la voix ?
N'entends-tu pas en toi de célestes pensées,
Par leur propre murmure assez récompensées ?
Le génie est-il donc extase ou vanité ?
N'écouterais-tu pas pendant l'éternité
Le bruit mélodieux de ces ailes de flamme,
Que fait l'aigle invisible en traversant ton âme ?
Le cœur a-t-il besoin que dans ses sentimens
Tout l'univers palpite avec ses battemens ?
Eh ! qu'importe l'écho de ta voix faible ou forte,
N'est-il pas aussi long que le vent qui l'emporte ?
Ne se confond-il pas dans cet immense chœur
Que la vie et l'amour tirent de chaque cœur ?

N'as-tu pas vu souvent aux jours pâles d'automne,
Le vent glacé du nord, dont l'aile siffle et tonne,
Fouetter en tourbillons, dans son fougueux courant,
Les dépouilles du bois en liquide torrent ?
Du fleuve où roule à sec sa gerbe amoncelée,
Le bruit des grandes eaux monte sur la vallée,

Bien qu'un gémissement sorte de chaque pli,
Notre oreille n'entend qu'un immense rouli ;
Mais l'oreille de Dieu, qui plus haut les recueille,
Distingue dans ce bruit la voix de chaque feuille,
Et du brin d'herbe mort le plus léger frisson
Dont ce bruit collectif accumule le son.
C'est ainsi, mon ami, que dans le bruit terrestre,
Dont le génie humain est le confus orchestre,
Et qu'emporte en passant l'esprit de Jéhova,
Le faible bruit de l'homme avec l'homme s'en va ;
A l'oreille de Dieu ce bruit pourtant arrive ;
Chaque âme est une note, hélas ! bien fugitive,
Chaque son meurt bientôt ; mais l'hymne solennel
S'élève incessamment du temps à l'Éternel !
Notre voix qui se perd dans la grande harmonie
Va retentir pourtant à l'oreille infinie !
Eh ! quoi ! n'est-ce donc rien que d'avoir en passant
Jeté son humble strophe au concert incessant ?
Et d'avoir parfumé ses ailes poétiques
De ces soupirs notés dans les divins cantiques ?
Faut-il pour écouter ce qui mourra demain
Imposer à jamais silence au genre humain ?

Elle vole plus haut l'âme du vrai poëte !
De toute ma raison, ami, je te souhaite
Le dédain du journal, l'oubli de l'univers,
Le gouffre du néant pour ta prose ou tes vers ;
Mais au fond de ton cœur une source féconde
Où l'inspiration renouvelle son onde
Et dont le doux murmure, en berçant ton esprit,

A M. ADOLPHE DUMAS.

Coule en ces vers muets qu'aucune main n'écrit ;
Une âme intarissable en sympathique extase
Où l'admiration déborde et s'extravase ;
Ces saints ravissemens devant l'œuvre de Dieu,
Qui font pour le poëte un temple de tout lieu ;
Ces conversations en langue intérieure
Avec l'onde qui chante ou la brise qui pleure,
Avec l'arbre, l'oiseau, l'étoile au firmament
Et tout ce qui devient pensée ou sentiment ;
Une place au soleil contre un mur où l'abeille,
Nageant dans le rayon, bourdonne sous la treille ;
Sous les verts parasols de tes pins du midi,
Une pente d'un pré par le ciel attiédi,
D'où le regard glissant voit à travers la brume
La mer bleue au rocher jeter sa blanche écume,
Et la voile lointaine à l'horizon mouvant
Comme un arbre des flots s'incliner sous le vent,
Et d'où le bruit tonnant des vagues élancées,
Donnant une secousse à l'air de tes pensées,
Te fait rêver pensif à ce vaste miroir
Où Dieu peint l'infini pour le faire entrevoir !...
Un reflet de ton ciel toujours sur ton génie ;
Des cordes de ton cœur la parfaite harmonie !
La conscience en paix sommeillant dans ton sein
Comme une eau dont nul pied n'a troublé le bassin ;
Au flanc d'une colline où s'étend ton royaume,
Un toit de tuile rouge ou d'ardoise ou de chaume,
Dont l'ombre soit ton monde, et dont le pauvre seuil
Ne rende après cent ans son maître qu'au cercueil.
Là, des sommeils légers que l'alouette éveille,

Pour reprendre gaîment le sillon de la veille :
Une table frugale où la fleur de tes blés
Éclate auprès des fruits que ta greffe a doublés ;
Sur le noyer luisant dont ton chanvre est la nappe,
Un vin dont le parfum te rappelle sa grappe ;
Un platane en été ; dans l'hiver un foyer
Où ta main jette au feu le noyau d'olivier ;
Aux flambeaux dont ta ruche a parfumé la cire,
Des livres cent fois lus que l'on aime à relire,
Phares consolateurs que pour guider notre œil
Les tempêtes du temps ont laissé sur l'écueil,
Dont nos vents inconstans n'agitent plus la flamme,
Mais qui luisent bien haut au firmament de l'âme !...
Pour que le fond du vase ait encor sa douceur,
Jusqu'au soir de la vie une mère, une sœur,
Un ami des vieux jours, voisin de solitude,
Exact comme l'aiguille et comme l'habitude,
Et qui vienne le soir, de son mot régulier,
Reprendre au coin du feu l'entretien familier.

Avec cela, mon cher, que l'ongle des critiques
Marque du pli fatal nos pages poétiques,
Heureux à nos soleils qu'on nous siffle à Paris,
La gloire me plairait ;... pour la vendre à ce prix !

XVIII.

A UNE JEUNE FILLE

QUI ME DEMANDAIT DE MES CHEVEUX.

Des cheveux! mais ils sont blanchis sous les années!
Des cheveux! mais ils vont tomber sous les hivers!
Que feraient tes beaux doigts de leurs boucles fanées?
Pour tresser la couronne, il faut des rameaux verts.

Crois-tu donc, jeune fille, aux jours d'ombre et de joie
Qu'un front d'homme, chargé de quarante printemps,
Germe ces blonds anneaux et ces boucles de soie,
Où l'espérance joue avec tes dix-sept ans?

Crois-tu donc que la lyre où notre âme s'accorde
Chante au fond de nos cœurs, toujours pleine de voix,
Sans que de temps en temps il s'y rompe une corde
Qui laisse en se taisant un vide sous nos doigts?

Pauvre naïve enfant! que dirait l'hirondelle
Si, quand l'hiver l'abat aux débris de sa tour,
Ta voix lui demandait les plumes de son aile
Qu'emporte la tempête ou sème le vautour?

Demande, dirait-elle, au nuage, à l'écume,
A l'épine, au désert, aux ronces du chemin :
A tous les vents du ciel j'ai laissé quelque plume,
Et pour me réchauffer je n'ai plus que ta main !

Ainsi te dit mon cœur, jeune et tendre inconnue,
Mais quand dans ces cheveux vos souffles passeront,
Je sentirai longtemps, malgré ma tempe nue,
La sève de vingt ans battre encor dans mon front.

XIX.

A ANGELICA.

Saint-Point, 25 septembre 1834.

Jeune voix que Dieu fit éclore
Comme un hymne au matin du jour;
Chaque âme en ce triste séjour
Pour toi fut un temple sonore
Que tu remplis de sons, de délire et d'amour.

Bulbul ainsi que toi ne chante qu'une aurore;
Mais il revient souvent au bois qu'il a quitté,
Écouter si du roc la source coule encore,
En soupirs aussi purs, si le son s'évapore,
Si la rosée y tombe aux tièdes nuits d'été.

Ah! reviens comme lui, bel oiseau qui t'envole!
Tu trouveras toujours un écho dans nos bois,
Un désert dans nos cœurs qu'aucun bruit ne console,
Et des pleurs dans nos yeux pour tomber à ta voix.

XX.

A AUGUSTA.

Bulbul enivre toute oreille
De sons, de musique et de bruit;
Sa voix éclatante réveille
Les échos charmés d'une nuit;

La douce et blanche tourterelle
N'a qu'une note dans la voix,
Mais cette note est éternelle,
Et ne dort jamais sous les bois;

C'est un souffle qu'amour agite,
Un soupir qui pleure en sortant,
C'est un cœur ému qui palpite,
Une âme sans voix qu'on entend.

Plus on écoute et plus on rêve;
En vain ce soupir n'a qu'un son,
L'oreille attend, devine, achève,
Et l'âme vibre à l'unisson.

Celui qu'un double charme attire
Entre l'ivresse et la langueur,
Écoute, hésite, et ne peut dire
Lequel est l'oiseau de son cœur!

XXI.

LE TOMBEAU DE DAVID A JÉRUSALEM.

A M. DARGAUD*.

I.

O harpe qui dors sur la tête
Immense du poëte-roi,
Veuve immortelle du prophète,
Un jour encore, éveille-toi !
Quoi ! dans cette innombrable foule
Des races dont le pied te foule
Il n'est plus une seule main
Qui te remue et qui t'accorde,
Et qui puisse un jour sur ta corde
Faire éclater l'esprit humain ?

Es-tu comme le large glaive
Dans les tombes de nos aïeux,

---

* M. Dargaud, jeune écrivain du plus haut talent, vient de donner une nouvelle traduction des Psaumes. Ces vers furent inspirés à M. de Lamartine par l'impression que fit sur lui la lecture de cette traduction, où le génie de la langue hébraïque et l'éclat des images orientales sont pour ainsi dire palpables à travers tant de siècles et une autre langue.

Qu'aucun bras vivant ne soulève
Et que l'on mesure des yeux?
Harpe colossale es-tu comme
Ces immenses ossemens d'homme
Que le soc entraîne avec lui,
Grands débris d'une autre nature
Qui, pour animer leur stature,
Voudraient dix âmes d'aujourd'hui?

Est-ce que l'haleine divine,
Qui souffla mille ans sur ces bords,
Ne soulève plus de poitrine
Assez mâle pour tes accords?
Cordes muettes de Solyme
Que faut-il pour qu'un Dieu ranime
Ces ferventes vibrations?
Viens sur mon sein, harpe royale,
Écoute, si ce cœur égale
Tes larges palpitations?

N'y sens-tu pas battre cette âme
Qui lutte avec des sens mortels?
Et qui jette au milieu du drame
Des cris qui fendent les autels?
N'y sens-tu pas dans son cratère
Comme des laves sous la terre
Gronder les fibres de douleurs?
N'entends-tu pas sous leurs racines
Comme un Cédron sous ses ravines
Filtrer le sourd torrent des pleurs?

A JÉRUSALEM.

Faut-il avoir dans son enfance,
Gardien d'onagre et de brebis,
Brandi la fronde pour défense,
Porté leurs toisons pour habits?
Faut-il avoir sur les collines,
Errant du rocher aux épines,
Déchiré ses pieds au buisson?
La nuit épiant solitaire
Les soupirs du cœur de la terre
Monté son âme à l'unisson?

Faut-il d'une pieuse femme,
A la mamelle de ta foi,
Avoir bu ce saint lait de l'âme
Où s'allume la soif de toi?
Faut-il, enfant des sacrifices,
Avoir transvasé les prémices
Dans les corbeilles du saint lieu,
Et retenu ce doux bruit d'ailes
Que font les prières mortelles
En s'abattant aux pieds de Dieu?

Faut-il avoir aimé son frère
Jusqu'à l'exil, jusqu'au trépas,
Et persécuté par son père,
Versé son cœur sur Jonathas?
Coupable d'amours insensées,
Faut-il avoir dans ses pensées
Retourné cent fois le remord,
Meurtri ses membres sur sa couche,

Et déjà vieux, collé sa bouche
Aux pieds glacés de son fils mort?

Sur l'abîme de ta justice,
Où toute raison se confond,
Comme du haut d'un précipice
Faut-il avoir plongé sans fond?
Avec les ruisseaux de sa joue
Faut-il avoir pétri la boue
Dont fut formé l'insecte humain,
Et serré des deux bras la terre
Comme le guerrier mort qui serre
L'herbe sanglante avec sa main?

II.

Tout cela je l'ai fait, ô funèbre génie
Qui mesure à nos pleurs tes torrens d'harmonie!
Tout cela je l'ai bu dans la coupe où je bois!
Dans le sang de mon cœur, dans le lait de ma mère,
Dans l'argile où du sort l'eau n'est pas moins amère
   Que les larmes des yeux des rois!

Crois-tu qu'en vieillissant sur ce globe des larmes,
Le mal ait émoussé la pointe de ses armes;
Que le cœur du sujet soit d'un autre élément;
Que la fibre royale ait une autre nature,
Et que notre humble chair sèche sous la torture
   Sans rendre de gémissement?

III.

Non! de tous ces grands cris j'ai parcouru la gamme,
De la plainte des sens jusqu'aux langueurs de l'âme;
Chaque fibre de l'homme au cœur m'a palpité,
Comme un clavier touché d'une main lourde et forte
Dont la corde d'airain se tord, brisée et morte,
      Et que le doigt emporte
      Avec le cri jeté!

Pourquoi donc, sous mon souffle et sous mes doigts rebelles,
O harpe! languis-tu comme un aiglon sans ailes?
Tandis qu'un seul accord du barde d'Israël
Fait après deux mille ans dans les chœurs de nos fêtes
Ondoyer tout un peuple aux accens des prophètes,
      Flamboyer les tempêtes,
      Et se fendre le ciel?

Ah! c'est que la douleur et son brûlant délire
N'est pas le feu du temple et la clé de la lyre!
C'est que de tout foyer ton amour est le feu!
C'est qu'il t'aimait, Seigneur, sans mesure et sans doute,
Que son âme à tes pieds s'épanchait goutte à goutte,
    Et qu'on ne sait quand on l'écoute
S'il parle à son égal ou s'il chante à son Dieu!

Jamais l'amour divin qui soulève le monde
Comme l'astre des nuits des mers soulève l'onde,

Ne permit au limon où son image a lui
De s'approcher plus près pour contempler sa face,
Et de combler jamais d'une plus sainte audace
    L'immensurable espace
    De la poussière à lui !

IV.

    Louanges, élans, prières,
    Confidences familières,
    Battemens d'un cœur de feu ;
    Tout ce qu'amour à peine ose,
    Pieds qu'il presse et qu'il arrose,
    Front renversé qui repose
    Couché sur le sein de Dieu !

    Soupirs qui fendent les roches,
    Colères, tendres reproches,
    Sur un ingrat abandon ;
    Retours de l'âme égarée,
    Et qui revient altérée
    Baiser la main retirée,
    Sûre du divin pardon !

    Larmes que Dieu même essuie
    Ruisselant comme une pluie
    Sur qui son courroux s'abat ;
    Bruyant assaut de pensées,
    Apostrophes plus pressées

A JÉRUSALEM.

Que mille flèches lancées
Par une armée au combat!

Toutes les tendres images
Des plus amoureux langages
Trop tièdes pour tant d'ardeurs!
De toute chose animée
Sur ses collines semée
La terre entière exprimée
Pour faire un faisceau d'odeurs!

Le lis noyé de rosée,
La perle des nuits posée
Sur les roses de Sàrons;
L'ombre du jour sous la grotte,
L'eau qui filtre et qui sanglote,
La splendeur du ciel qui flotte
Sur l'aile des moucherons!

L'oiseau que la flèche frappe,
Qui vient becqueter la grappe
Dans les vignes d'Engaddi;
La cigale infatigable,
De l'homme émiettant la table;
Hymne vivant que le sable
Darde au rayon du midi!

Toutes les langueurs de l'âme;
Le cerf altéré qui brame
Pour l'eau que le désert boit,

L'agneau broutant les épines,
Le chameau sur les collines,
Le lézard dans les ruines,
Le passereau sur le toit !

La mendiante hirondelle,
Dont le vautour plume l'aile,
Brisée aux pieds de sa tour :
Sont la note tendre et triste
De la harpe du psalmiste
Par qui notre oreille assiste
A ces mystères d'amour.

V.

Aussi, tu le comblais de tes miséricordes;
Ton nom, ô Jéhova, sanctifiait ses cordes,
Sa prière à ta droite arrachait don sur don.
Il pouvait s'endormir dans d'impures mollesses,
Tu poursuivais son cœur, au fond de ses faiblesses,
    De ton impatient pardon !

Fautes, langueurs, oubli, défaillances, blasphème,
Adultères sanglans, trahisons, forfaits même,
Ta grâce couvrait tout du flux de tes bontés;
Et comme l'Océan dévore son écume,
Son âme, engloutissant le mal qui la consume,
    Dévorait ses iniquités.

A JÉRUSALEM.

Quel crime n'eût lavé cette larme sonore
Qui tomba sur la lyre et qui résonne encore?
Tes pieds divins, Seigneur, en gardent la senteur!
Tu défendis aux vents d'en sécher nos visages,
Et tu dis aux vivans : Roulez-la dans les âges!
Humectez tous vos yeux, mouillez toutes vos pages
    Des larmes de mon serviteur!

Et la terre entendit l'ordre de Jéhova,
Et cette eau fut un fleuve où tout cœur se lava!

VI.

    J'ai vu blanchir sur les collines
    Les brèches du temple écroulé,
    Comme une aire d'aigle en ruines
    D'où l'aigle au ciel s'est envolé !
    J'ai vu sa ville devenue
    Un blanc monceau de cendre nue
    Qui volait sous un vent de feu ;
    Et le guide des caravanes
    Attacher le pied de ses ânes
    Sur les traces du pied de Dieu.

    Le chameau, las, baissant la tête
    Pour s'abriter des cieux brûlans,
    Dans le royaume du prophète
    N'avait que l'ombre de ses flancs ;
    Siloé qui le désaltère

N'était qu'une sueur de terre
Suant sa malédiction,
Et l'Arabe en sa main grossière
Ramassant un peu de poussière,
Se disait : C'est donc là Sion !...

Des fondemens de l'ancien temple
Un nouveau temple était sorti,
Que sous sa coupole plus ample
Un troisième avait englouti.
Trois dieux avaient vieilli ; leur culte
S'écroulant sur ce sol inculte,
S'était renouvelé trois fois,
Comme un tronc qui toujours végète
Brise son écorce et projette
De jeunes rameaux du vieux bois !

Le passereau sous la muraille
Dont le temps blanchit le granit,
Cherchait en vain le brin de paille
Pour bâtir seulement son nid !
On ne voyait que des colombes
Voler sur les turbans des tombes,
Et se cachant sous ses débris,
Quelques âmes contemplatives
Sortir leurs figures craintives
Par les fentes de leurs abris.

Sous les pas cette solitude
N'avait que des bruits creux et sourds,

A JÉRUSALEM.

Le désert avait l'attitude
Qu'il aura le dernier des jours !
Trainant les pieds, baissant la tête,
Je cherchais ta tombe, ô prophète !
Sous les ronces de ton palais,
Et je ne voyais que trois pierres,
Qu'un soleil dur à mes paupières,
Incendiait de ses reflets ?

Tout à coup, au tocsin des heures
Qui sonnent l'adoration,
Sortit de ces mornes demeures
Ta voix souterraine, ô Sion !
Des hommes de tous les visages,
Des langues de tous les langages,
Venus des quatre vents du ciel,
Multipliant l'écho des psaumes,
Convoquèrent tous les royaumes
A la prière d'Israël !

Les tombes ouvrirent leur porte
Aux accens du barde des rois,
Le vent roula vers la mer Morte
L'écho triomphant de sa voix,
Le palmier secoua sa poudre,
Le ciel serein de foudre en foudre
Jeta le nom d'Adonaï,
L'aigle effrayé lâcha sa proie,
Et l'on vit palpiter de joie
Deux ailes sur le Sinaï.

VII.

Est-ce là mourir, ô prophète ?
Quoi ! pendant une éternité
Sentir le souffle qu'on lui prête
Respirer dans l'humanité !
Quoi ! donner le vent de son âme
A toute chose qui s'enflamme !
Être le feu de cet encens !
Et partout où le jour se couche
Avoir son cri sur toute bouche,
Son accent dans tous les accens !

Est-ce là mourir ? Non ! c'est vivre,
Plus vivant dans le verbe écrit !
Par chaque œil qui s'ouvre au saint livre,
C'est multiplier son esprit !
C'est imprimer sa sainte trace
Sur chaque parcelle d'espace
Où peuvent prier deux genoux !
Et nous, bardes au vain délire,
Dont les doigts sèchent sur la lyre,
Dites-moi : Pourquoi mourrons-nous ?

Ah ! c'est que ta haute pensée,
Pur vase de délection,
N'était qu'une langue élancée
D'un foyer d'inspiration !

A JÉRUSALEM.

C'est que l'amour sous son extase
Donnait au parfum de ce vase
Leur sainte volatilité,
Et que partout où Dieu se pose
Il laisse à l'homme quelque chose
De sa propre immortalité !

XXII.

A M. LE COMTE DE VIRIEU

APRÈS LA MORT D'UN AMI COMMUN

LE BARON DE VIGNET

MORT A NAPLES EN 1838.

Aimons-nous! nos rangs s'éclaircissent,
Chaque heure emporte un sentiment;
Que nos pauvres âmes s'unissent
Et se serrent plus tendrement!

Aimons-nous! notre fleuve baisse;
De cette coupe d'amitié
Que se passait notre jeunesse,
Les bords sont vides à moitié!

Aimons-nous! notre beau soir tombe;
Le premier des deux endormi
Qui se couchera dans la tombe,
Laissera l'autre sans ami!

A M. LE COMTE DE VIRIEU.

O Naples! sur ton cher rivage,
Lui, déjà ses yeux se sont clos,
Comme au lendemain d'un voyage,
Il a sa couche au bord des flots!

Son âme, harmonieux cantique,
Son âme, où les anges chantaient,
De sa tombe entend la musique
De ces mers qui nous enchantaient.

Comme un cygne à la plume noire,
Sa pensée aspirait au ciel,
Soit qu'enfant le sort l'eût fait boire
Quelque goutte amère de fiel,

Soit que d'infini trop avide,
Trop impatient du trépas,
Toute coupe lui parût vide
Tant que Dieu ne l'emplissait pas!

Il était né dans des jours sombres,
Dans une vallée au couchant,
Où la montagne aux grandes ombres
Verse la nuit en se penchant.

Les pins sonores de Savoie
Avaient secoué sur son front
Leur murmure, sa triste joie,
Et les ténèbres de leur tronc.

Ainsi que ces arbres sublimes,
Sur les Alpes multipliés,
Qui portent l'aube sur leurs cimes
En couvant la nuit à leurs piés,

Son âme nuageuse et sombre,
Trop haute pour ce vil séjour,
Laissant tout le reste dans l'ombre,
Du ciel seul recevait le jour !

Il aimait leurs mornes ténèbres
Et leur muet recueillement,
Et du pin dans leurs nuits funèbres
L'âpre et sourd retentissement.

Il goûtait les soirs gris d'automne,
Les brouillards du vent balayés,
Et le peuplier monotone
Pleuvant feuille à feuille à ses piés.

Des lacs déserts de sa patrie
Son pas distrait cherchait les bords,
Et sa plaintive rêverie
Trouvait sa voix dans leurs accords.

Puis, comme le flot du rivage
Reprend ce qu'il avait roulé,
Son dédain effaçait la page
Où son génie avait coulé !

A M. LE COMTE DE VIRIEU.

Toujours errant et solitaire,
Voyant tout à travers la mort,
De son pied il frappait la terre
Comme on pousse du pied le bord.

Et la terre a semblé l'entendre,
O mon Dieu! lasse avant le soir,
Reçois cette âme triste et tendre,
Elle a tant désiré s'asseoir!

Ames souffrantes d'où la vie
Fuit comme d'un vase fêlé,
Et qui ne gardent que la lie
Du calice de l'exilé.

Nous, absens de l'adieu suprême,
Nous qu'il plaignit et qu'il a fui,
Quelle immense part de nous-même
Est ensevelie avec lui!

Combien de nos plus belles heures,
De tendres serremens de mains,
De rencontres sous nos demeures,
De pas perdus sur les chemins!

Combien de muettes pensées
Que nous échangions d'un regard,
D'âmes dans les âmes versées,
De recueillemens à l'écart!

Que de rêves éclos en foule
De ce que l'âge a de plus beau,
Le pied du passant qui le foule
Presse avec lui sur son tombeau !

Ainsi nous mourons feuille à feuille,
Nos rameaux jonchent le sentier ;
Et quand vient la main qui nous cueille,
Qui de nous survit tout entier ?

Ces contemporains de nos âmes,
Ces mains qu'enchaînait notre main,
Ces frères, ces amis, ces femmes,
Nous abandonnent en chemin.

A ce chœur joyeux de la route
Qui commençait à tant de voix,
Chaque fois que l'oreille écoute
Une voix manque chaque fois.

Chaque jour l'hymne recommence
Plus faible et plus triste à noter :
Hélas ! c'est qu'à chaque distance
Un cœur cesse de palpiter.

Ainsi, dans la forêt voisine,
Où nous allions près de l'enclos,
Des cris d'une voix enfantine
Éveiller des milliers d'échos,

Si l'homme, jaloux de leur cime,
Met la cognée au pied des troncs,
A chaque chêne qu'il décime.
Une voix tombe avec leurs fronts ;

Il en reste un ou deux encore,
Nous retournons au bord du bois
Savoir si le débris sonore
Multiplie encor notre voix.

L'écho décimé d'arbre en arbre,
Nous jette à peine un dernier cri,
Le bûcheron au cœur de marbre
L'abat dans son dernier abri.

Adieu les voix de notre enfance,
Adieu l'ombre de nos beaux jours ;
La vie est un morne silence
Où le cœur appelle toujours !

VERS

ÉCRITS DANS LA CHAMBRE DE J.-J. ROUSSEAU

A L'ERMITAGE.

A l'Ermitage de J.-J. Rousseau, le 7 juin 1833.

Toi, dont le siècle encore agite la mémoire,
Pourquoi dors-tu si loin de ton lac, ô Rousseau?
Un abîme de bruit, de malheur et de gloire,
Devait-il séparer ta tombe et ton berceau?

De ce frais ermitage aux coteaux des Charmettes,
Par quels rudes sentiers ton destin t'a conduit?
Hélas! la terre ainsi traîne tous ses poëtes
De leur berceau de paix à leur tombeau de bruit.

O forêt de Saint-Point! oh! cachez mieux ma cendre!
Sous le chêne natal de mon obscur vallon,
Que l'écho de ma vie y soit tranquille et tendre;
Ah! c'est assez d'un cœur pour enfermer un nom.

XXIV.

UTOPIE.

A M. BOUCHARD [*].

Saint-Point, 21 et 22 août 1837.

« *Enfant des mers, ne vois-tu rien là-bas ?* »

Frère ! ce que je vois, oserai-je le dire,
Pour notre âge avancé, raisonner c'est prédire ;
Il ne faut pas gravir un foudroyant sommet,
Voir sécher ou fleurir la verge du prophète,
Des cornes du bélier diviniser sa tête,
Ni passer sur la flamme au vent de la tempête
    Le pont d'acier de Mahomet.

---

[*] M. Bouchard, jeune poëte de grande espérance et de haute philosophie, avait adressé à l'auteur une ode sur l'avenir politique du monde, dont chaque strophe finissait par ce vers :

Enfant des mers, ne vois-tu rien là-bas ?

Cette ode et une autre pièce de vers adressée par M. Bouchard à M. de Lamartine, sur son voyage en Orient, ont été ajoutées à ce volume par l'Éditeur.

Il faut plonger ses sens dans le grand sens du monde ;
Qu'avec l'esprit des temps notre esprit s'y confonde !
En palper chaque artère et chaque battemens,
Avec l'humanité s'unir par chaque pore,
Comme un fruit qu'en ses flancs la mère porte encore,
Qui vivant de sa vie éprouve avant d'éclore
      Ses plus obscurs tressaillemens !

Oh ! qu'il a tressailli, ce sein de notre mère !
Depuis que nous vivons, nous son germe éphémère,
Nous, parcelle sans poids de sa vaste unité,
Quelle main créatrice a touché ses entrailles ?
De quel enfantement, ô Dieu ! tu la travailles !
Et toi, race d'Adam, de quels coups tu tressailles
      Aux efforts de l'humanité !

Est-ce un stérile amour de sa décrépitude ?
Un monstrueux hymen qu'accouple l'habitude ?
Embryon avorté du doute et du néant !
Est-ce un germe fécond de jeunesse éternelle
Que pour éclore à temps l'amour couvait en elle,
Et qui doit en naissant suspendre à sa mamelle
      L'homme Dieu d'un monde géant ?

Frère du même lait, que veux-tu que je dise ?
Que suis-je à ses destins, pour que je les prédise ?
Moi qui sais sourdement que son sein a gémi !
Moi qui ne vois de jour que celui qu'elle allume,
Moi qu'un atome ombrage et qu'un éclair consume,
Et qui sens seulement au frisson de ma plume

UTOPIE. 131

Que l'onde où je nage a frémi !

Écoute, cependant ! Il est dans la nature
Je ne sais quelle voix sourde, profonde, obscure,
Et qui révèle à tous ce que nul n'a conçu.
Instinct mystérieux d'une âme collective,
Qui pressent la lumière avant que l'aube arrive,
Lit au livre infini sans que le doigt écrive,
  Et prophétise à son insu !

C'est l'aveugle penchant des vagues oppressées
Qui reviennent sans fin, de leur lit élancées,
Battre le roc miné de leur flux écumant,
C'est la force du poids qui dans le corps gravite,
La sourde impulsion des astres dans l'orbite,
Ou sur l'axe de fer l'aiguille qui palpite
  Vers les pôles où dort l'aimant !

C'est l'éternel soupir qu'on appelle chimère,
Cette aspiration qui prouve une atmosphère,
Ce dégoût du connu, cette soif du nouveau,
Qui semblent condamner la race qui se lève
A faire un marche-pied de ce que l'autre achève,
Jusqu'à ce qu'au niveau des astres qu'elle rêve
  Son monde ait porté son niveau !

Il se trompe, dis-tu. Quoi donc ! se trompe-t-elle
L'eau qui se précipite où sa pente l'appelle?
Se trompe-t-il le sein qui bat pour respirer,
L'air qui veut s'élever, le poids qui veut descendre,

Le feu qui veut brûler tant que tout n'est pas cendre,
Et l'esprit que Dieu fit sans bornes pour comprendre,
    Et sans bornes pour espérer?

Élargissez, mortels, vos âmes rétrécies!
O siècles! vos besoins ce sont vos prophéties!
Votre cri de Dieu même est l'infaillible voix!
Quel mouvement sans but agite la nature?
Le possible est un mot qui grandit à mesure,
Et le temps qui s'enfuit vers la race future
    A déjà fait ce que je vois...

    La mer dont les flots sont les âges,
    Dont les bords sont l'éternité,
    Voit fourmiller sur ses rivages
    Une innombrable humanité!
    Ce n'est plus la race grossière
    Marchant, les yeux vers la poussière,
    Disputant l'herbe aux moucherons:
    C'est une noble et sainte engeance
    Où tout porte l'intelligence
    Ainsi qu'un diadème aux fronts.

    Semblables aux troupeaux serviles
    Sur leurs pailles d'infections,
    Ils ne vivent pas dans des villes,

Ces étables des nations ;
Sur les collines et les plaines,
L'été, comme des ruches pleines,
Les essaims en groupe pareil,
Sans que l'un à l'autre l'envie,
Chacun a son arpent de vie
Et sa large place au soleil.

Les élémens de la nature,
Par l'esprit enfin surmontés,
Lui prodiguant la nourriture
Sous l'effort qui les a domptés,
Les nobles sueurs de sa joue
Ne vont plus détremper la boue
Que sa main doit ensemencer,
La sainte loi du labeur change,
Son esprit a vaincu la fange,
Et son travail est de penser.

Il pense, et de l'intelligence
Les prodiges multipliés
Lui font de distance en distance
Fouler l'impossible à ses piés.
Nul ne sait combien de lumière
Peut contenir notre paupière,
Ni ce que de Dieu tient la main,
Ni combien de mondes d'idées,
L'une de l'autre dévidées,
Peut contenir l'esprit humain.

Elle a balayé tous les doutes
Celle qu'en feux le ciel écrit,
Celle qui les éclaire toutes :
L'homme adore et croit en esprit.
Minarets, pagodes et dômes
Sont écroulés sur leurs fantômes,
Et l'homme, de ces dieux vainqueur,
Sous tous ces temples en poussière,
N'a ramassé que la prière
Pour la transvaser dans son cœur !

Un seul culte enchaîne le monde
Que vivifie un seul amour :
Son dogme où la lumière abonde,
N'est qu'un évangile au grand jour ;
Sa foi, sans ombre et sans emblème,
Astre éternel que Dieu lui-même
Fait grandir sur notre horizon,
N'est que l'image immense et pure
Que le miroir de la nature
Fait rayonner dans la raison.

C'est le verbe pur du Calvaire,
Non tel qu'en terrestres accens
L'écho lointain du sanctuaire
En laissa fuir le divin sens,
Mais, tel qu'en ses veilles divines
Le front du couronné d'épines
S'illuminait d'un jour soudain :
Ciel incarné dans la parole,

Dieu dont chaque homme est le symbole,
Le songe du Christ au jardin !

Cette loi qui dit à tous « Frère »,
A brisé ces divisions
Qui séparaient les fils du père
En royaumes et nations.
Semblable au métal de Corinthe
Qui, perdant la forme et l'empreinte
Du sol ou du rocher natal
Quand sa lave fut refroidie,
Au creuset du grand incendie
Fut fondu dans un seul métal !

Votre tête est découronnée,
Rois, césars, tyrans, dieux mortels
A qui la terre prosternée
Dressait des trônes pour autels.
Quand l'égalité fut bannie,
L'homme inventa la tyrannie
Pour qu'un seul exprimât ses droits ;
Mais au jour de Dieu qui se lève
Le sceptre tombe sur le glaive,
Nul n'est esclave, et tous sont rois !...

La guerre, ce grand suicide,
Ce meurtre impie à mille bras,
Ne féconde plus d'homicide
Ce sol engraissé de trépas.
Leur soif de morts est assouvie :

Sève de pourpre de la vie,
L'homme a sacré le sang humain;
Il sait que Dieu compte ses gouttes,
Et vengeur les retrouve toutes
Ou dans la veine... ou sur la main !

Avec les erreurs et les vices
S'engendrant éternellement,
Toutes les passions factices
Sont mortes faute d'aliment.
Pour élargir son héritage
L'homme ne met plus en otage
Ses services contre de l'or;
Serviteur libre et volontaire,
Une demande est son salaire
Et le bienfait est son trésor.

L'égoïsme, étroite pensée,
Qui hait tout pour n'adorer qu'un,
Maudit son erreur insensée,
Et jouit du bonheur commun;
Au lieu de resserrer son âme,
L'homme immense en étend la trame
Aussi loin que l'humanité,
Et, sûr de grandir avec elle,
Répand sa vie universelle
Dans l'indivisible unité !

. . . .
. . . .

UTOPIE. 137

« Oh! dis-tu, si ton âme a vu toutes ces choses,
« Si l'humanité marche à ces apothéoses,
« Comment languir si loin? comment croupir si bas?
« Comment, rentrant au cœur sa colère indignée,
« Suivre dans ses sillons la brute résignée
« Et ne pas soulever la hache et la cognée
   « Pour lui faire presser ses pas?

« Honte à nous! honte à toi faible et timide athlète!
« Allume au ciel ta torche! » Ami, dit le poëte,
Nul ne peut retenir, ni presser les instans;
Dieu, qui dans ses trésors, les puise en abondance,
Pour ses desseins cachés, les presse ou les condense;
Les hâter c'est vouloir hâter sa Providence :
   Les pas de Dieu sont ceux du temps!

Eh! que sert de courir dans la marche sans terme?
Le premier, le dernier, qu'on l'ouvre ou qu'on la ferme,
La mort nous trouve tous et toujours en chemin!
Le paresseux s'assied, l'impatient devance,
Le sage, sur la route où le siècle s'avance,
Marche avec la colonne au but qu'il voit d'avance,
   Au pas réglé du genre humain!

Il est dans les accès des fièvres politiques
Deux natures sans paix de cœurs antipathiques;
Ceux-là dans le roulis, niant le mouvement,
Pour végétation prenant la pourriture,
A l'immobilité condamnant la nature,
Et mesurant, haineux, à leur courte ceinture

Son gigantesque accroissement!

Ceux-ci voyant plus loin sur un pied qui se dresse,
Buvant la vérité jusqu'à l'ardente ivresse,
Mêlant au jour divin l'éclair des passions,
Voudraient pouvoir ravir l'étincelle à la foudre,
Et que le monde entier fût un monceau de poudre,
Pour faire d'un seul coup tout éclater en poudre,
    Lois, autels, trônes, nations!

Nous, amis! qui plus haut fondons nos confiances,
Marchons au but certain sans ces impatiences:
La colère consume et n'illumine pas;
La chaste vérité n'engendre pas la haine.
Si quelque vil débris barre la voie humaine,
Écartons de la main l'obstacle qui la gêne,
    Sans fouler un pied sous nos pas!

Dieu saura bien sans nous accomplir sa pensée.
Son front dort-il jamais sur l'œuvre commencée?
Homme! quand il attend, pourquoi t'agites-tu?
Quel trait s'est émoussé sur le but qu'il ajuste?
N'étendons pas le Temps sur le lit de Procuste!
La résignation est la force du juste!
    La patience est sa vertu!

Ne devançons donc pas le lever des idées,
Ne nous irritons pas des heures retardées,
Ne nous enfermons pas dans l'orgueil de nos lois!
Du poids de son fardeau, si l'humanité plie,

UTOPIE.   139

Prêtons à son rocher notre épaule meurtrie,
Servons l'humanité, le siècle, la patrie :
    Vivre en tout c'est vivre cent fois !

C'est vivre en Dieu, c'est vivre avec l'immense vie
Qu'avec l'être et les temps sa vertu multiplie,
Rayonnement lointain de sa divinité !
C'est tout porter en soi comme l'âme suprême,
Qui sent dans ce qui vit et vit dans ce qu'elle aime,
Et d'un seul point du temps c'est se fondre soi-même
    Dans l'universelle unité !

Ainsi quand le navire aux épaisses murailles
Qui porte un peuple entier, bercé dans ses entrailles,
Sillonne au point du jour l'océan sans chemin,
L'astronome chargé d'orienter la voile
Monte au sommet des mâts où palpite la toile,
Et promenant ses yeux de la vague à l'étoile,
    Se dit : Nous serons là demain !

Puis quand il a tracé sa route sur la dune
Et de ses compagnons présagé la fortune,
Voyant dans sa pensée un rivage surgir,
Il descend sur le pont où l'équipage roule,
Met la main au cordage et lutte avec la houle ;
Il faut se séparer, pour penser, de la foule,
    Et s'y confondre pour agir !

XXV.

LA FEMME.

A M. DECAISNE,

APRÈS AVOIR VU SON TABLEAU DE LA CHARITÉ.

———

Paris, 10 décembre 1838.

O femme ! éclair vivant dont l'éclat me renverse !
O vase de splendeur qu'un jour de Dieu transperce !
Pourquoi nos yeux ravis fondent-ils sous les tiens ?
Pourquoi mon âme en vain sous sa main comprimée
S'élance-t-elle à toi comme une aigle enflammée
Dont le feu du bûcher a brisé les liens ?

Déjà l'hiver blanchit les sommets de ma vie
Sur la route au tombeau que mes pieds ont suivie ;
Ah ! j'ai derrière moi bien des nuits et des jours !
Un regard de quinze ans, s'il y daignait descendre,
Dans mon cœur consumé, ne remûrait que cendre,

LA FEMME.

Cendre de passions qui palpitent toujours !

Je devrais détourner mon cœur de leur visage,
Me ranger en baissant les yeux sur leur passage,
Et regarder de loin ces fronts éblouissans,
Comme l'on voit monter de leur urne fermée
Les vagues du parfum et de sainte fumée
Dont les enfans de chœur vont respirer l'encens !

Je devrais contempler avec indifférence
Ces vierges, du printemps rayonnante espérance,
Comme l'on voit passer sans regret et sans pleurs,
Au bord d'un fleuve assis, ces vagues fugitives
Dont le courant rapide emporte à d'autres rives
Des flots où des amans ont effeuillé des fleurs !

Cependant plus la vie au soleil s'évapore,
O filles de l'Éden ! et plus on vous adore !
L'odeur de vos soupirs nous parfume les vents !
Et même quand l'hiver de vos grâces nous sèvre,
Non ! ce n'est pas de l'air qu'aspire votre lèvre :
L'air que vous respirez, c'est l'âme des vivans !

Car l'homme éclos un jour d'un baiser de ta bouche,
Cet homme dont ton cœur fut la première couche,
Se souvient à jamais de son nid réchauffant,
Du souffle où de sa vie il puisa l'étincelle,
Des étreintes d'amour au creux de ton aisselle,
Et du baiser fermant sa paupière d'enfant !

Mais si tout regard d'homme à ton visage aspire,
Ce n'est pas seulement parce que ton sourire
Embaume sur tes dents l'air qu'il fait palpiter,
Que sous le noir rideau des paupières baissées
On voit l'ombre des cils recueillir des pensées,
Où notre âme s'envole et voudrait habiter.

Ce n'est pas seulement parce que de sa tête
La lumière glissant, sans qu'un angle l'arrête,
Sur l'ondulation de tes membres polis,
T'enveloppe d'en haut dans ses rayons de soie
Comme une robe d'air et de jour qui te noie
Dans l'éther lumineux d'un vêtement sans plis!

Ce n'est pas seulement parce que tu déplies
Voluptueusement ces bras dont tu nous lies,
Chaîne qui d'un seul cœur réunit les deux parts,
Que ton cou de ramier sur l'aile se renverse,
Et que s'enfle à ton sein cette coupe qui verse
Le nectar à la bouche et l'ivresse aux regards!

Mais c'est que le Seigneur, ô belle créature!
Fit de toi le foyer des feux de la nature,
Que par toi tout amour a son pressentiment,
Que toutes voluptés dont le vrai nom est femme,
Traversent ton beau corps ou passent par ton âme,
Comme toutes clartés tombent du firmament!

Cette chaleur du ciel, dont ton sein surabonde,
A deux rayonnemens pour embraser le monde

LA FEMME.

Selon que son foyer fait ondoyer son feu ;
Lorsque sur un seul cœur ton âme le condense,
L'homme est roi, c'est l'amour ! Il devient Providence
Quand il s'épand sur tous et rejaillit vers Dieu.

Alors on voit l'enfant renversé sur ta hanche,
Effeuiller le bouton que ta mamelle penche,
Comme un agneau qui joue avec le flot qu'il boit ;
L'adolescent qu'un geste à tes genoux rappelle,
Suivre de la pensée au livre qu'il épelle
La sagesse enfantine écrite sous tes doigts !

L'orphelin se cacher dans les plis de ta robe,
L'indigent savourer le regard qu'il dérobe,
Le vieillard à tes pieds s'asseoir à ton soleil,
Le mourant dans son lit retourné sans secousse
Sur ce bras de la femme où la mort même est douce,
S'endormir dans ce sein qu'il pressait au réveil !

Amour et charité, même nom dont on nomme
La pitié du Très-Haut et l'extase de l'homme !
Oui ! tu les a compris, peintre aux langues de feu !
La beauté sous ta main, par un double mystère,
Unit ces deux amours du ciel et de la terre.
Ah ! gardons l'un pour l'homme, et brûlons l'autre à Dieu.

XXVI.

LA CLOCHE DU VILLAGE.

Oh! quand cette humble cloche à la lente volée
Épand comme un soupir sa voix sur la vallée,
Voix qu'arrête si près le bois ou le ravin,
Quand la main d'un enfant qui balance cette urne
En verse à sons pieux dans la brise nocturne
  Ce que la terre a de divin!

Quand du clocher vibrant l'hirondelle habitante
S'envole au vent d'airain qui fait trembler sa tente,
Et de l'étang ridé vient effleurer les bords,
Ou qu'à la fin du fil qui chargeait sa quenouille
La veuve du village, à ce bruit s'agenouille
  Pour donner leur aumône aux morts :

Ce qu'éveille en mon sein le chant du toit sonore
Ce n'est pas la gaîté du jour qui vient d'éclore,
Ce n'est pas le regret du jour qui va finir,
Ce n'est pas le tableau de mes fraîches années
Croissant sur ces coteaux parmi ces fleurs fanées
  Qu'effeuille encor mon souvenir;

Ce n'est pas mes sommeils d'enfant sous ces platanes,

LA CLOCHE DU VILLAGE. 145

Ni ces premiers élans du jeu de mes organes,
Ni mes pas égarés sur ces rudes sommets,
Ni ces grands cris de joie en aspirant vos vagues,
O brises du matin pleines de saveurs vagues
  Et qu'on croit n'épuiser jamais !

Ce n'est pas le coursier atteint dans la prairie,
Pliant son cou soyeux sous ma main aguerrie
Et mêlant sa crinière à mes beaux cheveux blonds,
Quand le sol sous ses pieds sonnant comme une enclume
Sa croupe m'emportait et que sa blanche écume
  Argentait l'herbe des vallons !

Ce n'est pas même, amour ! ton premier crépuscule,
Au mois où du printemps la sève qui circule
Fait fleurir la pensée et verdir le buisson,
Quand l'ombre ou seulement les jeunes voix lointaines
Des vierges rapportant leurs cruches des fontaines
  Laissaient sur ma tempe un frisson.

Ce n'est pas vous non plus, vous que pourtant je pleure,
Premier bouillonnement de l'onde intérieure,
Voix du cœur qui chantait en s'éveillant en moi,
Mélodieux murmure embaumé d'ambroisie
Qui fait rendre à sa source un vent de poésie !...
  O gloire, c'est encor moins toi !

De mes jours sans regret que l'hiver vous remporte
Avec le chaume vide, avec la feuille morte,
Avec la renommée, écho vide et moqueur !

Ces herbes du sentier sont des plantes divines
Qui parfument les pieds; oui! mais dont les racines
        Ne s'enfoncent pas dans le cœur!

Guirlandes du festin que pour un soir on cueille,
Que la haine empoisonne ou que l'envie effeuille,
Dont vingt fois sous les mains la couronne se rompt,
Qui donnent à la vie un moment de vertige,
Mais dont la fleur d'emprunt ne tient pas à la tige
        Et qui sèche en tombant du front.

———

C'est le jour où ta voix dans la vallée en larmes
Sonnait le désespoir après le glas d'alarmes,
Où deux cercueils passant sous les coteaux en deuil,
Et bercés sur des cœurs par des sanglots de femmes,
Dans un double sépulcre enfermèrent trois âmes
        Et m'oublièrent sur le seuil!

De l'aurore à la nuit, de la nuit à l'aurore,
O cloche! tu pleuras comme je pleure encore,
Imitant de nos cœurs le sanglot étouffant;
L'air, le ciel, résonnaient de ta complainte amère,
Comme si chaque étoile avait perdu sa mère
        Et chaque brise son enfant!

Depuis ce jour suprême où ta sainte harmonie
Dans ma mémoire en deuil à ma peine est unie,

LA CLOCHE DU VILLAGE.

Où ton timbre et mon cœur n'eurent qu'un même son,
Oui ! ton bronze sonore et trempé dans la flamme,
Me semble, quand il pleure, un morceau de mon âme
    Qu'un ange frappe à l'unisson !

Je dors lorsque tu dors, je veille quand tu veilles,
Ton glas est un ami qu'attendent mes oreilles ;
Entre la voix des tours je démêle ta voix,
Et ta vibration encore en moi résonne
Quand l'insensible bruit qu'un moucheron bourdonne
    Te couvre déjà sous les bois !

Je me dis : Ce soupir mélancolique et vague
Que l'air profond des nuits roule de vague en vague,
Ah ! c'est moi, pour moi seul, là-haut retentissant !
Je sais ce qu'il me dit, il sait ce que je pense,
Et le vent qui l'ignore, à travers ce silence,
    M'apporte un sympathique accent.

Je me dis : Cet écho de ce bronze qui vibre,
Avant de m'arriver au cœur de fibre en fibre,
A frémi sur la dalle où tout mon passé dort ;
Du timbre du vieux dôme il garde quelque chose,
La pierre du sépulcre où mon amour repose
    Sonne aussi dans ce doux accord !

Ne t'étonne donc pas, enfant, si ma pensée,
Au branle de l'airain secrètement bercée,
Aime sa voix mystique et fidèle au trépas,
Si dès le premier son qui gémit sous sa voûte,
Sur un pied suspendu, je m'arrête et j'écoute
      Ce que la mort me dit tout bas.

Et toi, saint porte-voix des tristesses humaines
Que la terre inventa pour mieux crier ses peines,
Chante! des cœurs brisés le timbre est encor beau!
Que ton gémissement donne une âme à la pierre,
Des larmes aux yeux secs, un signe à la prière,
      Une mélodie au tombeau!

Moi, quand des laboureurs porteront dans ma bière
Le peu qui doit rester ici de ma poussière;
Après tant de soupirs que mon sein lance ailleurs,
Quand des pleureurs gagés, froide et banale escorte,
Déposeront mon corps endormi sous la porte
      Qui mène à des soleils meilleurs,

Si quelque main pieuse en mon honneur te sonne,
Des sanglots de l'airain, oh! n'attriste personne,
Ne va pas mendier des pleurs à l'horizon,
Mais prends ta voix de fête et sonne sur ma tombe
Avec le bruit joyeux d'une chaîne qui tombe
      Au seuil libre d'une prison!

Ou chante un air semblable au cri de l'alouette
Qui s'élevant du chaume où la bise la fouette,
Dresse à l'aube du jour son vol mélodieux,
Et gazouille ces chants qui font taire d'envie
Ses rivaux attachés aux ronces de la vie
  Et qui se perd au fond des cieux!

ENVOI.

Mais sonne avant ce jour, sonne doucement l'heure
Où quelque barde ami, dans mon humble demeure,
Vient de mon cœur malade éclairer le long deuil,
Et me laisse en partant, charitable dictame,
Deux gouttes du parfum qui coule de son âme
  Pour embaumer longtemps mon seuil.

XXVII.

A MON AMI AIMÉ MARTIN,

SUR SA BIBLIOTHÈQUE.

Paris, 27 mars 1840.

O philosophe, ô solitaire
Sur la montagne retiré,
Qui répands de là sur la terre
La chaleur d'un cœur inspiré !

Quand je m'asseois dans ces retraites
Pleines des générations,
Où tu ranges sur deux tablettes
La sagesse des nations ;

Dans ces catacombes des âges,
En un volume reliés,
Quand je vois dans deux ou trois pages
Tenir cent peuples oubliés ;

A MON AMI AIMÉ MARTIN.

Quand je vois ces feuilles lancées
Aux vents par le temps ennemi,
Cette poussière de pensées
Que le ver broie à la fourmi ;

Quand je vois ces lettres qu'efface
Au regard le texte incertain,
S'évanouir comme la trace
Du voyageur dans un lointain,

Je dis dans mon orgueil qui doute
Sur tant d'orgueil enseveli :
Quoi ! je serai donc une goutte
De ce grand océan d'oubli ?

Le comble de mes destinées
Sera qu'à mille ans parvenu,
Des langues qui ne sont pas nées
Épellent mon nom inconnu ;

Que dans un coin de sa mémoire
Un œil curieux du néant
Range ma poussière de gloire,
Jeu d'osselets du fainéant ;

Que l'oiseau porte à sa couvée,
Avec les brins du papyrus,
Quelque syllabe retrouvée
De mes *Monumens* disparus.

Graver ses pas sur cette arène,
A ce lointain jeter sa voix,
Être immortel, folie humaine,
Ah! ce n'est que mourir deux fois!

Ne remplaçons pas par nos pages
Ces pages que nous balayons;
Car Dieu fit la langue des sages
De deux mots : Aimons et prions!

XXVIII.

A M. BEAUCHESNE.

Si tu cherches la paix et l'abri pour ton rêve,
Pourquoi bâtir ton nid si près du grand écueil?
J'aime mieux la maison du pêcheur sur la grève,
Dont la vague en hurlant vient caresser le seuil.

J'aime mieux la maison du pâtre sous la neige
D'une alpe qui blanchit sous un soleil levant,
Où l'on entend sonner le givre qui l'assiége
Dont la solive craque et tremble aux coups du vent.

J'aime mieux cet esquif, maison frêle et flottante
De ces navigateurs étrangers en tout lieu,
Que ces palais minés moins stables qu'une tente,
Où le bruit des humains couvre ces bruits de Dieu!

XXIX.

A REGALDI.

Tes vers jaillissent, les miens coulent :
Dieu leur fit un lit différent ;
Les miens dorment et les tiens roulent.
Je suis le lac, toi le torrent !

NOTE DE L'ÉDITEUR.

Les deux Odes qui suivent sont celles auxquelles répond M. de Lamartine dans la pièce intitulée Utopie.

L'AVENIR POLITIQUE EN 1837.

A M. DE LAMARTINE,

PAR M. BOUCHARD.

Comme un vaisseau qui marche sans boussole,
L'humanité flotte au sein de la nuit,
Cherchant des yeux le phare qui console
A l'horizon où nul flambeau ne luit;
Et l'équipage épouvanté, répète
Au mousse assis à la pointe des mâts :
Toi dont l'œil perce à travers la tempête,
Enfant des mers, ne vois-tu rien là-bas?

Interrompant la chanson qu'il commence,
Le mousse alors répond au matelot :
Je ne vois rien qu'un océan immense
Où chaque siècle est perdu comme un flot;
Gouffre sans fond qu'un ciel d'airain surplombe,
Tombeau des mois, des cités, des états.
— L'arche du monde attend une colombe;
Enfant des mers, ne vois-tu rien là-bas?

—Je vois au loin lutter contre l'orage
Sur un radeau d'infortunés proscrits,
Lambeaux sacrés d'un immortel naufrage,
De la Pologne héroïques débris ;
Peuple qui vient, la poitrine meurtrie,
A nos foyers raconter ses combats.
—Aux exilés Dieu rendra la patrie !
Enfant des mers, ne vois-tu rien là-bas?

—Je vois le Nord fondre comme un corsaire
Sur l'Orient, vieillard sans avenir,
Qui dans le sang du fougueux janissaire
Baigna ses pieds et crut se rajeunir.
—Quel bruit semblable à la foudre qui roule
A notre oreille éclate avec fracas?
—Sur l'Alcoran c'est le sérail qui croule.
—Enfant des mers, ne vois-tu rien là-bas?

Je vois encore une terre féconde,
Où l'oranger fleurit près des jasmins,
Terre d'amour qu'un soleil pur inonde
Et que ses fils déchirent de leurs mains.
C'est le démon de la discorde infâme...
Mais Dieu sur lui vient d'étendre son bras :
Il tombe et meurt sous les pieds d'une femme.
—Enfant des mers, ne vois-tu rien là-bas?

—Quels sont ces bords?—C'est la belle Ausonie ;
De l'étranger j'y vois fumer les camps :

Le despotisme enchaîne son génie,
Et dort tranquille au pied de ses volcans.
Mais le Vésuve, indigné d'être esclave,
Brise ses flancs et vomit des soldats :
La liberté bouillonne dans sa lave.
—Enfant des mers, ne vois-tu rien là-bas?

D'un monde usé pourquoi parler sans cesse?
Signale-nous ce monde généreux,
Frais d'avenir, d'amour et de jeunesse,
Des cœurs aimans doux espoir, rêve heureux.
Mille parfums enivrent cette terre :
Des fruits partout! des fleurs à chaque pas!
De l'avenir, toi qui sais le mystère,
Enfant des mers, ne vois-tu rien là-bas?

—Oui, le voilà! je l'entrevois dans l'ombre;
Nul pas humain n'a profané ses bords :
Courage, amis! en vain la nuit est sombre,
En vain l'éclair embrase nos sabords.
De ce vieux monde oublions les mensonges,
Les noirs fléaux et les soleils ingrats :
Dieu va semer le bonheur sur nos songes.
Marchons toujours, le bonheur est là-bas.

Ainsi toujours sur la mer éternelle
L'humanité promène un œil hagard :
Ce jeune mousse, ardente sentinelle,

C'est toi, poëte au dévorant regard.
Quand l'équipage à genoux pleure et prie,
Quand matelots et pilote sont las,
Prophète aimé, Dieu par ta voix leur crie :
Marchez toujours ! le bonheur est là-bas !

A M. DE LAMARTINE

SUR SON VOYAGE EN ORIENT EN 1833,

PAR M. BOUCHARD.

Sous le vent frais qui déroulait sa voile
Il est parti vers ces bords éclatans,
Terre promise où brille son étoile
Et que son âme espéra si longtemps.
Brise des mers, sois douce et parfumée!
Flots, calmez-vous; ciel, sois toujours serein!
Reverdissez, cèdres de l'Idumée;
Dieu soit en aide au pieux pèlerin!

Sur cette Grèce au brûlant territoire
Jette, ô poëte, un rayon d'avenir.
Là, chaque pierre est un feuillet d'histoire;
Là, chaque pas presse un grand souvenir.
On reconnaît les descendans d'Alcide
Dans son vieux Klephte et son brave marin :
Des champs d'Argos aux monts de la Phocide,
Dieu soit en aide au pieux pèlerin!

Ta mission dans les cieux est écrite :
Cours promener ta vie aux rêves d'or

Dans ces déserts où l'Arabe s'abrite
Aux sphinx de Thèbe, au palais de Luxor.
Tu rediras, en voyant sous le sable
Ces dieux, géans de granit et d'airain :
Vous seul, Seigneur, êtes impérissable !
Dieu soit en aide au pieux pèlerin !

Transports sacrés, religieux délire,
Enthousiasme, aigle aux ailes de feu,
Électrisez le croisé de la lyre
Dans la Sion où souffrit l'homme-Dieu.
Écho du ciel, ton hymne va descendre
Sur cette veuve au front pâle et chagrin :
Jérusalem va secouer sa cendre.
Dieu soit en aide au pieux pèlerin !

Tu les verras, ces rivages d'Asie
Que l'œil compare à des jardins flottans,
Où tout est fleurs, lumière et poésie,
Où le zéphyr éternise un printemps ;
Et la Stamboul, reine aux mille coupoles,
Sous le soleil éblouissant écrin :
Mon cœur te suit aux bords où tu t'envoles.
Dieu soit en aide au pieux pèlerin !

Va, jeune cygne à l'accent prophétique,
Va sous le ciel d'un monde plus riant,
Pour agrandir ton essor poétique,
Tremper ton aile aux parfums d'Orient ;

A M. DE LAMARTINE.

Puis verse-nous ces trésors d'harmonie
Qu'attend ma muse au modeste refrain ;
Dieu que j'implore a béni ton génie ;
Dieu soit en aide au pieux pèlerin !

LA
MORT DE SOCRATE.

AVERTISSEMENT.

Si la poésie n'est pas un vain assemblage de sons, elle est sans doute la forme la plus sublime que puisse revêtir la pensée humaine : elle emprunte à la musique cette qualité indéfinissable de l'harmonie qu'on a appelée céleste, faute de pouvoir lui trouver un autre nom : parlant aux sens par la cadence des sons, et à l'âme par l'élévation et l'énergie du sens, elle saisit à la fois tout l'homme ; elle le charme, le ravit, l'enivre, elle exalte en lui le principe divin ; elle lui fait sentir pour un moment *ce quelque chose de plus qu'humain* qui l'a fait nommer la langue des dieux.

C'est du moins la langue des philosophes, si la philosophie est ce qu'elle doit être, le plus haut degré d'élévation donné à la pensée humaine, la raison divinisée : la métaphysique et la poésie sont donc sœurs, ou plutôt ne sont qu'une : l'une étant le beau idéal dans la pensée, l'autre le beau idéal dans l'expression ; pourquoi les séparer ? pourquoi dessécher l'une et avilir l'autre ? l'homme a-t-il trop de ses dons célestes pour s'en dépouiller à plaisir ; a-t-il peur de donner trop d'énergie à son âme en réunissant ces deux puissances? Hélas! il retombera toujours assez tôt dans les formes et dans les pensées vulgaires! La sublime philosophie, la poésie digne d'elle, ne sont que des révélations rapides qui viennent interrompre trop rarement la triste monotonie des siècles : ce qui est beau dans tous les genres n'est pas de tous les jours ici-bas, c'est un éclair de cet autre monde où l'âme s'élève quelquefois, mais où elle ne séjourne pas.

Ces réflexions nous semblent propres à excuser du moins l'auteur de ce *fragment*, d'avoir tenté de fondre ensemble la poésie et la métaphysique de ces belles doctrines du sage des sages; quoique ce morceau porte le nom de Socrate, on y sent cependant déjà une philosophie plus avancée, et comme un avant-goût du christianisme près d'éclore : si un homme méritait sans doute qu'on lui en supposât d'avance les sublimes inspirations, cet homme était Socrate.

Il avait combattu toute sa vie cet empire des sens que le Christ venait renverser; sa philosophie était toute religieuse; elle était humble, car il la sentait inspirée; elle était douce, elle était tolérante, elle était résignée; elle avait deviné l'unité de Dieu, l'immortalité de l'âme, plus encore, s'il faut en croire les commentateurs de Platon et quelques mots étranges échappés de ces deux bouches sublimes. L'homme était allé jusqu'où l'homme pouvait aller; il fallait une révélation pour lui faire franchir encore un pas immense. Socrate, lui, en sentait le besoin ; il l'indiquait ; il la préparait par ses discours, par sa vie et par sa mort. Il était digne de l'entrevoir à ses derniers momens ; en un mot, il était inspiré ; il nous le dit, il nous le répète, et pourquoi refuserions-nous de croire sur parole l'homme qui donnait sa vie pour l'amour de la vérité ? Y a-t-il beaucoup de témoignages qui vaillent la parole de Socrate mourant ? Oui, sans doute, il était inspiré ; il était un précurseur de cette révélation définitive que Dieu préparait de temps en temps par des révélations partielles. Car la vérité et la sagesse ne sont point de nous ; elles descendent du ciel dans les cœurs choisis qui sont suscités de Dieu selon les besoins des temps. Il les semait çà et là ; il les répandait goutte à goutte pour en donner seulement la connaissance et le désir, jusqu'au moment où il devait nous en rassasier avec plénitude.

Indépendamment de la sublimité des doctrines qu'il annonçait, la mort de Socrate était un tableau digne des regards des hommes et du ciel ; il mourait sans haine pour ses persécuteurs, victime de ses vertus, s'offrant en holocauste pour la vérité : il pouvait se défendre, il pouvait se renier lui-même ; il ne le voulut pas ; c'eût été mentir au Dieu qui parlait en lui, et rien n'annonce qu'un sentiment d'orgueil soit venu altérer la pureté, la beauté de ce sublime dévouement. Ses paroles rapportées par Platon sont aussi simples à la fin de son dernier jour qu'au milieu de sa vie ; la solennité de ce grand moment de la mort ne donne à ses expressions ni tension ni faiblesse; obéissant avec amour à la volonté des dieux qu'il aime à reconnaître en tout, son dernier jour ne diffère en rien de ses autres jours, si ce n'est qu'il n'aura pas de lendemain ! Il continue avec ses amis le sujet de conversation commencé la veille; il boit la ciguë comme un breuvage ordinaire; il se couche pour mourir, comme il aurait fait pour dormir, tant il est sûr que les dieux sont là, avant, après, partout, et qu'il va se réveiller dans leur sein !

Le poëte n'a pas interrompu son chant par les détails assez connus du jugement, et par les longues dissertations de Socrate et de ses amis; il n'a chanté que les dernières heures et les dernières paroles du philosophe, ou du moins les paroles qu'il lui suppose. Nous l'imiterons; nous nous contenterons de rappeler l'avant-scène aux lecteurs.

Socrate, condamné à mourir pour ses opinions religieuses, attendait la mort depuis plusieurs jours; mais il ne devait boire la ciguë qu'au moment où le vaisseau envoyé tous les ans à Délos en l'honneur de Thésée, serait de retour dans le port d'Athènes. C'est ce vaisseau que l'on nommait *Théorie*, et qu'on apercevait dans le lointain au moment où le poëme commence.

Le *Serviteur des Onze* était un esclave de ce tribunal, destiné au service des prisonniers en attendant l'exécution des sentences. Ce fragment est imprimé comme il a été écrit par l'auteur, dans une forme inusitée, par couplets d'inégale longueur; après chaque couplet, nous avons placé un trait qui indique la suspension du sens, et l'auteur passe souvent, sans autre transition, d'une pensée à une autre.

Nous nous servirons, pour les notes toutes tirées de Platon, de l'admirable traduction de Platon par M. Cousin. Ce jeune philosophe, digne d'expliquer un pareil maître, pour faire rougir notre siècle de ses honteux et dégradans sophismes, après l'avoir rappelé lui-même aux plus nobles théories du spiritualisme, a eu l'heureuse pensée de lui révéler la sagesse antique dans toute sa grâce et toute sa beauté. Trouvant la philosophie de nos jours encore toute souillée des lambeaux du matérialisme, il lui montre Socrate, et semble lui dire : Voilà ce que tu es! et voilà ce que tu as été! Espérons qu'en achevant son bel ouvrage, il la dégagera aussi des nuages dont Kant et quelques-uns de ses disciples l'ont enveloppée, et nous la fera apparaître enfin toute resplendissante de la pure lumière du christianisme.

LA
MORT DE SOCRATE.

La vérité, c'est Dieu.

Le soleil se levant aux sommets de l'Hymète
Du temple de Thésée illuminait le faîte,
Et, frappant de ses feux les murs du Parthénon,
Comme un furtif adieu, glissait dans la prison ;
On voyait sur les mers une poupe dorée [1],
Au bruit des hymnes saints, voguer vers le Pyrée,
Et c'était ce vaisseau dont le fatal retour
Devait aux condamnés marquer leur dernier jour ;
Mais la loi défendait qu'on leur ôtât la vie
Tant que le doux soleil éclairait l'Ionie,
De peur que ses rayons, aux vivans destinés,
Par des yeux sans regard ne fussent profanés,
Ou que le malheureux, en fermant sa paupière,
N'eût à pleurer deux fois la vie et la lumière !
Ainsi l'homme exilé du champ de ses aïeux,
Part avant que l'aurore ait éclairé les cieux !

Attendant le réveil du fils de Sophronique,
Quelques amis en deuil erraient sous le portique²,
Et sa femme portant son fils sur ses genoux,
Tendre enfant, dont la main joue avec les verrous,
Accusant la lenteur des geôliers insensibles,
Frappait du front l'airain des portes inflexibles !
La foule inattentive au cri de ses douleurs
Demandait en passant le sujet de ses pleurs,
Et, reprenant bientôt sa course suspendue,
Et dans les longs parvis par groupes répandue,
Recueillait ces vains bruits dans le peuple semés,
Parlait d'autels détruits et des dieux blasphémés,
Et d'un culte nouveau corrompant la jeunesse,
Et de ce Dieu sans nom, étranger dans la Grèce !
C'était quelque insensé, quelque monstre odieux,
Quelque nouvel Oreste aveuglé par les dieux,
Qu'atteignait à la fin la tardive justice,
Et que la terre au ciel devait en sacrifice !
Socrate ! et c'était toi qui, dans les fers jeté,
Mourais pour la justice et pour la vérité !!!

———

Enfin, de la prison les gonds bruyans roulèrent ;
A pas lents, l'œil baissé, les amis s'écoulèrent :
Mais Socrate, jetant un regard sur les flots,
Et leur montrant du doigt la voile vers Délos :
« Regardez sur les mers cette poupe fleurie ;
C'est le vaisseau sacré, l'heureuse Théorie³ !
Saluons-la, dit-il : cette voile est la mort !

Mon âme, aussitôt qu'elle, entrera dans le port!
Et cependant parlez! et que ce jour suprême,
Dans nos doux entretiens, s'écoule encor de même⁴ !
Ne jetons point aux vents les restes du festin,
Des dons sacrés des dieux usons jusqu'à la fin :
L'heureux vaisseau qui touche au terme du voyage
Ne suspend pas sa course à l'aspect du rivage ;
Mais, couronné de fleurs, et les voiles aux vents,
Dans le port qui l'appelle il entre avec les chants!

« Les poëtes ont dit qu'avant sa dernière heure
En sons harmonieux le doux cygne se pleure ;
Amis, n'en croyez rien! l'oiseau mélodieux
D'un plus sublime instinct fut doué par les dieux !
Du riant Eurotas près de quitter la rive,
L'âme, de ce beau corps à demi fugitive,
S'avançant pas à pas vers un monde enchanté,
Voit poindre le jour pur de l'immortalité,
Et, dans la douce extase où ce regard la noie,
Sur la terre en mourant elle exhale sa joie.
Vous qui près du tombeau venez pour m'écouter,
Je suis un cygne aussi ; je meurs, je puis chanter ! »

Sous la voûte, à ces mots, des sanglots éclatèrent :
D'un cercle plus étroit ses amis l'entourèrent :
« Puisque tu vas mourir, ami trop tôt quitté,

Parle-nous d'espérance et d'immortalité !
—Je le veux bien, dit-il : mais éloignons les femmes ;
Leurs soupirs étouffés amolliraient nos âmes ;
Or, il faut, dédaignant les terreurs du tombeau,
Entrer d'un pas hardi dans un monde nouveau !

———

« Vous le savez, amis ; souvent, dès ma jeunesse,
Un génie inconnu m'inspira la sagesse,
Et du monde futur me découvrit les lois.
Était-ce quelque dieu caché dans une voix ?
Une ombre m'embrassant d'une amitié secrète ?
L'écho de l'avenir ? la muse du poëte ?
Je ne sais ; mais l'esprit qui me parlait tout bas,
Depuis que de ma fin je m'approche à grands pas,
En sons plus élevés me parle, me console ;
Je reconnais plus tôt sa divine parole,
Soit qu'un cœur affranchi du tumulte des sens
Avec plus de silence écoute ses accens ;
Soit que, comme l'oiseau, l'invisible génie
Redouble vers le soir sa touchante harmonie ;
Soit plutôt qu'oubliant le jour qui va finir
Mon âme, suspendue aux bords de l'avenir,
Distingue mieux le son qui part d'un autre monde,
Comme le nautonier, le soir, errant sur l'onde,
A mesure qu'il vogue, et s'approche du bord,
Distingue mieux la voix qui s'élève du port.
Cet invisible ami jamais ne m'abandonne,
Toujours de son accent mon oreille résonne,

LA MORT DE SOCRATE.

Et sa voix dans ma voix parle seule aujourd'hui ;
Amis, écoutez donc ! ce n'est plus moi ; c'est lui !... »

———

Le front calme et serein, l'œil rayonnant d'espoir,
Socrate à ses amis fit signe de s'asseoir ;
A ce signe muet soudain ils obéirent,
Et sur les bords du lit en silence ils s'assirent :
Symmias abaissait son manteau sur ses yeux ;
Criton d'un œil pensif interrogeait les cieux ;
Cébès penchait à terre un front mélancolique ;
Anaxagore, armé d'un rire sardonique,
Semblait, du philosophe enviant l'heureux sort,
Rire de la fortune et défier la mort !
Et le dos appuyé sur la porte de bronze,
Les bras entrelacés, le serviteur des Onze,
De doute et de pitié tour à tour combattu,
Murmurait sourdement : « Que lui sert sa vertu ? »
Mais Phédon, regrettant l'ami plus que le sage,
Sous ses cheveux épars voilant son beau visage,
Plus près du lit funèbre aux pieds du maître assis,
Sur ses genoux pliés se penchait comme un fils,
Levait ses yeux voilés sur l'ami qu'il adore ;
Rougissait de pleurer, et le pleurait encore !

———

Du sage cependant la terrestre douleur
N'osait point altérer les traits ni la couleur ;

Son regard élevé loin de nous semblait lire ;
Sa bouche, où reposait son gracieux sourire,
Toute prête à parler, s'entr'ouvrait à demi ;
Son oreille écoutait son invisible ami ;
Ses cheveux, effleurés du souffle de l'automne,
Dessinaient sur sa tête une pâle couronne,
Et, de l'air matinal par momens agités,
Répandaient sur son front des reflets argentés ;
Mais, à travers ce front où son âme est tracée,
On voyait rayonner sa sublime pensée,
Comme, à travers l'albâtre ou l'airain transparens,
La lampe, sur l'autel jetant ses feux mourans,
Par son éclat voilé se trahissant encore,
D'un reflet lumineux les frappe et les colore !
Comme l'œil sur les mers suit la voile qui part,
Sur ce front solennel attachant leur regard,
A ses yeux suspendus, ne respirant qu'à peine,
Ses amis attentifs retenaient leur haleine ;
Leurs yeux le contemplaient pour la dernière fois ;
Ils allaient pour jamais emporter cette voix !
Comme la vague s'ouvre au souffle errant d'Éole,
Leur âme impatiente attendait sa parole.
Enfin du ciel sur eux son regard s'abaissa,
Et lui, comme autrefois, sourit et commença :

―――

« Quoi ! vous pleurez, amis ! vous pleurez quand mon âme
Semblable au pur encens que la prêtresse enflamme,
Affranchie à jamais du vil poids de son corps,

Va s'envoler aux dieux, et, dans de saints transports,
Saluant ce jour pur, qu'elle entrevit peut-être,
Chercher la vérité, la voir et la connaître !
Pourquoi donc vivons-nous, si ce n'est pour mourir ?
Pourquoi pour la justice ai-je aimé de souffrir ?
Pourquoi dans cette mort qu'on appelle la vie [5],
Contre ses vils penchans luttant, quoique asservie,
Mon âme avec mes sens a-t-elle combattu ?
Sans la mort, mes amis, que serait la vertu ?...
C'est le prix du combat, la céleste couronne
Qu'aux bornes de la course un saint juge nous donne ;
La voix de Jupiter qui nous rappelle à lui !
Amis, bénissons-la ! Je l'entends aujourd'hui :
Je pouvais, de mes jours disputant quelque reste,
Me faire répéter deux fois l'ordre céleste.
Me préservent les dieux d'en prolonger le cours !
En esclave attentif, ils m'appellent, j'y cours !
Et vous, si vous m'aimez, comme aux plus belles fêtes,
Amis, faites couler des parfums sur vos têtes !
Suspendez une offrande aux murs de la prison !
Et, le front couronné d'un verdoyant feston,
Ainsi qu'un jeune époux qu'une foule empressée,
Semant de chastes fleurs le seuil du gynécée,
Vers le lit nuptial conduit après le bain,
Dans les bras de la mort menez-moi par la main !...

« Qu'est-ce donc que mourir ? briser ce nœud infâme,
Cet adultère hymen de la terre avec l'âme,

D'un vil poids, à la tombe, enfin se décharger!
Mourir, n'est pas mourir; mes amis, c'est changer!
Tant qu'il vit, accablé sous le corps qui l'enchaîne,
L'homme vers le vrai bien languissamment se traîne,
Et, par ses vils besoins dans sa course arrêté,
Suit, d'un pas chancelant, ou perd la vérité.
Mais celui qui, touchant au terme qu'il implore,
Voit du jour éternel étinceler l'aurore,
Comme un rayon du soir remontant dans les cieux,
Exilé de leur sein, remonte au sein des dieux;
Et buvant à longs traits le nectar qui l'enivre,
Du jour de son trépas il commence de vivre! »

———

« —Mais mourir c'est souffrir; et souffrir est un mal.
—Amis, qu'en savons-nous? Et quand l'instant fatal
Consacré par le sang comme un grand sacrifice
Pour ce corps immolé serait un court supplice,
N'est-ce pas par un mal que tout bien est produit?
L'été sort de l'hiver, le jour sort de la nuit [6],
Dieu lui-même a noué cette éternelle chaîne;
Nous fûmes à la vie enfantés avec peine,
Et cet heureux trépas, des faibles redouté,
N'est qu'un enfantement à l'immortalité!

« Cependant de la mort qui peut sonder l'abîme?
Les dieux ont mis leur doigt sur sa lèvre sublime :
Qui sait si dans ses mains prêtes à la saisir
L'âme, incertaine, tombe avec peine ou plaisir?

Pour moi, qui vis encor, je ne sais, mais je pense
Qu'il est quelque mystère au fond de ce silence;
Que des dieux indulgens la sévère bonté
A jusque dans la mort caché la volupté,
Comme, en blessant nos cœurs de ses divines armes,
L'Amour cache souvent un plaisir sous des larmes! »

L'incrédule Cébès à ce discours sourit;
—Je le saurai bientôt, dit Socrate. Il reprit:

———

« Oui : le premier salut de l'homme à la lumière,
Quand le rayon doré vient baiser sa paupière,
L'accent de ce qu'on aime à la lyre mêlé,
Le parfum fugitif de la coupe exhalé,
La saveur du baiser, quand de sa lèvre errante
L'amant cherche, la nuit, les lèvres de l'amante,
Sont moins doux à nos sens que le premier transport
De l'homme vertueux affranchi par la mort!
Et pendant qu'ici-bas sa cendre est recueillie,
Emporté par sa course, en fuyant il oublie
De dire même au monde un éternel adieu!
Ce monde évanoui disparaît devant Dieu!

———

« —Mais quoi! suffit-il donc de mourir pour revivre?
—Non : il faut que des sens notre âme se délivre,
De ses penchans mortels triomphe avec effort;

Que notre vie enfin soit une longue mort !
La vie est le combat, la mort est la victoire,
Et la terre est pour nous l'autel expiatoire
Où l'homme, de ses sens sur le seuil dépouillé,
Doit jeter dans les feux son vêtement souillé,
Avant d'aller offrir sur un autel propice
De sa vie, au Dieu pur, l'aussi pur sacrifice !

———

« Ils iront d'un seul trait, du tombeau dans les cieux,
Joindre, où la mort n'est plus, les héros et les dieux,
Ceux qui, vainqueurs des sens pendant leur courte vie,
Ont soumis à l'esprit la matière asservie,
Ont marché sous le joug des rites et des lois,
Du juge intérieur interrogé la voix,
Suivi les droits sentiers écartés de la foule,
Prié, servi les dieux, d'où la vertu découle,
Souffert pour la justice, aimé la vérité,
Et des enfans du ciel conquis la liberté !

« Mais ceux qui, chérissant la chair autant que l'âme,
De l'esprit et des sens ont resserré la trame,
Et prostitué l'âme aux vils baisers du corps,
Comme Léda livrée à de honteux transports,
Ceux-là, si toutefois un dieu ne les délivre,
Même après leur trépas ne cessent pas de vivre,
Et des coupables nœuds qu'eux-même ils ont serrés
Ces mânes imparfaits ne sont pas délivrés !
Comme à ses fils impurs Arachné suspendue,

Leur âme, avec leur corps mêlée et confondue,
Cherche en vain à briser ses liens flétrissans;
L'amour qu'elle eut pour eux vit encor dans ses sens;
De leurs bras décharnés ils la pressent encore,
Lui rappellent cent fois cet hymen qu'elle abhorre,
Et, comme un air pesant qui dort sur les marais,
Leur vil poids, loin des dieux, la retient à jamais!
Ces mânes gémissans, errant dans les ténèbres,
Avec l'oiseau de nuit jettent des cris funèbres;
Autour des monumens, des urnes, des tombeaux,
De leur corps importun traînant d'affreux lambeaux,
Honteux de vivre encore, et fuyant la lumière,
A l'heure où l'innocence a fermé sa paupière,
De leurs antres obscurs ils s'échappent sans bruit,
Comme des criminels s'emparent de la nuit,
Imitent sur les flots le réveil de l'aurore,
Font courir sur les monts le pâle météore;
De songes effrayans assiégeant nos esprits,
Au fond des bois sacrés poussent d'horribles cris,
Ou, tristement assis sur le bord d'une tombe,
Et dans leurs doigts sanglans cachant leur front qui tombe,
Jaloux de leur victime, ils pleurent leurs forfaits:
Mais les âmes des bons ne reviennent jamais! »

Il se tut, et Cébès rompit seul le silence:
« Me préservent les dieux d'offenser l'Espérance!
Cette divinité qui, semblable à l'Amour,
Un bandeau sur les yeux, nous conduit au vrai jour!

Mais puisque de ces bords comme elle tu t'envoles,
Hélas! et que voilà tes suprêmes paroles,
Pour m'instruire, ô mon maître! et non pour t'affliger,
Permets-moi de répondre et de t'interroger. »
Socrate, avec douceur, inclina son visage,
Et Cébès en ces mots interrogea le sage :

———

« L'âme, dis-tu, doit vivre au-delà du tombeau :
Mais si l'âme est pour nous la lueur d'un flambeau,
Quand la flamme a des sens consumé la matière,
Quand le flambeau s'éteint, que devient la lumière?
La clarté, le flambeau, tout ensemble est détruit,
Et tout rentre à la fois dans une même nuit!
Ou si l'âme est aux sens ce qu'est à cette lyre
L'harmonieux accord que notre main en tire,
Quand le temps où les vers en ont usé le bois,
Quand la corde rompue a crié sous nos doigts,
Et que les nerfs brisés de la lyre expirante
Sont foulés sous les pieds de la jeune bacchante,
Qu'est devenu le bruit de ces divins accords?
Meurt-il avec la lyre? et l'âme avec le corps?... »
Les sages, à ces mots, pour sonder ce mystère,
Baissant leurs fronts pensifs, et regardant la terre,
Cherchaient une réponse et ne la trouvaient pas!
Se parlant l'un à l'autre il murmuraient tout bas :
« Quand la lyre n'est plus, où donc est l'harmonie?...»
Et Socrate semblait attendre son génie!

———

Sur l'une de ses mains appuyant son menton,
L'autre se promenait sur le front de Phédon,
Et, sur son cou d'ivoire errant à l'aventure,
Caressait, en passant, sa blonde chevelure ;
Puis, détachant du doigt un de ses longs rameaux
Qui pendaient jusqu'à terre en flexibles anneaux,
Faisait sur ses genoux flotter leurs molles ondes,
Ou dans ses doigts distraits roulait leurs tresses blondes,
Et parlait en jouant comme un vieillard divin
Qui mêle la sagesse aux coupes d'un festin !

« Amis, l'âme n'est pas l'incertaine lumière
Dont le flambeau des sens ici-bas nous éclaire ;
Elle est l'œil immortel qui voit ce faible jour
Naître, grandir, baisser, renaître tour à tour,
Et qui sent hors de soi, sans en être affaiblie,
Pâlir et s'éclipser ce flambeau de la vie,
Pareille à l'œil mortel qui dans l'obscurité
Conserve le regard en perdant la clarté !

« L'âme n'est pas aux sens ce qu'est à cette lyre
L'harmonieux accord que notre main en tire ;
Elle est le doigt divin qui seul la fait frémir !
L'oreille qui l'entend ou chanter ou gémir,
L'auditeur attentif, l'invisible génie
Qui juge, enchaîne, ordonne et règle l'harmonie,
Et qui des sons discords que rendent chaque sens
Forme au plaisir des dieux des concerts ravissans !

En vain la lyre meurt et le son s'évapore,
Sur ces débris muets l'oreille écoute encore !
Es-tu content, Cébès ? — Oui, j'en crois tes adieux,
Socrate est immortel ! — Hé bien, parlons des dieux ! »

———

Et déjà le soleil était sur les montagnes,
Et, rasant d'un rayon les flots et les campagnes,
Semblait, faisant au monde un magnifique adieu,
Aller se rajeunir au sein brillant de Dieu !
Les troupeaux descendaient des sommets du Taygète;
L'ombre dormait déjà sur les flancs de l'Hymète ;
Le Cythéron nageait dans un océan d'or ;
Le pêcheur matinal, sur l'onde errant encor,
Modérant près du bord sa course suspendue,
Repliait, en chantant, sa voile détendue ;
La flûte dans les bois, et ces chants sur les mers,
Arrivaient jusqu'à nous sur les soupirs des airs,
Et venaient se mêler à nos sanglots funèbres,
Comme un rayon du soir se fond dans les ténèbres !

———

« Hâtons-nous, mes amis, voici l'heure du bain 7;
Esclaves ! versez l'eau dans le vase d'airain !
Je veux offrir aux dieux une victime pure. »
Il dit : et se plongeant dans l'urne qui murmure,
Comme fait à l'autel le sacrificateur,
Il puisa dans ses mains le flot libérateur,

LA MORT DE SOCRATE.

Et, le versant trois fois sur son front qu'il inonde,
Trois fois sur sa poitrine en fit ruisseler l'onde ;
Puis, d'un voile de pourpre en essuyant les flots,
Parfuma ses cheveux, et reprit en ces mots :
« Nous oublions le Dieu pour adorer ses traces !
Me préserve Apollon de blasphémer les Grâces !
Hébé versant la vie aux célestes lambris,
Le carquois de l'Amour, ni l'écharpe d'Iris,
Ni surtout de Vénus la brillante ceinture
Qui d'un nœud sympathique enchaîne la nature,
Ni l'éternel Saturne, ou le grand Jupiter,
Ni tous ces dieux du ciel, de la terre et de l'air !
Tous ces êtres peuplant l'Olympe où l'Élysée
Sont l'image de Dieu par nous divinisée,
Des lettres de son nom sur la nature écrit,
Une ombre que ce Dieu jette sur notre esprit !
A ce titre divin ma raison les adore
Comme nous saluons le soleil dans l'aurore ;
Et peut-être qu'enfin tous ces dieux inventés,
Cet enfer et ce ciel par la lyre chantés,
Ne sont pas seulement des songes du génie,
Mais les brillans degrés de l'échelle infinie
Qui des êtres semés dans ce vaste univers
Sépare et réunit tous les astres divers.
Peut-être qu'en effet dans l'immense étendue,
Dans tout ce qui se meut, une âme est répandue ;
Que ces astres brillans sur nos têtes semés
Sont des soleils vivans, et des feux animés ?
Que l'océan frappant sa rive épouvantée
Avec ses flots grondans roule une âme irritée ?

Que notre air embaumé volant dans un ciel pur
Est un esprit flottant sur des ailes d'azur?
Que le jour est un œil qui répand la lumière?
La nuit, une beauté qui voile sa paupière?
Et qu'enfin dans le ciel, sur la terre, en tout lieu,
Tout est intelligent, tout vit, tout est un dieu?

« Mais, croyez-en, amis, ma voix prête à s'éteindre,
Par-delà tous ces dieux que notre œil peut atteindre,
Il est sous la nature, il est au fond des cieux
Quelque chose d'obscur et de mystérieux
Que la nécessité, que la raison proclame,
Et que voit seulement la foi, cet œil de l'âme!
Contemporain des jours et de l'éternité!
Grand comme l'infini, seul comme l'unité!
Impossible à nommer! à nos sens impalpable!
Son premier attribut c'est d'être inconcevable!
Dans les lieux, dans les temps, hier, demain, aujourd'hui,
Descendons, remontons, nous arrivons à lui!
Tout ce que vous voyez est sa toute-puissance!
Tout ce que nous pensons est sa sublime essence!
Force, amour, vérité, créateur de tout bien,
C'est le dieu de vos dieux! C'est le seul! c'est le mien!...

«—Mais le mal, dit Cébès, qui l'a créé? — Le crime :
Des coupables mortels châtiment légitime,

Sur ce globe déchu le mal et le trépas
Sont nés le même jour : Dieu ne les connaît pas !
Soit qu'un attrait fatal, une coupable flamme
Ait attiré jadis la matière vers l'âme ;
Soit plutôt que la vie, en des nœuds trop puissans
Resserrant ici-bas l'esprit avec les sens,
Les pénètre tous deux d'un amour adultère,
Ils ne sont réunis que par un grand mystère !
Cette horrible union, c'est le mal : et la mort,
Remède et châtiment, la brise avec effort !
Mais à l'instant suprême où cet hymen expire,
Sur les vils élémens l'âme reprend l'empire,
Et s'envole, aux rayons de l'immortalité,
Au monde du bonheur et de la vérité ! »

« — Connais-tu le chemin de ce monde invisible ?
Dit Cébès : à ton œil est-il donc accessible ?
— Mes amis, j'en approche, et pour le découvrir...
— Que faut-il ? dit Phédon. — Être pur et mourir !

« Dans un point de l'espace inaccessible aux hommes[8],
Peut-être au ciel, peut-être aux lieux même où nous sommes,
Il est un autre monde, un Élysée, un ciel,
Que ne parcourent pas de longs ruisseaux de miel,
Où les âmes des bons, de Dieu seul altérées,
D'un nectar éternel ne sont pas enivrées,
Mais où les mânes saints, les immortels esprits,
De leurs corps immolés vont recevoir le prix !

Ni la sombre Tempé, ni le riant Ménale,
Qu'enivre de parfums l'haleine matinale,
Ni les vallons d'Hémus, ni ces riches coteaux
Qu'enchante l'Eurotas du murmure des eaux,
Ni cette terre enfin des poëtes chérie
Qui fait aux voyageurs oublier leur patrie,
N'approchent pas encor du fortuné séjour
Où le regard de Dieu donne aux âmes le jour :
Où jamais dans la nuit ce jour divin n'expire;
Où la vie et l'amour sont l'air qu'elle respire;
Où des corps immortels ou toujours renaissans
Pour d'autres voluptés lui prêtent d'autres sens !
«—Quoi ! des corps dans le ciel ? la mort avec la vie ?
—Oui, des corps transformés que l'âme glorifie !
L'âme, pour composer ces divins vêtemens,
Cueille en tout l'univers la fleur des élémens ;
Tout ce qu'ont de plus pur la vie et la matière,
Les rayons transparens de la douce lumière,
Les reflets nuancés des plus tendres couleurs,
Les parfums que le soir enlève au sein des fleurs,
Les bruits harmonieux que l'amoureux Zéphyre
Tire au sein de la nuit de l'onde qui soupire,
La flamme qui s'exhale en jets d'or et d'azur,
Le cristal des ruisseaux roulant dans un ciel pur,
La pourpre dont l'aurore aime à teindre ses voiles,
Et les rayons dormans des tremblantes étoiles,
Réunis et formant d'harmonieux accords,
Se mêlent sous ses doigts et composent son corps !
Et l'âme, qui jadis esclave sur la terre
A ses sens révoltés faisait en vain la guerre,

Triomphante aujourd'hui de leurs vœux impuissans,
Règne avec majesté sur le monde des sens,
Pour des plaisirs sans fin, sans fin les multiplie,
Et joue avec l'espace et les temps et la vie !

———

« Tantôt pour s'envoler où l'appelle un désir,
Elle aime à parfumer les ailes d'un zéphyr,
D'un rayon de l'iris en glissant les colore ;
Et du ciel aux enfers, du couchant à l'aurore,
Comme une abeille errante, elle court en tout lieu
Découvrir et baiser les ouvrages de Dieu !
Tantôt au char brillant que l'aurore lui prête
Elle attelle un coursier qu'anime la tempête ;
Et dans ces beaux déserts de feux errans semés
Cherchant ces grands esprits qu'elle a jadis semés,
De soleil en soleil, de système en système,
Elle vole et se perd avec l'âme qu'elle aime,
De l'espace infini suit les vastes détours,
Et dans le sein de Dieu se retrouve toujours !

———

« L'âme, pour soutenir sa céleste nature,
N'emprunte pas des corps sa chaste nourriture ;
Ni le nectar coulant de la coupe d'Hébé,
Ni le parfum des fleurs par le vent dérobé,
Ni la libation en son honneur versée,
Ne sauraient nourrir l'âme : elle vit de pensée,

De désirs satisfaits, d'amour, de sentimens,
De son être immortel immortels alimens!
Grâce à ces fruits divins que le ciel multiplie,
Elle soutient, prolonge, éternise sa vie,
Et peut, par la vertu de l'éternel amour,
Multiplier son être, et créer à son tour!

« Car, ainsi que les corps, la pensée est féconde.
Un seul désir suffit pour peupler tout un monde;
Et de même qu'un son par l'écho répété,
Multiplié sans fin, court dans l'immensité,
Ou comme en s'étendant l'éphémère étincelle
Allume sur l'autel une flamme immortelle;
Ainsi ces êtres purs l'un vers l'autre attirés,
De l'amour créateur constamment pénétrés,
A travers l'infini se cherchent, se confondent,
D'une éternelle étreinte, en s'aimant se fécondent;
Et, des astres déserts peuplant les régions,
Prolongent dans le ciel leurs générations!
O célestes amours! saints transports! chaste flamme!
Baisers où sans retour l'âme se mêle à l'âme!
Où l'éternel désir, et la pure beauté,
Poussent en s'unissant un cri de volupté!
Si j'osais!... » Mais un bruit retentit sous la voûte!
Le sage interrompu tranquillement écoute,
Et nous vers l'occident nous tournons tous les yeux:
Hélas! c'était le jour qui s'enfuyait des cieux!

. . . .
. . . .
En détournant les yeux, le serviteur des Onze
Lui tendait le poison dans la coupe de bronze ;
Socrate la reçut d'un front toujours serein,
Et, comme un don sacré l'élevant dans sa main,
Sans suspendre un moment sa phrase commencée,
Avant de la vider acheva sa pensée !

Sur les flancs arrondis du vase au large bord,
Qui jamais de son sein ne versait que la mort,
L'artiste avait fondu sous un souffle de flamme,
L'histoire de Psyché, ce symbole de l'âme ;
Et, symbole plus doux de l'immortalité,
Un léger papillon en ivoire sculpté,
Plongeant sa trompe avide en ces ondes mortelles,
Formait l'anse du vase en déployant ses ailes :
Psyché, par ses parens dévouée à l'Amour,
Quittant avant l'aurore un superbe séjour,
D'une pompe funèbre allait environnée
Tenter comme la mort ce divin hyménée ;
Puis, seule, assise, en pleurs, le front sur ses genoux,
Dans un désert affreux attendait son époux ;
Mais, sensible à ses maux, le volage Zéphyre,
Comme un désir divin que le ciel nous inspire,
Essuyant d'un soupir les larmes de ses yeux,
Dormante sur son sein l'enlevait dans les cieux !
On voyait son beau front penché sur son épaule

Livrer ses longs cheveux aux doux baisers d'Éole,
Et Zéphyr, succombant sous son charmant fardeau,
Lui former de ses bras un amoureux berceau,
Effleurer ses longs cils de sa brûlante haleine,
Et jaloux de l'Amour la lui rendre avec peine !

Ici, le tendre Amour sur des roses couché
Pressait entre ses bras la tremblante Psyché,
Qui d'un secret effroi ne pouvant se défendre
Recevait ses baisers sans oser les lui rendre ;
Car le céleste époux trompant son tendre amour
Toujours du lit sacré fuyait avec le jour.

Plus loin, par le désir en secret éveillée,
Et du voile nocturne à demi dépouillée,
Sa lampe d'une main et de l'autre un poignard,
Psyché, risquant l'amour, hélas ! contre un regard,
De son époux qui dort tremblant d'être entendue,
Se penchait vers le lit, sur un pied suspendue,
Reconnaissait l'Amour, jetait un cri soudain,
Et l'on voyait trembler la lampe dans sa main !

———

Mais de l'huile brûlante une goutte épanchée,
S'échappant par malheur de la lampe penchée,
Tombait sur le sein nu de l'amant endormi ;
L'Amour impatient, s'éveillant à demi,
Contemplait tour à tour ce poignard, cette goutte,...
Et fuyait indigné vers la céleste voûte !

LA MORT DE SOCRATE.

Emblème menaçant des désirs indiscrets
Qui profanent les dieux, pour les voir de trop près !

La Vierge cette fois errante sur la terre
Pleurait son jeune amant, et non plus sa misère :
Mais l'Amour, à la fin, de ses larmes touché,
Pardonnait à sa faute, et l'heureuse Psyché
Par son céleste époux dans l'Olympe ravie,
Sur les lèvres du dieu buvant des flots de vie,
S'avançait dans le ciel avec timidité ;
Et l'on voyait Vénus sourire à sa beauté !
Ainsi par la vertu l'âme divinisée
Revient égale aux dieux régner dans l'Élysée !

Mais Socrate élevant sa coupe dans ses mains,
« Offrons ! offrons d'abord aux maîtres des humains
De l'immortalité cette heureuse prémice ! »
Il dit : et vers la terre inclinant le calice
Comme pour épargner un nectar précieux,
En versa seulement deux gouttes pour les dieux :
Et de sa lèvre avide approchant le breuvage,
Le vida lentement sans changer de visage,
Comme un convive avant de sortir d'un festin
Qui dans sa coupe d'or verse un reste de vin,
Et pour mieux savourer le dernier jus qu'il goûte,
L'incline lentement et le boit goutte à goutte !
Puis, sur son lit de mort doucement étendu,

Il reprit aussitôt son discours suspendu :

« Espérons dans les dieux, et croyons-en notre âme !
De l'amour dans nos cœurs alimentons la flamme !
L'amour est le lien des dieux et des mortels ;
La crainte ou la douleur profanent leurs autels !
Quand vient l'heureux signal de notre délivrance,
Amis, prenons vers eux le vol de l'espérance !
Point de funèbre adieu! point de cris! point de pleurs!
On couronne ici-bas la victime de fleurs ;
Que de joie et d'amour notre âme couronnée
S'avance au-devant d'eux, comme à son hyménée !
Ce sont là les festons, les parfums précieux,
Les voix, les instrumens, les chants mélodieux,
Dont l'âme, convoquée à ce banquet suprême,
Avant d'aller aux dieux, doit s'enchanter soi-même !

« Relevez donc ces fronts que l'effroi fait pâlir !
Ne me demandez plus s'il faut m'ensevelir ;
Sur ce corps, qui fut moi, quelle huile on doit répandre,
Dans quel lieu, dans quelle urne il faut garder ma cendre :
Qu'importe à vous, à moi, que ce vil vêtement
De la flamme, ou des vers, devienne l'aliment ?
Qu'une froide poussière à moi jadis unie,
Soit balayée aux flots ou bien aux gémonies !
Ce corps vil composé des élémens divers

LA MORT DE SOCRATE.

Ne sera pas plus moi qu'une vague des mers,
Qu'une feuille des bois que l'aquilon promène,
Qu'un argile pétri sous une forme humaine,
Que le feu du bûcher dans les airs exhalé,
Ou le sable mouvant de vos chemins foulé !

« Mais je laisse en partant à cette terre ingrate
Un plus noble débris de ce que fut Socrate,
Mon génie à Platon ! à vous tous mes vertus !
Mon âme aux justes dieux ! ma vie à Mélitus,
Comme au chien dévorant qui sur le seuil aboie
En quittant le festin on jette aussi sa proie !...

Tel qu'un triste soupir de la rame et des flots
Se mêle sur les mers aux chants des matelots,
Pendant cet entretien, une funèbre plainte
Accompagnait sa voix sur le seuil de l'enceinte ;
Hélas ! c'était Myrto demandant son époux,
Que l'heure des adieux ramenait parmi nous !
L'égarement troublait sa démarche incertaine,
Et, suspendus aux plis de sa robe qui traîne,
Deux enfans, les pieds nus, marchant à ses côtés,
Suivaient en chancelant ses pas précipités !
Avec ses longs cheveux elle essuyait ses larmes ;
Mais leur trace profonde avait flétri ses charmes ;
Et la mort sur ses traits répandait sa pâleur ;

On eût dit qu'en passant l'impuissante douleur,
Ne pouvant de Socrate atteindre la grande âme,
Avait respecté l'homme et profané la femme !
De terreur et d'amour saisie à son aspect,
Elle pleurait sur lui dans un tendre respect.
Telle aux fêtes du dieu pleuré par Cythérée
Sur le corps d'Adonis la bacchante éplorée,
Partageant de Vénus les divines douleurs,
Réchauffe tendrement le marbre de ses pleurs,
De sa bouche muette avec respect l'effleure,
Et paraît adorer le beau dieu qu'elle pleure !
Socrate, en recevant ses enfans dans ses bras,
Baisa sa joue humide et lui parla tout bas :
Nous vîmes une larme, et ce fut la dernière,
Sous ses cils abaissés rouler dans sa paupière.
Puis d'un bras défaillant offrant ses fils aux dieux :
« Je fus leur père ici, vous l'êtes dans les cieux !
Je meurs ! mais vous vivez ! veillez sur leur enfance !
Je les lègue, ô dieux bons, à votre providence !... »

Mais déjà le poison dans ses veines versé
Enchaînait dans son cours le flot du sang glacé :
On voyait vers le cœur, comme une onde tarie,
Remonter pas à pas la chaleur et la vie,
Et ses membres raidis, sans force et sans couleur,
Du marbre de Paros imitaient la pâleur ;
En vain Phédon penché sur ses pieds qu'il embrasse
Sous sa brûlante haleine en réchauffait la glace,

LA MORT DE SOCRATE. 199

Son front, ses mains, ses pieds se glaçaient sous nos doigts !
Il ne nous restait plus que son âme et sa voix !
Semblable au bloc divin d'où sortit Galathée
Quand une âme immortelle à l'Olympe empruntée,
Descendant dans le marbre à la voix d'un amant,
Fait palpiter son cœur d'un premier sentiment,
Et qu'ouvrant sa paupière au jour qui vient d'éclore
Elle n'est plus un marbre, et n'est pas femme encore !

———

Était-ce de la mort la pâle majesté?
Ou le premier rayon de l'immortalité?
Mais son front rayonnant d'une beauté sublime
Brillait comme l'aurore aux sommets de Didyme,
Et nos yeux qui cherchaient à saisir son adieu
Se détournaient de crainte et croyaient voir un dieu !
Quelquefois l'œil au ciel il rêvait en silence,
Puis déroulant les flots de sa sainte éloquence,
Comme un homme enivré du doux jus du raisin
Brisant cent fois le fil de ses discours sans fin,
Ou comme Orphée errant dans les demeures sombres,
En mots entrecoupés il parlait à des ombres !

———

« Courbez-vous, disait-il, cyprès d'Académus !
Courbez-vous, et pleurez ; vous ne le verrez plus !
Que la vague en frappant le marbre du Pirée
Jette avec son écume une voix éplorée !

Les dieux l'ont rappelé! ne le savez-vous pas?...
Mais, ses amis en deuil, où portent-ils leurs pas?
Voilà Platon! Cébès, ses enfans et sa femme!
Voilà son cher Phédon, cet enfant de son âme!
Ils vont d'un pas furtif aux lueurs de Phœbé
Pleurer sur un cercueil aux regards dérobé,
Et, penchés sur mon urne, ils paraissent attendre
Que la voix qu'ils aimaient sorte encor de ma cendre.
Oui, je vais vous parler, amis, comme autrefois,
Quand penchés sur mon lit vous aspiriez ma voix!...
Mais que ce temps est loin! et qu'une courte absence
Entre eux et moi, grands dieux! a jeté de distance!
Vous qui cherchez si loin la trace de mes pas,
Levez les yeux; voyez!... ils ne m'entendent pas!
Pourquoi ce deuil? pourquoi ces pleurs dont tu t'inondes?
Épargne au moins, Myrto, tes longues tresses blondes*,
Tourne vers moi tes yeux de larmes essuyés;
Myrto, Platon, Cébès, amis!... si vous saviez!...

« Oracles, taisez-vous! tombez, voix du portique!
Fuyez, vaines lueurs de la sagesse antique!
Nuages colorés d'une fausse clarté,
Évanouissez-vous devant la vérité!
D'un hymen ineffable elle est prête d'éclore;
Attendez... un, deux, trois..., quatre siècles encore,
Et ses rayons divins qui partent des déserts

---

* Socrate eut deux femmes, Xantippe et Myrto.

D'un éclat immortel rempliront l'univers!
Et vous, ombres de Dieu qui nous voilez sa face!
Fantômes imposteurs qu'on adore à sa place!
Dieux de chair et de sang! dieux vivans! dieux mortels!
Vices déifiés sur d'immondes autels,
Mercure aux ailes d'or, déesse de Cythère,
Qu'adorent impunis le vol et l'adultère;
Vous tous, grands et petits, race de Jupiter,
Qui peuplez, qui souillez les eaux, la terre et l'air!
Encore un peu de temps, et votre auguste foule,
Roulant avec l'erreur de l'Olympe qui croule,
Fera place au Dieu saint, unique, universel,
Le seul Dieu que j'adore et qui n'a point d'autel...

. . . .
. . . .
« Quels secrets dévoilés! quelle vaste harmonie!...
. . . .
. . . .
« Mais qui donc étais-tu, mystérieux génie 9?
Toi qui, voilant toujours ton visage à mes yeux,
M'as conduit par la voix jusqu'aux portes des cieux!
Toi, qui m'accompagnant comme un oiseau fidèle
Caresse encor mon front du doux vent de ton aile.
Es-tu quelque Apollon de ce divin séjour?
Ou quelque beau Mercure envoyé par l'Amour?
Tiens-tu l'arc, ou la lyre, ou l'heureux caducée?
Ou n'es-tu, réponds-moi, qu'une simple pensée?

Ah! viens, qui que tu sois, esprit, mortel, ou dieu;
Avant de recevoir mon éternel adieu,
Laisse-moi découvrir, laisse-moi reconnaître
Cet ami qui m'aima même avant que de naître!
Que je puisse, en touchant au terme du chemin,
Rendre grâce à mon guide et pleurer sur sa main!
Sors du voile éclatant qui te dérobe encore!
Approche!... Mais que vois-je? ô Verbe que j'adore,
Rayon co-éternel, est-ce vous que je vois?...
Voilez-vous, ou je meurs une seconde fois [10] !

———

. . . .
. . . .
« Heureux ceux qui naîtront dans la sainte contrée
Que baise avec respect la vague d'Érythrée!
Ils verront, les premiers, sur leur pur horizon
Se lever au matin l'astre de la raison.
Amis, vers l'orient tournez votre paupière,
La vérité viendra d'où nous vient la lumière!
Mais qui l'apportera?... C'est toi, Verbe conçu!
Toi, qu'à travers les temps mes yeux ont aperçu;
Toi, dont par l'avenir la splendeur réfléchie
Vient m'éclairer d'avance au sommet de la vie.
Tu viens! tu vis! tu meurs d'un trépas mérité!
Car la mort est le prix de toute vérité!
Mais ta voix expirante en ce monde entendue
Comme la mienne, au moins, ne sera pas perdue.
La voix qui vient du ciel n'y remontera pas;

L'univers assoupi t'écoute, et fait un pas;
L'énigme du destin se révèle à la terre!
. . . .
Quoi! j'avais soupçonné ce sublime mystère!
Nombre mystérieux! profonde trinité!
Triangle composé d'une triple unité!
Les formes, les couleurs, les sons, les nombres même,
Tout me cachait mon Dieu! tout était son emblème!
Mais les voiles enfin pour moi sont révolus;
Écoutez!... » Il parlait : nous ne l'entendions plus!

Cependant dans son sein son haleine oppressée[11],
Trop faible pour prêter des sons à sa pensée,
Sur sa lèvre entr'ouverte, hélas! venait mourir;
Puis semblait tout à coup palpiter et courir :
Comme prêt à s'abattre aux rives paternelles
D'un cygne qui se pose on voit battre les ailes;
Entre les bras d'un songe il semblait endormi.
L'intrépide Cébès penché sur notre ami,
Rappelant dans ses yeux l'âme qui s'évapore,
Jusqu'au bord du trépas l'interrogeait encore :
« Dors-tu? lui disait-il; la mort, est-ce un sommeil? »
Il recueillit sa force, et dit : « C'est un réveil!
— Ton œil est-il voilé par des ombres funèbres?
— Non; je vois un jour pur poindre dans les ténèbres!
— N'entends-tu pas des cris, des gémissemens?—Non;
J'entends des astres d'or qui murmurent un nom!
— Que sens-tu?—Ce que sent la jeune chrysalide

Quand, livrant à la terre une dépouille aride,
Aux rayons de l'aurore ouvrant ses faibles yeux,
Le souffle du matin la roule dans les cieux !
—Ne nous trompais-tu pas? réponds : L'âme était-elle?...
—Croyez-en ce sourire, elle était immortelle!...
—De ce monde imparfait qu'attends-tu pour sortir?
—J'attends, comme la nef, un souffle pour partir !
—D'où viendra-t-il?—Du ciel!—Encore une parole?
—Non ; laisse en paix mon âme, afin qu'elle s'envole! »
. . . .

Il dit, ferma les yeux pour la dernière fois,
Et resta quelque temps sans haleine et sans voix.
Un faux rayon de vie errant par intervalle [12]
D'une pourpre mourante éclairait son front pâle.
Ainsi, dans un soir pur de l'arrière-saison,
Quand déjà le soleil a quitté l'horizon,
Un rayon oublié des ombres se dégage,
Et colore en passant les flancs d'or d'un nuage.
Enfin plus librement il semble respirer,
Et, laissant sur ses traits son doux sourire errer,
« Aux dieux libérateurs, dit-il, qu'on sacrifie !
Ils m'ont guéri! —De quoi? dit Cébès.—De la vie!... »
Puis un léger soupir de ses lèvres coula
Aussi doux que le vol d'une abeille d'Hybla !
Était-ce?... Je ne sais ; mais pleins d'un saint dictame
Nous sentîmes en nous comme une seconde âme!.....
. . . .
. . . .
. . . .

. . . .
. . . .
Comme un lis sur les eaux et que la rame incline,
Sa tête mollement penchait sur sa poitrine ;
Ses longs cils, que la mort n'a fermés qu'à demi,
Retombant en repos sur son œil endormi,
Semblaient, comme autrefois, sous leur ombre abaissée,
Recueillir le silence, ou voiler la pensée !
La parole surprise en son dernier essor
Sur sa lèvre entr'ouverte, hélas ! errait encor,
Et ses traits où la vie a perdu son empire
Étaient comme frappés d'un éternel sourire !...
Sa main, qui conservait son geste habituel,
De son doigt étendu montrait encor le ciel !
Et quand le doux regard de la naissante aurore,
Dissipant par degrés les ombres qu'il colore,
Comme un phare allumé sur un sommet lointain,
Vint dorer son front mort des ombres du matin,
On eût dit que Vénus d'un deuil divin suivie
Venait pleurer encor sur son amant sans vie !
Que la triste Phœbé de son pâle rayon
Caressait, dans la nuit, le sein d'Endymion !
Ou que du haut du ciel l'âme heureuse du sage
Revenait contempler le terrestre rivage,
Et, visitant de loin le corps qu'elle a quitté,
Réfléchissait sur lui l'éclat de sa beauté !
Comme un astre bercé dans un ciel sans nuage
Aime à voir dans les flots briller sa chaste image !
. . . .
. . . .

. . . .
. . . .
On n'entendait autour ni plainte, ni soupir!...
C'est ainsi qu'il mourut! si c'était là mourir!

NOTES.

PREMIÈRE NOTE.

On voyait sur les mers une poupe dorée.

ÉCHÉCRATE [1].

Phédon, étais-tu toi-même auprès de Socrate, le jour qu'il but la ciguë dans la prison, ou en as-tu seulement entendu parler ?

PHÉDON [2].

J'y étais moi-même, Échécrate.

ÉCHÉCRATE.

Que dit-il à ses derniers momens, et de quelle manière mourut-il ? Je l'entendrais volontiers, car nous n'avons personne à Phliunte qui fasse maintenant de voyage à Athènes, et depuis longtemps il n'est pas venu chez nous d'Athénien qui ait pu nous donner aucun détail à cet égard, sinon qu'il est mort après avoir bu la ciguë. On n'a pu nous dire autre chose.

---

[1] Échécrate, de Phliunte, ville de Sicyonie. C'est probablement le Pythagoricien dont parle Platon dans sa IXe lettre à Architas.
Voyez DIOG. LAERCE, liv. VIII, ch. 46; JAMBL. (*Vita Pithagoræ*, 1, 56.)
[2] Chef de l'école d'Élis. (Voyez DIOG. LAERCE, II, 105.)

PHÉDON.

Vous n'avez donc rien su du procès, ni comment les choses se passèrent?

ÉCHÉCRATE.

Si fait : quelqu'un nous l'a rapporté, et nous étions étonnés que la sentence n'eût été exécutée que longtemps après avoir été rendue. Quelle en fut la cause, Phédon?

PHÉDON.

Une circonstance particulière. Il se trouva que la veille du jugement on avait couronné la poupe du vaisseau que les Athéniens envoient chaque année à Délos.

ÉCHÉCRATE.

Qu'est-ce donc que ce vaisseau?

PHÉDON.

C'est, au dire des Athéniens, le même vaisseau sur lequel jadis Thésée conduisit en Crète les sept jeunes gens et les sept jeunes filles qu'il sauva en se sauvant lui-même. On raconte qu'à leur départ les Athéniens firent vœu à Apollon, si Thésée et ses compagnons échappaient à la mort, d'envoyer chaque année à Délos une théorie; et, depuis ce temps, ils ne manquent pas d'accomplir leur vœu. Quand vient l'époque de la théorie, une loi ordonne que la ville soit pure, et défend d'exécuter aucune sentence de mort avant que le vaisseau soit arrivé à Délos et revenu à Athènes; et quelquefois le voyage dure longtemps, lorsque les vents sont contraires. La théorie commence aussitôt que le prêtre d'Apollon a couronné la poupe du vaisseau; ce qui eut lieu, comme je le disais, la veille du jugement de Socrate. Voilà pourquoi il s'est écoulé un si long intervalle entre sa condamnation et sa mort.

DEUXIÈME NOTE.

Quelques amis en deuil erraient sous le portique.

ÉCHÉCRATE.

Quels étaient ceux qui se trouvaient là, Phédon ?

PHÉDON.

Des compatriotes ; il y avait cet Apollodore, Critobule et son père Criton, Hermogène [1], Épigène [2], Eschine [3], et Antisthène [4]. Il y avait aussi Ctésippe [5] du bourg de Péanée, Ménexène [6], et encore quelques autres du pays. Platon, je crois, était malade.

ÉCHÉCRATE.

Y avait-il des étrangers ?

PHÉDON.

Oui ; Symmias de Thèbes, Cébès et Phédondes [7] ; et de Mégare, Euclide [8], et Terpsion [9].

ÉCHÉCRATE.

Aristippe [10] et Cléombrote [11] n'y étaient-ils pas ?

---

[1] Fils d'Hipponicus. (Voyez le *Cratyle*.)

[2] Voyez l'*Apologie*. — XÉNOPHON, *Memorab.*

[3] Auteur de trois Dialogues qui nous ont été conservés. (Voyez l'*Apologie*.)

[4] Chef de l'école cynique. (DIOG. LAERCE, liv. VI.)

[5] Voyez l'*Entidème* et le *Lysis*. — Péanée, bourg ou dème de la tribu Pandionide.

[6] Voyez le *Ménexène*.

[7] De Thèbes, et non de Cyrène, comme le veut Ruhnkenius.

[8] Chef de l'école mégarique. (DIOG. LAERCE, liv. II.)

[9] Voyez le *Théétète*.

[10] De Cyrène, chef de la secte cyrénaïde.

[11] D'Ambracie. On dit qu'après avoir lu le *Phédon* il se jeta dans la mer. (CALLIMACH., *épig.* 24.)

PHÉDON.

Non ; on disait qu'ils étaient à Égine.

ÉCHÉCRATE.

N'y en avait-il pas d'autres ?

PHÉDON.

Voilà, je crois, à peu près tous ceux qui y étaient.

ÉCHÉCRATE.

Eh bien, sur quoi disais-tu que roula l'entretien ?

TROISIÈME NOTE.

« C'est le vaisseau sacré ! l'heureuse Théorie !

SOCRATE.

Quelle nouvelle ? Est-il arrivé de Délos le vaisseau au retour duquel je dois mourir[1] ?

CRITON.

Non, pas encore ; mais il paraît qu'il doit arriver aujourd'hui, à ce que disent des gens qui viennent de Sunium[2], où ils l'ont laissé. Ainsi il ne peut manquer d'être ici aujourd'hui ; et demain matin, Socrate, il te faudra quitter la vie.

SOCRATE.

A la bonne heure, Criton : si telle est la volonté des dieux,

---

[1] Voici le commencement du *Phédon*.
[2] Promontoire de l'Attique, vis-à-vis des Cyclades.

qu'elle s'accomplisse. Cependant je ne pense pas qu'il arrive aujourd'hui.

CRITON.

Et pourquoi?

QUATRIÈME NOTE.

Dans nos doux entretiens, s'écoule encor de même!

L'accusation intentée à Socrate, telle qu'elle existait encore au second siècle de l'ère chrétienne, à Athènes, dans le temple de Cybèle, au rapport de Phavorinus, cité par Diogène Laërce, reposait sur ces deux chefs; 1° que Socrate ne croyait pas à la religion de l'État; 2° qu'il corrompait la jeunesse, c'est-à-dire, évidemment, qu'il instruisait la jeunesse à ne pas croire à la religion de l'État.

Or, l'Apologie de Socrate ne répond d'une manière satisfaisante ni à l'un ni à l'autre de ces deux chefs d'accusation. Au lieu de déclarer qu'il croit à la religion établie, Socrate prouve qu'il n'est pas athée; au lieu de faire voir qu'il n'instruit pas la jeunesse à douter des dogmes consacrés par la loi, il proteste qu'il lui a toujours enseigné une morale pure. Comme plaidoyer, comme défense régulière, on ne peut nier que l'Apologie de Socrate ne soit très-faible.

C'est qu'elle ne pouvait guère ne pas l'être, que l'accusation était fondée, et qu'en effet, dans un ordre de choses dont la base est une religion d'État, on ne peut penser comme Socrate de cette religion, et publier ce qu'on en pense, sans nuire à cette religion, et par conséquent sans troubler l'État, et provoquer, à la longue, une révolution ; et la preuve en est que, deux siècles plus tard, quand cette révolution éclata, ses plus zélés partisans, dans leurs plus violentes attaques contre le paganisme, n'ont fait que répéter les argumens de Socrate dans l'*Euthyphron*. On peut l'avouer aujourd'hui. Socrate ne s'élève tant comme philosophe que précisément à condition d'être coupable comme citoyen, à prendre ce titre et les devoirs qu'il impose dans le sens étroit et selon l'esprit de l'antiquité. Lui-même connaissait si bien sa situation, qu'au commencement de l'Apologie il déclare qu'il ne se défend que pour obéir à la loi.

CINQUIÈME NOTE.

Pourquoi dans cette mort qu'on appelle la vie...

« Mais pour arriver au rang des dieux, que celui qui n'a pas philosophé et qui n'est pas sorti tout à fait pur de cette vie, ne s'en flatte pas ; non, cela n'est donné qu'au philosophe. C'est pourquoi, Symmias et Cébès, le véritable philosophe s'abstient de toutes les passions du corps, leur résiste, et ne se laisse pas entraîner par elles ; et cela bien qu'il ne craigne ni la perte de sa fortune et la pauvreté, comme les hommes vulgaires et ceux qui aiment l'argent, ni le déshonneur et la mauvaise réputation, comme ceux qui aiment la gloire et les dignités.

Il ne conviendrait pas de faire autrement, repartit Cébès.

Non, sans doute, continua Socrate : aussi ceux qui prennent quelque intérêt à leur âme, et qui ne vivent pas pour flatter le corps, ne tiennent pas le même chemin que les autres qui ne savent où ils vont; mais, persuadés qu'il ne faut rien faire qui soit contraire à la philosophie, à l'affranchissement et à la purification qu'elle opère, ils s'abandonnent à sa conduite, et la suivent partout où elle veut les mener.

Comment, Socrate?

La philosophie recevant l'âme liée véritablement et pour ainsi dire collée au corps, et forcée de considérer les choses non par elle-même, mais par l'intermédiaire des organes comme à travers les murs d'un cachot et dans une obscurité absolue, reconnaissant que toute la force du cachot vient des passions qui font que le prisonnier aide lui-même à serrer sa chaîne; la philosophie, dis-je, recevant l'âme en cet état, l'exhorte doucement et travaille à la délivrer : et pour cela elle lui montre que le témoignage des yeux et du corps est plein d'illusions, comme celui des oreilles, comme celui des autres sens; elle l'engage à se séparer d'eux, autant qu'il est en elle; elle lui conseille de se recueillir et de se concentrer en elle-même, de ne croire qu'à elle-même. après avoir examiné au dedans d'elle et avec l'essence même de sa pensée ce que chaque chose est en son essence, et de tenir pour faux tout ce qu'elle apprend par un autre qu'elle-même, tout ce qui varie selon la différence des intermédiaires : elle lui enseigne que ce qu'elle voit ainsi, c'est le sensible et le visible ! ce qu'elle voit ainsi par elle-même, c'est l'intelligence et l'immatériel. Le véritable philosophe sait que telle est la fonction de la philosophie. L'âme donc, persuadée qu'elle ne doit pas s'opposer à sa délivrance, s'abstient, autant qu'il lui est possible, des voluptés, des désirs, des tristesses, des craintes; réfléchissant qu'après les grandes joies et les grandes craintes, les tristesses et les désirs immodérés, on n'éprouve pas seulement les maux ordinaires, comme d'être malade, ou de perdre sa fortune, mais le plus grand et le dernier de tous les maux, et même sans en avoir le sentiment.

Et quel est donc ce mal, Socrate ?

C'est que l'effet nécessaire de l'extrême jouissance et de l'extrême affliction est de persuader à l'âme que ce qui la réjouit ou l'afflige est très-réel ou très-véritable, quoiqu'il n'en soit rien. Or, ce qui nous réjouit ou nous afflige, ce sont principalement les choses visibles, n'est-ce pas ?

Certainement.

N'est-ce pas surtout dans la jouissance et la souffrance que le corps subjugue et enchaîne l'âme ?

Comment cela ?

Chaque peine, chaque plaisir a, pour ainsi dire, un clou avec lequel il attache l'âme au corps, la rend semblable, et lui fait croire que rien n'est vrai que ce que le corps lui dit. Or, si elle emprunte au corps ses croyances et partage ses plaisirs, elle est, je pense, forcée de prendre aussi les mêmes mœurs et les mêmes habitudes, tellement qu'il lui est impossible d'arriver jamais pure à l'autre monde ; mais, sortant de cette vie toute pleine encore du corps qu'elle quitte, elle retombe bientôt dans un autre corps, et y prend racine, comme une plante dans la terre où elle a été semée ; et ainsi elle est privée du commerce de la pureté et de la simplicité divine.

Il n'est que trop vrai, Socrate, dit Cébès.

Voilà pourquoi, mon cher Cébès, le véritable philosophe s'exerce à la force et à la tempérance, et nullement pour toutes les raisons que s'imagine le peuple. Est-ce que tu penserais comme lui ?

Non pas.

Et tu fais bien. Ces raisons grossières n'entreront pas dans l'âme du véritable philosophe ; elle ne pensera pas que la philosophie doit venir la délivrer, pour qu'après elle s'abandonne aux jouissances et aux souffrances et se laisse enchaîner de nouveau par elles, et que ce soit toujours à recommencer comme la toile de Pénélope. Au contraire, en se rendant indépendante des passions, en suivant la raison pour guide, en ne se départant jamais de la contemplation de ce qui est vrai, divin, hors du domaine de l'opinion; en se nourrissant de ces contemplations sublimes, elle acquiert la conviction qu'elle doit vivre ainsi tant qu'elle est dans cette vie, et qu'après la mort elle ira se réunir à ce qui lui est semblable et conforme à sa nature, et sera délivrée des maux de l'humanité. Avec un tel régime, ô Symmias, ô Cébès, et après l'avoir suivi fidèlement, il n'y a pas de raison pour craindre qu'à la sortie du corps elle s'envole emportée par les vents, se dissipe et cesse d'être.

SIXIÈME NOTE.

L'été sort de l'hiver, le jour sort de la nuit.

Quand Socrate eut ainsi parlé, Cébès prenant la parole lui dit : Socrate, tout ce que tu viens de dire me semble très-vrai. Il n'y a qu'une chose qui paraît incroyable à l'homme : c'est ce que tu as dit de l'âme. Il semble que lorsque l'âme a quitté le corps, elle n'est plus; que, le jour où l'homme expire, elle se dissipe comme une vapeur ou comme une fumée, et s'évanouit sans laisser de traces : car si elle subsistait quelque part recueillie en elle-même et délivrée de tous les maux dont tu as fait le tableau, il y aurait une grande et belle espérance, ô Socrate, que tout ce que tu as dit se réalise : mais que l'âme survive à la mort de l'homme, qu'elle conserve l'activité et la pensée, voilà ce qui a peut-être besoin d'explication et de preuves.

Tu dis vrai, Cébès, reprit Socrate ; mais comment ferons-nous ? Veux-tu que nous examinions dans cette conversation si cela est vraisemblable, ou si cela ne l'est pas ?

Je prendrai un très-grand plaisir, répondit Cébès, à entendre ce que tu penses sur cette matière.

Je ne pense pas au moins, reprit Socrate, que si quelqu'un nous entendait, fût-ce un faiseur de comédies, il pût me reprocher que je badine, et que je parle de choses qui ne me regardent pas [1]. Si donc tu le veux, examinons ensemble cette question. Et d'abord voyons si les âmes des morts sont dans les enfers, ou si elles n'y sont pas. C'est une opinion bien ancienne [2] que les âmes, en quittant ce monde, vont dans les enfers, et que de là elles reviennent dans ce monde, et retournent à la vie après avoir passé par la mort. S'il en est ainsi, et que les hommes, après la mort, reviennent à la vie, il s'ensuit nécessairement que les âmes sont dans les enfers pendant cet intervalle ; car elles ne reviendraient pas au monde, si elles n'étaient plus : et c'en sera une preuve suffisante si nous voyons clairement que les vivans ne naissent que des morts ; car si cela n'est point il faut chercher d'autres preuves.

Fort bien, dit Cébès.

Mais, reprit Socrate, pour s'assurer de cette vérité, il ne faut pas se contenter de l'examiner par rapport aux hommes,

---

[1] Allusion à un reproche d'Eupolis, poëte comique. (OLYMP., *ad Phædon.*; PROCLUS, *ad Parmenidem,* lib. I, p. 50, *edit. Parisiens.,* t. IV.)

[2] Dogme pythagoricien, et même orphique. (OLYMP.., *ad Phædon.* — Voyez *Orph. Frag.* HERMANN, p. 510.)

il faut aussi l'examiner par rapport aux animaux, aux plantes et à tout ce qui naît ; car on verra par là que toutes les choses naissent de la même manière, c'est-à-dire de leurs contraires, lorsqu'elles en ont, comme le beau a pour contraire le laid, le juste a pour contraire l'injuste, et ainsi mille autres choses. Voyons donc si c'est une nécessité absolue que les choses qui ont leur contraire ne naissent que de ce contraire ; comme par exemple, s'il faut de toute nécessité, quand une chose devient plus grande, qu'elle fût auparavant plus petite, pour acquérir ensuite cette grandeur.

Sans doute.

Et quand elle devient plus petite, s'il faut qu'elle fût plus grande auparavant, pour diminuer ensuite.

Évidemment.

Tout de même, le plus fort vient du plus faible, le plus vite du plus lent.

C'est une vérité sensible.

Eh quoi! reprit Socrate, quand une chose devient plus mauvaise, n'est-ce pas de ce qu'elle était meilleure? et quand elle devient plus juste, n'est-ce pas de ce qu'elle était moins juste?

Sans difficulté, Socrate.

Ainsi donc, Cébès, que toutes les choses viennent de leurs contraires, voilà ce qui est suffisamment prouvé.

Très-suffisamment, Socrate.

Mais entre ces deux contraires, n'y a-t-il pas toujours un certain milieu, une double opération qui mène de celui-ci à celui-là, et ensuite de celui-là à celui-ci? Le passage du plus grand au plus petit, ou du plus petit au plus grand, ne suppose-t-il pas nécessairement une opération intermédiaire, savoir, augmenter et diminuer?

Oui, dit Cébès.

N'en est-il pas de même de ce qu'on appelle se mêler et se séparer, s'échauffer et se refroidir, et de toutes les autres choses? Et quoiqu'il arrive quelquefois que nous n'ayons pas de termes pour exprimer toutes ces nuances, ne voyons-nous pas réellement que c'est toujours une nécessité absolue que les choses naissent les unes des autres, et qu'elles passent de l'une à l'autre, par une opération intermédiaire?

Cela est indubitable.

Eh bien! reprit Socrate, la vie n'a-t-elle pas aussi son contraire, comme la veille a pour contraire le sommeil?

Sans doute, dit Cébès.

Et quel est ce contraire?

C'est la mort.

Ces deux choses ne naissent-elles donc pas l'une de l'autre, puisqu'elles sont contraires? et puisqu'il y a deux contraires, n'y a-t-il pas une double opération intermédiaire qui les fait passer de l'un à l'autre?

Comment non?

Pour moi, repartit Socrate, je vais vous dire la combinaison des deux contraires, le sommeil et la veille, et la double opération qui les convertit l'un dans l'autre ; et toi, tu m'expliqueras l'autre combinaison. Je dis donc, quant au sommeil et à la veille, que du sommeil naît la veille, et de la veille le sommeil ; et que ce qui mène de la veille au sommeil, c'est l'assoupissement, et du sommeil à la veille, c'est le réveil. Cela n'est-il pas assez clair?

Très-clair.

Dis-nous donc de ton côté la combinaison de la vie et de la mort. Ne dis-tu pas que la mort est le contraire de la vie?

Oui.

Et qu'elles naissent l'une de l'autre ?

Sans doute.

Qui naît donc de la vie ?

La mort.

Et qui naît de la mort ?

Il faut nécessairement avouer que c'est la vie.

C'est donc de ce qui est mort que naît tout ce qui vit, choses et hommes ?

Il paraît certain.

Et par conséquent, reprit Socrate, après la mort nos âmes vont habiter les enfers.

Il le semble.

Maintenant, des deux opérations qui font passer de l'état de vie à l'état de mort, et réciproquement, l'une n'est-elle pas manifeste ? car mourir tombe sous les sens, n'est-ce pas ?

Sans difficulté.

Mais quoi ! pour faire le parallèle, n'existe-t-il pas une opération contraire, ou la nature est-elle boiteuse de ce côté-là ? Ne faut-il pas nécessairement que mourir ait son contraire ?

Nécessairement.

Et quel est-il ?

Revivre.

Revivre, dit Socrate, est donc, s'il a lieu, l'opération qui ramène de l'état de mort à l'état de vie. Nous convenons donc que la vie ne naît pas moins de la mort que la mort de la vie, preuve satisfaisante que l'âme, après la mort, existe quelque part, d'où elle revient à la vie.

SEPTIÈME NOTE.

<small>Hâtons-nous, mes amis, voici l'heure du bain.</small>

Il est à peu près temps que j'aille au bain, car il me semble qu'il est mieux de ne boire le poison qu'après m'être baigné, et d'épargner aux femmes la peine de laver un cadavre.

Quand Socrate eut achevé de parler, Criton prenant la parole : A la bonne heure, Socrate, lui dit-il ; mais n'as-tu rien à nous recommander, à moi et aux autres, sur tes enfans ou sur toute autre chose où nous pourrions te rendre service ?

Ce que je vous ai toujours recommandé, Criton ; rien de plus : ayez soin de vous ; ainsi vous me rendrez service, à moi, à ma famille, à vous-mêmes, alors même que vous ne me promettriez rien présentement ; au lieu que si vous vous négligez vous-mêmes, et si vous ne voulez pas suivre comme à la trace ce que nous venons de dire, ce que nous avions dit il y a longtemps, me fissiez-vous aujourd'hui les promesses les plus vives, tout cela ne servira pas à grand'chose.

Nous ferons tous nos efforts, répondit Criton, pour nous conduire ainsi ; mais comment t'ensevelirons-nous ?

Tout comme il vous plaira, dit-il, si toutefois vous pouvez me saisir, et que je ne vous échappe pas. Puis, en même temps, nous regardant avec un sourire plein de douceur : Je ne saurais venir à bout, mes amis, de persuader à Criton que je suis le Socrate qui s'entretient avec vous, et qui ordonne toutes les parties de son discours ; il s'imagine toujours que je suis celui qu'il va voir mort tout à l'heure, et il me demande comment il m'ensevelira ; et tout ce long discours que je viens de faire pour vous prouver que, dès que j'aurai avalé le poison, je ne demeurerai plus avec vous, mais que je vous quitterai, et irai jouir des félicités ineffables, il me paraît que j'ai dit tout cela en pure perte pour lui, comme si je n'eusse voulu que vous consoler et me consoler moi-même. Soyez donc mes cautions auprès de Criton, mais d'une manière toute contraire à celle dont il a voulu être la mienne auprès des juges : car il a répondu pour moi que je ne m'en irais point ; vous, au contraire, répondez pour moi que je ne serai pas plus tôt mort que je m'en irai, afin que le pauvre Criton prenne les choses plus doucement, et qu'en voyant brûler mon corps, ou le mettre en terre, il ne s'afflige pas sur moi, comme si je souffrais de grands maux, et qu'il ne dise pas à mes funérailles qu'il expose Socrate, qu'il l'emporte, qu'il l'enterre ; car il faut que tu saches, mon cher Criton, lui dit-il, que parler improprement ce n'est pas seulement une faute envers les choses, mais c'est aussi un mal que l'on fait aux âmes. Il faut avoir plus de courage, et dire que c'est mon corps que tu enterres ; et enterre-le comme il te plaira, et de la manière qui te paraîtra la plus conforme aux lois.

En disant ces mots, il se leva et passa dans une chambre voisine, pour y prendre le bain ; Criton le suivit, et Socrate nous pria de l'attendre. Nous l'attendîmes donc, tantôt nous entretenant de tout ce qu'il nous avait dit, et l'examinant encore, tantôt parlant de l'horrible malheur qui allait nous arriver ; nous regardant véritablement comme des enfans privés de leur père, et condamnés à passer le reste de notre vie comme des orphelins. Après qu'il fut sorti du bain, on lui apporta ses enfans, car il en avait trois, deux en bas âge ¹, et un qui était déjà assez grand ² ; et on fit entrer les femmes de sa famille ³. Il leur parla quelque temps en présence de Criton, et leur donna ses ordres ; ensuite il fit retirer les femmes et les enfans, et revint nous trouver ; et déjà le coucher du soleil approchait, car il était resté longtemps enfermé.

. . . .
. . . .
. . . .
. . . .
. . . .
. . . .
. . . .

Mais je pense, Socrate, lui dit Criton, que le soleil est encore sur les montagnes, et qu'il n'est pas couché : d'ailleurs je sais que beaucoup d'autres ne prennent le poison que longtemps après que l'ordre leur en a été donné ; qu'ils mangent et qu'ils boivent à souhait, quelques-uns même ont pu jouir de leurs amours ; c'est pourquoi ne te presse pas, tu as encore du temps.

Ceux qui font ce que tu dis, Criton, répondit Socrate, ont leurs raisons ; ils croient que c'est autant de gagné : et moi, j'ai aussi les miennes pour ne pas le faire ; car la seule chose que je crois gagner, en buvant un peu plus tard, c'est de me rendre ridicule à moi-même, en me trouvant si amoureux de la vie, que je veuille l'épargner lorsqu'il n'y en a

---

¹ Sophroniscus et Menexenus.

² Lamproclès.

³ Il ne s'agit ici que de Xantippe et de quelques autres femmes alliées à la famille de Socrate, et nullement de ses deux épouses Xantippe et Myrto.

plus[1]. Ainsi donc, mon cher Criton, fais ce que je te dis, et ne me tourmente pas davantage.

A ces mots, Criton fit signe à l'esclave qui se tenait auprès. L'esclave sortit, et, après être resté quelque temps, il revint avec celui qui devait donner le poison, qu'il portait tout broyé dans une coupe. Aussitôt que Socrate le vit : Fort bien, mon ami, lui dit-il; mais que faut-il que je fasse? car c'est à toi à me l'apprendre.

Pas autre chose, lui dit cet homme, que de te promener quand tu auras bu, jusqu'à ce que tu sentes tes jambes appesanties, et alors de te coucher sur ton lit; le poison agira de lui-même. Et en même temps, il lui tendit la coupe. Socrate la prit avec la plus parfaite sécurité, Échécrate, sans aucune émotion, sans changer de couleur ni de visage; mais regardant cet homme d'un œil ferme et assuré comme à son ordinaire : Dis-moi, est-il permis de répandre un peu de ce breuvage, pour en faire une libation?

Socrate, lui répondit cet homme, nous n'en broyons que ce qu'il est nécessaire d'en boire.

HUITIÈME NOTE.

Dans un point de l'espace inaccessible aux hommes.

Premièrement, reprit Socrate, je suis persuadé que si la terre est au milieu du ciel et de forme sphérique, elle n'a besoin ni de l'air, ni d'aucun autre appui pour s'empêcher de tomber; mais que le ciel même, qui l'environne égale-

[1] Allusion à un vers d'Hésiode. (*Les Œuvres et les Jours*, v. 367.)

ment, et son propre équilibre, suffisent pour la soutenir; car toute chose qui est en équilibre au milieu d'une autre qui la presse également, ne saurait pencher d'aucun côté, et par conséquent demeure fixe et immobile; voilà de quoi je suis persuadé.

Et avec raison, dit Symmias.

De plus, je suis convaincu que la terre est fort grande, et que nous n'en habitons que cette petite partie qui s'étend depuis le Phase jusqu'aux colonnes d'Hercule, répandus autour de la mer comme des fourmis ou des grenouilles autour d'un marais : et je suis convaincu qu'il y a plusieurs autres peuples qui habitent d'autres parties semblables; car partout sur la face de la terre il y a des creux de toutes sortes de grandeur et de figure, où se rendent les eaux, les nuages et l'air grossier, tandis que la terre elle-même est au-dessus dans ce ciel pur où sont les astres, et que la plupart de ceux qui s'occupent de ces matières appellent l'*éther*, dont tout ce qui afflue perpétuellement dans les cavités que nous habitons n'est proprement que le sédiment. Enfoncés dans ces cavernes sans nous en douter, nous croyons habiter le haut de la terre, à peu près comme quelqu'un qui, faisant son habitation dans les abîmes de l'Océan, s'imaginerait habiter au-dessus de la mer, et qui, pour voir au travers de l'eau le soleil et les astres, prendrait la mer pour le ciel, et n'étant jamais monté au-dessus, à cause de sa pesanteur et de sa faiblesse, et n'ayant jamais avancé sa tête hors de l'eau, n'aurait jamais vu lui-même combien le lieu que nous habitons est plus pur et plus beau que celui qu'il habite, et n'aurait jamais trouvé personne qui pût l'en instruire. Voilà l'état où nous sommes. Confinés dans quelques creux de la terre, nous croyons en habiter les hauteurs; nous prenons l'air pour le ciel, et nous croyons que c'est là le véritable ciel dans lequel les astres font leur cours, c'est-à-dire que notre pesanteur et notre faiblesse nous empêchent de nous élever au-dessus de l'air; car si quelqu'un allait jusqu'au haut, et qu'il pût s'y élever avec des ailes, il n'aurait pas plus tôt mis la tête hors de cet air grossier, qu'il verrait ce qui se passe dans cet heureux séjour, comme les poissons en s'élevant au-dessus de la surface de la mer voient ce qui se passe dans l'air que nous respirons : et s'il était d'une nature propre à une longue contemplation, il connaîtrait que c'est le véritable ciel, la véritable lumière, la véritable terre; car cette terre, ces roches, tous les lieux que nous habitons, sont corrompus et calcinés, comme ce qui est dans la mer est rongé par l'âcreté des sels : aussi dans la mer on ne trouve que des cavernes, du sable, et partout où il y a de la terre, une vase profonde; il n'y naît rien de parfait, rien qui soit d'aucun prix, rien enfin qui puisse être comparé à ce que nous avons ici. Mais ce qu'on trouve dans l'autre séjour est encore plus au-dessus de ce que nous voyons dans le nôtre; et, pour vous faire connaître la beauté de cette terre pure, située au milieu du ciel, je vous dirai, si vous voulez, un belle fable qui mérite d'être écoutée.

Et nous, Socrate, nous l'écouterons avec un très-grand plaisir, dit Symmias.

On raconte, dit-il, que la terre, si on la regarde d'en haut, paraît comme un de nos ballons couverts de douze bandes de différentes couleurs, dont celles que nos peintres emploient ne sont que les échantillons; mais les couleurs de cette terre sont infiniment plus brillantes et plus pures, et elles l'environnent tout entière. L'une est d'un pourpre merveilleux; l'autre, de couleur d'or; celle-là d'un blanc plus brillant que le gypse et la neige; et ainsi des autres couleurs qui la décorent, et qui sont plus nombreuses et plus belles que toutes celles que nous connaissons. Les creux même de cette terre, remplis d'eau et d'air, ont aussi leurs couleurs particulières, qui brillent parmi toutes les autres ; de sorte que dans toute son étendue cette terre a l'aspect d'une diversité continuelle. Dans cette terre si parfaite, tout est en rapport avec elle, plantes, arbres, fleurs et fruits ; les montagnes même et les pierres ont un poli, une transparence, des couleurs incomparables ; celles que nous estimons tant ici, les cornalines, les jaspes, les émeraudes, n'en sont que de petites parcelles. Il n'y en a pas une seule, dans cette heureuse terre, qui ne les vaille, ou ne les surpasse encore : et la cause en est que là les pierres précieuses sont pures ; qu'elles ne sont ni rongées, ni gâtées comme les nôtres par l'âcreté des sels et par la corruption des sédimens qui descendent et s'amassent dans cette terre basse, où ils infectent les pierres et la terre, les plantes et les animaux. Outre toutes ces beautés, cette terre est ornée d'or, d'argent et d'autres métaux précieux, qui, répandus en tous lieux en abondance, frappent les yeux de tous côtés, et font de la vue de cette terre un spectacle de bienheureux. Elle est aussi habitée par toutes sortes d'animaux et par des hommes, dont les uns sont répandus au milieu des terres, et les autres autour de l'air, comme nous autour de la mer, et d'autres dans des îles que l'air forme près du continent ; car l'air est là ce que sont ici l'eau et la mer pour notre usage ; et ce que l'air est pour nous, pour eux est l'éther. Leurs saisons sont si bien tempérées, qu'ils vivent beaucoup plus que nous, toujours exempts de maladies ; et pour la vue, l'ouïe, l'odorat et tous les autres sens, et pour l'intelligence même, ils sont autant au-dessus de nous, que l'air surpasse l'eau en pureté, et que l'éther surpasse l'air. Ils ont des bois sacrés, des temples que les dieux habitent réellement ; des oracles, des prophéties, des visions, toutes les marques du commerce des dieux : ils voient aussi le soleil et la lune et les astres tels qu'ils sont ; et tout le reste de leur félicité suit à proportion.

Voilà quelle est cette terre à sa surface ; elle a tout autour d'elle plusieurs lieux, dont les uns sont plus profonds et plus ouverts que le pays que nous habitons ; les autres plus profonds, mais moins ouverts, et d'autres moins profonds et plus plats. Tous ces lieux sont percés par-dessous en plusieurs points, et communiquent entre eux par des conduits tantôt plus larges, tantôt plus étroits, à travers lesquels coule, comme dans des bassins, une quantité immense d'eau : des masses surprenantes de fleuves souterrains qui ne s'épuisent jamais ; des sources d'eaux froides et d'eaux chaudes : des fleuves de feu et d'autres de boue, les uns plus liquides, les autres plus épais, comme en Sicile ces torrens de boue et de feu qui précèdent la lave, et comme la lave elle-même. Ces lieux se remplissent de l'une ou de l'autre de ces matières, selon la direction qu'elles prennent chaque fois en se débordant. Ces masses énormes se meuvent en haut et en bas, comme un balancier placé dans l'intérieur de la terre. Voici à peu près comment ce mouvement s'opère : parmi les ouvertures de la terre, il en est une, la plus grande de toutes, qui passe tout au travers de la terre ; c'est celle dont parle Homère, quand il dit[1] :

> Bien loin, là où sous la terre est le plus profond abîme ;

et que lui-même ailleurs et beaucoup d'autres appellent le Tartare. C'est là que se rendent, et c'est de là que sortent de nouveau tous les fleuves, qui prennent chacun le carac-

---

[1] *Iliade*, liv. VIII, v. 14.

tère et la ressemblance de la terre sur laquelle ils passent. La cause de ce mouvement en sens contraire, c'est que le liquide ne trouve là ni fond ni appui ; il s'agite suspendu, et bouillonne sens dessus dessous ; l'air et le vent font de même tout à l'entour, et suivent tous ses mouvemens et lorsqu'il s'élève et lorsqu'il retombe ; et comme dans la respiration, où l'air entre et sort continuellement, de même ici l'air, emporté avec le liquide dans deux mouvemens opposés, produit des vents terribles et merveilleux, en entrant et en sortant. Quand donc les eaux, s'élançant avec force, arrivent vers le lieu que nous appelons le lieu inférieur, elles forment des courans qui vont se rendre, à travers la terre, vers des lits de fleuves qu'ils rencontrent et qu'ils remplissent comme avec une pompe. Lorsque les eaux abandonnent ces lieux et s'élancent vers les nôtres, elles les remplissent de la même manière ; de là elles se rendent, à travers des couduits souterrains, vers les différens lieux de la terre, selon que le passage leur est frayé, et forment les mers, les lacs, les fleuves et les fontaines ; puis s'enfonçant de nouveau sous la terre, et parcourant des espaces, tantôt plus nombreux et plus longs, tantôt moindres et plus courts, elles se jettent dans le Tartare, les unes beaucoup plus bas, d'autres seulement un peu plus bas, mais toutes plus bas qu'elles n'en sont sorties. Les unes ressortent et retombent dans l'abîme précisément du côté opposé à leur issue ; quelques autres, du même côté : il en est aussi qui ont un cours tout à fait circulaire, et se replient une ou plusieurs fois autour de la terre comme des serpens, descendent le plus bas qu'elles peuvent et se jettent de nouveau dans le Tartare. Elles peuvent descendre de part et d'autre jusqu'au milieu, mais pas au-delà ; car alors, elles remonteraient : elles forment plusieurs courans fort grands ; mais il y en a quatre principaux dont le plus grand, et qui coule le plus extérieurement tout autour, est celui qu'on appelle Océan. Celui qui lui fait face, et coule en sens contraire, est l'Achéron, qui, traversant des lieux déserts, et s'enfonçant sous la terre, se jette dans le marais Achérusiade, où se rendent les âmes de la plupart des morts, qui, après y avoir demeuré le temps ordonné, les unes plus, les autres moins, sont renvoyées dans ce monde pour y animer de nouveaux êtres. Entre ces deux fleuves coule un troisième, qui, non loin de sa source, tombe dans un lieu vaste, rempli de feu, et y forme un lac plus grand que notre mer, où l'eau bouillonne mêlée avec la boue. Il sort de là trouble et fangeux, et continuant son cours en spirale, il se rend à l'extrémité du marais Achérusiade, sans se mêler avec ses eaux ; et après avoir fait plusieurs tours sous terre, il se jette vers le plus bas du Tartare ; c'est ce fleuve qu'on appelle le Puriphlégéton, dont les ruisseaux enflammés saillent sur la terre, partout où ils trouvent une issue. Du côté opposé, le quatrième fleuve tombe d'abord dans un lieu affreux et sauvage, à ce que l'on dit, et d'une couleur bleuâtre. On appelle ce lieu Stygien, et Styx le lac que forme le fleuve en tombant. Après avoir pris dans les eaux de ce lac des vertus horribles, il se plonge dans la terre, où il fait plusieurs tours ; et se dirigeant vis-à-vis du Puriphlégéton, il le rencontre dans le lac de l'Achéron, par l'extrémité opposée. Il ne mêle ses eaux avec les eaux d'aucun autre fleuve ; mais, après avoir fait le tour de la terre, il se jette aussi dans le Tartare, par l'endroit opposé au Puriphlégéton. Le nom de ce fleuve est le Cocyte, comme l'appellent les poëtes.

NEUVIÈME NOTE.

Mais qui donc étais-tu, mystérieux génie ?

Mais peut-être paraîtra-t-il inconséquent que je me sois mêlé de donner à chacun de vous des avis en particulier, et que je n'aie jamais eu le courage de me trouver dans les assemblées du peuple, pour donner mes conseils à la république. Ce qui m'en a empêché, Athéniens, c'est ce je ne sais quoi de divin et de démoniaque, dont vous m'avez si souvent entendu parler, et dont Mélitus, pour plaisanter, a fait un chef d'accusation contre moi. Ce phénomène extraordinaire s'est manifesté en moi dès mon enfance ; c'est une voix qui ne se fait entendre que pour me détourner de ce que j'ai résolu, car jamais elle ne m'exhorte à rien entreprendre : c'est elle qui s'est toujours opposée à moi quand j'ai voulu me mêler des affaires de la république, et elle s'y est opposée fort à propos ; car sachez bien qu'il y a longtemps que je ne serais plus en vie, si je m'étais mêlé des affaires publiques, et je n'aurais rien avancé ni pour vous ni pour moi. Ne vous fâchez point, je vous en conjure, si je vous dis la vérité. Non, quiconque voudra lutter franchement contre les passions d'un peuple, celui d'Athènes, ou tout autre peuple ; quiconque voudra empêcher qu'il se commette rien d'injuste ou d'illégal dans un état, ne le fera jamais impunément. Il faut de toute nécessité que celui qui veut combattre pour la justice, s'il veut vivre quelque temps, demeure simple particulier, et ne prenne aucune part au gouvernement. Je puis vous en donner des preuves incontestables, et ce ne seront pas des raisonnemens, mais ce qui a bien plus d'autorité auprès de vous, des faits. Écoutez donc ce qui m'est arrivé, afin que vous sachiez bien que je suis incapable de céder à qui que ce soit contre le devoir, par crainte de la mort; et que, ne voulant pas le faire, il est impossible que je ne périsse pas. Je vais vous dire des choses qui vous déplairont, et où vous trouverez peut-être la jactance des plaidoyers ordinaires : cependant je ne vous dirai rien qui ne soit vrai.

DIXIÈME NOTE.

<small>Voilez-vous, ou je meurs une seconde fois !</small>

Après cela, ô vous qui m'avez condamné, voici ce que j'ose vous prédire ; car je suis précisément dans les circonstances où les hommes lisent dans l'avenir, au moment de quitter la vie.

ONZIÈME NOTE.

<small>Cependant dans son sein son haleine oppressée...</small>

Il s'assit sur son lit, et n'eut pas le temps de nous dire grand'chose : car le serviteur des Onze entra presque en même temps, et s'approchant de lui : Socrate, dit-il, j'espère que je n'aurai pas à te faire le même reproche qu'aux autres :

dès que je viens les avertir, par l'ordre des magistrats, qu'il faut boire le poison, ils s'emportent contre moi et me maudissent ; mais pour toi, depuis que tu es ici, je t'ai toujours trouvé le plus courageux, le plus doux et le meilleur de ceux qui sont jamais venus dans cette prison ; et en ce moment je suis bien assuré que tu n'es pas fâché contre moi, mais contre ceux qui sont la cause de ton malheur, et que tu connais bien. Maintenant, tu sais ce que je viens t'annoncer ; adieu, tâche de supporter avec résignation ce qui est inévitable. En même temps il se détourna en fondant en larmes, et se retira. Socrate, le regardant, lui dit : Et toi aussi, reçois mes adieux ; je ferai ce que tu dis. Et se tournant vers nous : Voyez, nous dit-il, quelle honnêteté dans cet homme ! tout le temps que j'ai été ici, il m'est venu voir souvent, et s'est entretenu avec moi : c'était le meilleur des hommes, et maintenant comme il me pleure de bon cœur ! Mais allons, Criton, obéissons-lui de bonne grâce, et qu'on m'apporte le poison, s'il est broyé ; sinon, qu'il le broie lui-même.

DOUZIÈME NOTE.

<small>Un faux rayon de vie errant par intervalle.</small>

Jusque-là, nous avions eu presque tous assez de force pour retenir nos larmes ; mais le voyant boire, et après qu'il eut bu, nous n'en fûmes plus les maîtres. Pour moi, malgré tous mes efforts, mes larmes s'échappèrent avec tant d'abondance, que je me couvris de mon manteau pour pleurer sur moi-même ; car ce n'était pas le malheur de Socrate que je pleurais, mais le mien, en songeant quel ami j'allais perdre. Criton, avant moi, n'ayant pu retenir ses larmes, était sorti ; et Apollodore, qui n'avait presque pas cessé de pleurer auparavant, se mit alors à crier, à hurler et à sangloter avec tant de force, qu'il n'y eut personne à qui il ne fît fendre le cœur, excepté Socrate : Que faites-vous? dit-il, ô mes bons amis! N'était-ce pas pour cela que j'avais renvoyé les femmes, pour éviter des scènes aussi peu convenables? car j'ai toujours ouï dire qu'il faut mourir avec de bonnes paroles. Tenez-vous donc en repos, et montrez plus de fermeté.

Ces mots nous firent rougir, et nous retînmes nos pleurs.

Cependant Socrate, qui se promenait, dit qu'il sentait ses jambes s'appesantir, et il se coucha sur le dos, comme l'homme l'avait ordonné. En même temps le même homme qui lui avait donné le poison s'approcha, et, après avoir examiné quelque temps ses pieds et ses jambes, il lui serra le pied fortement, et lui demanda s'il le sentait ; il dit que non. Il lui serra ensuite les jambes ; et portant ses mains plus haut, il nous fit voir que le corps se glaçait et se raidissait ; et, le touchant lui-même, il nous dit que, dès que le froid gagnerait le cœur, Socrate nous quitterait. Déjà tout le bas-ventre était glacé. Alors se découvrant, car il était couvert : Criton, dit-il, et ce furent ses dernières paroles, nous devons un coq à Esculape ; n'oublie pas d'acquitter cette dette.

Cela sera fait, répondit Criton, mais vois si tu as encore quelque chose à nous dire.

Il ne répondit rien, et un peu de temps après il fit un mouvement convulsif ; alors l'homme le découvrit tout à fait : ses regards étaient fixes. Criton s'en étant aperçu, lui ferma la bouche et les yeux.

LE DERNIER CHANT

DU

PÈLERINAGE D'HAROLD.

AVERTISSEMENT.

Childe-Harold est un poëme de lord Byron. Le noble barde, dont l'Europe pleure aujourd'hui la mort glorieuse et prématurée, en donna successivement, et pendant un intervalle de dix années, quatre chants au public. Harold est un enfant de l'imagination, un nom plutôt qu'un héros ; lord Byron ne s'en est servi que comme d'un fil qui pût guider le lecteur et le poëte lui-même dans les sites variés que le pèlerin est censé parcourir ; comme d'un type auquel il pût attribuer les sentimens et les pensées qu'il tirait de son propre fonds : Harold, en un mot, est le prête-nom de lord Byron. Le poëte, qui avait d'abord nié *avec affectation* cette identité avec son héros, en convient à la fin de la préface de son quatrième chant.

« Quant à ce qui regarde, dit-il, la conduite de ce
« quatrième chant, le pèlerin Harold paraîtra encore
« moins souvent sur la scène que dans les précédens,
« et il sera presque entièrement fondu avec l'auteur
« parlant en son propre nom. Le fait est que je me
« lassais de tirer, entre Harold et moi, une ligne de

« séparation que chacun semblait décidé à ne pas
« apercevoir : c'est ainsi que personne ne voulait
« croire le Chinois de Goldsmith un Chinois véri-
« table. C'était vainement que je m'imaginais avoir
« établi une distinction entre le poëte et le pèlerin :
« le soin même que je prenais de conserver cette
« distinction, et mon désappointement de la trouver
« inutile, nuisaient tellement à mon inspiration, que
« je résolus de l'abandonner, et c'est ce que j'ai fait
« ici ; les opinions qui se sont formées et qui se for-
« meront encore à ce sujet sont aujourd'hui devenues
« tout à fait indifférentes. Qu'on juge l'ouvrage et
« non l'écrivain ! L'auteur qui n'a dans son esprit
« d'autres ressources que la réputation éphémère ou
« permanente due à ses premiers succès, mérite le
« sort des auteurs. »

Cette inutile distinction, rejetée par l'auteur anglais, est encore plus complètement effacée dans ce
dernier chant du Pèlerinage d'Harold, par M. de
Lamartine. Le nom d'Harold est évidemment et toujours employé ici pour celui de lord Byron. Mais
parcourons les premiers chants de ce singulier poëme,
afin que le lecteur en comprenne mieux la suite.

Harold est un jeune voyageur qui, lassé de bonne
heure des voluptés de la vie, quitte sa terre natale,
l'Angleterre, et parcourt le monde en chantant ce
qu'il voit, ce qu'il sent ou ce qu'il pense : c'est une
Odyssée pittoresque et morale, une divagation poétique, qui n'a d'autre centre d'intérêt et d'unité que
la fiction légère du personnage d'Harold. Au premier

chant, il est en Portugal et en Espagne ; il en décrit les sites, les mœurs, et quelques-unes des grandes et terribles scènes qu'offrait cette terre héroïque, à l'époque de la première invasion des Français.

Le second chant est une peinture de la Grèce et de l'Asie-Mineure, où lord Byron avait fait un premier voyage en 1808. Il salue tour à tour leurs mers, leurs montagnes, leurs tombeaux, leurs ruines, et chaque lieu lui inspire des impressions et des vers dignes de ses immortels souvenirs.

Le troisième chant commence par une invocation touchante à *Alda*, fille unique du poëte, loin de laquelle les orages de sa vie l'emportent encore. On sait qu'à cette époque une séparation légale, dont les véritables motifs sont restés un mystère, venait d'être prononcée entre le noble lord et lady Byron. Il dit un éternel adieu au rivage d'Angleterre, et, parcourant le champ de bataille de Waterloo, il décrit cette dernière lutte entre l'Europe et l'*homme du destin*. De là, longeant les bords du Rhin, il traverse rapidement les Alpes, célèbre l'Helvétie et les bords enchantés du lac Léman.

Le quatrième chant, et peut-être le plus magnifique, trouve le poëte à Venise. Il décrit les rives mélancoliques de la Brenta, va pleurer Pétrarque sur sa tombe d'Arqua ; déplore le sort de l'Italie, tour à tour envahie par tous les barbares ; jette un regard sur Florence, et se reposant à Rome, laisse sa muse s'abandonner à loisir à toutes les inspirations qui s'exhalent de ses monumens et de ses débris. Jamais peut-être la poésie moderne n'a revêtu de plus sublimes expressions, des images plus fortes et des sentimens plus intimes. Ici le poëte, abandonnant tout à coup son héros, adresse un salut sublime à la mer qu'il aperçoit des hauteurs d'Albano, sur la route de Naples, et disant adieu au lecteur, lui souhaite un bonheur qu'il n'a pas trouvé lui-même.

Ce poëme, dont rien dans les littératures classiques ne peut nous donner une idée, était l'œuvre de prédilection de lord Byron. Voici en quels termes il en parle dans une dédicace à M. Hobhouse, son ami et son compagnon de voyage :

« Je passe ici de la fiction à la vérité : ce poëme est
« le plus long et le plus fortement pensé de mes ou-
« vrages. Nous avons parcouru ensemble, à diverses
« époques, les contrées que la chevalerie, l'histoire
« ou la fable ont rendues célèbres ; l'Espagne, la
« Grèce, l'Asie-Mineure et l'Italie ; ce qu'Athènes et
« Constantinople étaient pour nous il y a quelques
« années, Venise et Rome l'ont été plus récemment :
« mon poëme aussi, ou mon pèlerin, ou l'un et l'autre,
« si l'on veut, m'ont accompagné partout. Peut-être
« trouvera-t-on excusable la vanité qui me fait revenir
« avec tant de complaisance à mes vers. Pourrais-je
« ne pas tenir à un poëme qui me lie en quelque
« sorte aux lieux qui me l'ont inspiré, et aux objets
« que j'ai essayé de décrire ? La composition de *Childe-*
« *Harold* a été pour moi une source de jouissances. Je
« ne m'en sépare qu'avec une sorte de regret, dont,
« grâce à ce que j'ai éprouvé, j'étais loin de me croire

« susceptible pour des objets imaginaires, etc., etc. »

Le lecteur partagera sans doute cette légitime prédilection du poëte. C'est dans *Childe-Harold* qu'on peut trouver lord Byron tout entier; car il y a répandu avec profusion, *avec amour*, comme disent les Italiens, les inépuisables richesses de sa palette; soit qu'il peigne la nature morte, que son génie vivifie toujours, soit qu'il s'élève aux plus hautes régions de la pensée et de la philosophie, soit qu'il s'abandonne, comme au hasard, au cours capricieux de ses rêveries, et fasse vibrer, jusqu'à rompre, toutes les cordes sensibles de son âme et de la nôtre. Il reprend à chaque instant le dernier mot de sa strophe, à l'imitation de nos anciennes ballades; et, comme si ce seul mot suffisait pour éveiller cette puissante imagination, il en fait le thème d'une autre série de strophes, et s'élance, sans autre transition, dans une sphère nouvelle d'idées ou de sentimens. Il faudrait tout citer si l'on citait quelque chose d'une aussi étrange conception. Nous aimons mieux renvoyer le lecteur à l'ouvrage même.

On a beaucoup reproché à lord Byron l'immoralité de quelques-uns de ses ouvrages, ses principes désorganisateurs de tout ordre social, et ses sentimens anti-religieux; mais ces reproches, trop souvent fondés ailleurs, ne nous paraissent pas à beaucoup près aussi applicables à *Childe-Harold* qu'à quelques-uns de ses derniers poëmes : on y sent davantage la fraîcheur de la vie et de la jeunesse. On voudrait, il est vrai, en effacer quelques nuages; mais ces nuages n'empêchent cependant pas le lecteur de reconnaître et d'admirer, dans cette œuvre d'un beau génie, l'expression d'une belle âme. Et d'où viendrait ce génie qui nous émeut et nous charme, si ce n'était d'une âme grande et féconde? Il n'a jamais eu d'autre source. Malheureusement aussi il n'a jamais préservé les hommes qui l'ont possédé des erreurs les plus funestes de l'esprit et des passions les plus orageuses du cœur! Lord Byron en est un nouvel exemple : plusieurs de ses ouvrages sont un scandale pour ses admirateurs même; il en a empoisonné les plus brillantes pages d'un scepticisme de parade, aussi funeste à la génération qui l'admire qu'à son propre talent. Nous ne prétendons point l'excuser; peut-être lui-même, s'il eût vécu..... Mais il n'est plus! Tout en voulant prémunir la jeunesse contre les principes déplorables de ses derniers ouvrages, il faut jeter un voile sur les taches de ce grand génie : ce génie doit faire augurer de son âme, et sa mort peut servir d'excuse à sa vie. Il a sacrifié ses jours, en Grèce, à la cause de la religion, de la liberté et de l'enthousiasme. Ses actions réfutent ses paroles.

M. de Lamartine, voulant conduire le poëme de *Childe-Harold* jusqu'à son véritable terme, la mort du héros, le reprend où lord Byron l'avait laissé, et, sous la fiction transparente du nom d'Harold, chante les dernières actions ou les dernières pensées de lord Byron lui-même, son passage en Grèce et sa mort. Il a pensé sans doute que le mode le plus convenable de chanter l'homme qu'il admire, était celui qu'il avait adopté lui-même; et la forme de *Childe-Harold* lui était trop évidemment indiquée, pour qu'il lui fût possible d'en adopter une autre : peut-être cette forme même donnera-t-elle lieu à quelques critiques. Peut-être lui reprochera-t-on comme un excès d'audace, comme une profanation, ce qui n'a été chez lui qu'un juste sentiment de modestie et de déférence pour un génie supérieur. Il n'a pris le genre du poëme et le nom du héros de lord Byron, que par respect pour lord Byron, qui se peignait lui-même sous cette forme emblématique. Toute autre forme, tout autre nom, eussent été moins périlleux pour lui : ils eussent rappelé moins immédiatement un talent qui écraserait tout ce qui tenterait de l'égaler; mais une imitation n'est point une lutte, c'est un hommage. A Dieu ne plaise que ce nom de Childe-Harold puisse donner une autre idée! Quel poëte oserait faire parler lord Byron? on s'apercevrait trop vite que ce n'est que son ombre. Cependant ce mot d'imitation, que nous venons de prononcer, ne rend pas exactement notre pensée : la forme et le genre sont seuls imités; les idées, les sentimens, les images ne le sont pas. Il nous a semblé, au contraire, que l'auteur français avait pris le plus grand soin d'éviter toute imitation de ce genre; et qu'on ne retrouve pas, dans ce cinquième chant, une seule des pensées ou des comparaisons que le poëte anglais a prodiguées dans les quatre premiers chants de son poëme. On peut être soi sous le nom d'un autre.

Ce genre de poëme n'a pas encore de nom générique dans la littérature moderne. Ce n'est pas le poëme didactique, car il n'enseigne rien ; ce n'est pas le poëme descriptif, car il raconte aussi ; ce n'est pas le poëme épique, il n'en a ni les héros, ni le caractère, ni l'importance, ni la majesté : il tient de ces trois genres à la fois ; il raconte, il décrit, il médite, il enseigne ; le héros est le poëte lui-même ou le cœur de l'homme en général, avec ses impressions les plus variées et les plus profondes ; c'est le poëme d'une civilisation avancée, où l'homme sent encore la nature avec cette force d'enthousiasme qu'il ne perdra jamais, mais où il se plaît à analyser ses propres sentimens, à se rendre compte de ce qu'il éprouve, à savourer à loisir ses impressions fugitives, et où son propre cœur est devenu pour lui un thème plus intéressant que les aventures un peu usées des héros imaginaires, fabuleux ou historiques. L'intérêt est tout dans le style, et la forme, à peine esquissée, n'est qu'un fil imperceptible pour lier d'un lien commun les idées et les sentimens qui se succèdent.

Le poëme anglais de *Childe-Harold* est écrit en stances d'un nombre égal de vers, indiquées par un chiffre romain. C'est la stance de Spencer, forme que lord Byron avait adoptée et rajeunie, comme plus propre à ce genre de composition, où l'imagination, se livrant à tous ses caprices, ne suit plus pas à pas l'ordre méthodique de la prose, mais s'élance sans transition prononcée, d'une idée à l'autre. Cette forme devait être conservée dans ce cinquième chant par M. de Lamartine ; mais la poésie française ne possède aucun rhythme analogue à la stance de Spencer, ou aux couplets du Tasse dans sa *Jérusalem*. Pour y suppléer, il a donc été obligé de composer ce dernier chant en stances irrégulières, d'un nombre de vers indéterminé. Ici, c'est le sens et non le nombre de vers qui indique la suspension et le repos ; nous les indiquons, comme dans le poëme original, par un chiffre romain. Quelques personnes ont déjà reproché à M. de Lamartine d'avoir adopté cette forme pour quelques-unes de ses poésies ; nous n'avons rien à leur répondre, si ce n'est qu'elles peuvent facilement la faire disparaître en ne s'arrêtant pas aux suspensions qu'elle indique. Quant à nous, nous pensons toujours que, dans des compositions de longue haleine, des repos ménagés avec art sont nécessaires à la pensée comme aux forces du lecteur, et que ces repos ne peuvent être plus convenablement indiqués que par le poëte lui-même. Il nous aurait paru aussi inconvenant qu'inutile de parler des opinions politiques ou religieuses de l'auteur français dans l'avertissement d'un ouvrage de littérature légère, si nous n'avions été récemment encore mis en garde contre l'injustice des interprétations les plus forcées, par des articles de journaux où l'on discutait les opinions de l'homme au lieu des vers du poëte. Un de ces journaux, dont nous respectons du reste l'impartialité et les doctrines (littéraires), a été jusqu'à dire que les poésies de M. de Lamartine étaient *l'hymne du découragement et du scepticisme*. L'office du poëte n'est point sans doute de prêcher des dogmes en vers ; mais nous en appelons à la conscience de tous les lecteurs pour réfuter une assertion de cette nature... Si les *Méditations Poétiques* ont eu un si honorable succès, elles l'ont dû surtout à ce sentiment religieux qui respire dans toutes leurs pages. Tout le monde l'a senti, tout le monde l'a dit; et c'est sans doute le genre d'éloge auquel l'auteur a été le plus sensible. Quelques vers pris isolément, ou détachés de l'ensemble qui les explique, peuvent donner lieu sans doute à des interprétations du genre de celles que nous combattons ici; mais un vers, une stance, ne forment pas plus le sens d'un morceau de poésie, qu'un son isolé ne forme un concert : c'est l'accord qu'il faut juger.

Quoi qu'il en soit, et pour ôter tout prétexte à de semblables méprises, nous croyons devoir prévenir ici le lecteur, au nom de M. de Lamartine, que la *liberté*, qu'invoque dans ce nouvel ouvrage la muse de Childe-Harold, n'est point celle dont le nom profané a retenti depuis trente ans dans les luttes des factions, mais cette indépendance naturelle et légale, cette liberté, fille de Dieu, qui fait qu'un peuple est un peuple, et qu'un homme est un homme; droit sacré et imprescriptible dont aucun abus criminel ne peut usurper ou flétrir le beau nom. Quant au ton plus réel de scepticisme qui se retrouve dans quelques morceaux de ce dernier chant de *Childe-Harold*, il est inutile de faire remarquer qu'il se trouve uniquement dans la bouche du héros, que, d'après ses opinions trop connues, l'auteur français ne pouvait faire parler contre la vraisemblance de son caractère. Satan, dans Milton, ne parle point comme les anges. L'auteur et le héros ont deux langages fort opposés ; et M. de Lamartine serait très-affligé qu'on pût l'accuser, même injustement, d'avoir fait naître le plus léger doute sur ses intentions, ou d'avoir répandu l'ombre d'un nuage sur des convictions religieuses qui sont les siennes, et qu'il regarde avec raison comme la seule lumière de la vie et le plus précieux trésor de l'homme.

DÉDICACE.

Te souviens-tu du jour où, gravissant la cime
    Du Salève aux flancs azurés,
Dans un étroit sentier qui pend sur un abîme
Nous posions en tremblant nos pas mal assurés ?
Tu marchais devant moi. Balancés par l'orage,
Les rameaux ondoyans du mélèze et du pin,
S'écartant à regret pour t'ouvrir un passage,
Secouaient sur ton front les larmes du matin ;
Un torrent sous tes pieds s'écroulant en poussière,
Traçait sur les rochers de verdâtres sillons,
Et, de sa blanche écume où jouait la lumière,
Élevait jusqu'à nous les flottans tourbillons.

    Un nuage grondait encore
Sur les confins des airs, à l'occident obscur,
Tandis qu'à l'orient le souffle de l'aurore
Découvrait la moitié d'un ciel limpide et pur,
Et dorait de ses feux la voile qui colore
Des vagues du Léman l'éblouissant azur !
Tout à coup sur un roc, dont tu foulais la cime,
Tu t'arrêtas : tes yeux s'abaissèrent sur moi ;
Tu me montrais du doigt les flots, les monts, l'abîme,
La nature et le ciel... et je ne vis que toi !...

Ton pied léger semblait s'élancer de sa base ;
Ton œil planait d'en haut sur ces sublimes bords ;
    Ton sein, oppressé par l'extase,

Se soulevait sous ses transports,
Comme le flot captif qui, bouillant dans le vase,
S'enfle, frémit, s'élève, et surmonte ses bords ;

Sur l'angle d'un rocher ta main était posée ;
Par l'haleine des vents goutte à goutte essuyés,
Tes cheveux trempés de rosée,
Distillaient lentement ses perles à tes pieds.

Des cascades l'écume errante
Faisait autour de toi, sur un tapis de fleurs,
De son prisme liquide ondoyer les couleurs,
Et d'une robe transparente
Semblait t'envelopper dans ses plis de vapeurs !
Tu ressemblais... Mais non, toute image est glacée.
Rien d'humain ne saurait te retracer aux yeux ;
Rien... qu'une céleste pensée,
Qui, durant un songe pieux,
Sur ses ailes de feu dans les airs balancée,
Et du sein d'un cœur pur vers Dieu même élancée,
S'élève et plane dans les cieux !

Je te vis ; je jurai de consacrer la trace
De ce trop rapide moment,
Et de graver ici ton nom... Ta main l'efface
De ce fragile monument.
Un jour, quand je te verrai lire
Ces vers dont un regard est le seul avenir,
Si tes yeux attendris ne peuvent retenir
Une larme aux sons de ma lyre,
Ah ! qu'au moins tu puisses te dire :
« Ces chants qui m'ont ému, c'est moi qui les inspire,
« Et sa muse est mon souvenir ! »

LE DERNIER CHANT

DU

PÈLERINAGE D'HAROLD.

I.

Muse des derniers temps, divinité sublime,
Qui des monts fabuleux n'habites plus la cime;
Toi qui n'as pour séjour, pour temples, pour autels,
Que le sein frémissant des généreux mortels;
Toi dont la main se plaît à couronner ta lyre
Des lauriers du combat, des palmes du martyre,
Et qui fais retentir l'Hémus ressuscité
Des noms vengeurs du Christ et de la liberté !
Sentiment plus qu'humain que l'homme déifie,
Viens seul ! c'est à toi seul que mon cœur sacrifie !
Les siècles de l'erreur sont passés, l'homme est vieux;
Ce monde, en grandissant, a détrôné ses dieux,
Comme l'homme qui touche à son adolescence
Brise les vains hochets de sa crédule enfance ;
L'Olympe n'entend plus, sur ses sommets sacrés,

Hennir du dieu du jour les coursiers altérés ;
Jupiter voit sa foudre entre ses mains brisée,
Des fils grossiers d'Omar provoquer la risée ;
Le Nil souille au désert, de son impur limon,
Les débris mutilés de l'antique Memnon ;
Délos n'a plus d'autels, Delphes n'a plus d'oracles,
Le Temps a balayé le temple et les miracles.
Hors le culte éternel, vingt cultes différens,
Du stupide univers bienfaiteurs ou tyrans,
Ont passé! cherchez-les dans la cendre de Rome!...
Mais il reste à jamais au fond du cœur de l'homme
Deux sentimens divins, plus forts que le trépas :
L'Amour, la Liberté, dieux qui ne mourront pas!

II.

L'amour! je l'ai chanté, quand, plein de son délire,
Ce nom seul murmuré faisait vibrer ma lyre,
Et que mon cœur cédait au pouvoir d'un coup d'œil,
Comme la voile au vent qui la pousse à l'écueil.
J'aimai, je fus aimé, c'est assez pour ma tombe ;
Qu'on y grave ces mots, et qu'une larme y tombe !
Remplis seul aujourd'hui ma pensée et mes vers,
Toi qui naquis le jour où naquit l'univers,
Liberté! premier don qu'un Dieu fit à la terre,
Qui marquas l'homme enfant d'un divin caractère,
Et qui fis reculer, à son premier aspect,
Les animaux tremblant d'un sublime respect,
Don plus doux que le jour, plus brillant que la flamme,

Air pur, air éternel qui fais respirer l'âme !
Trop souvent les mortels, du ciel même jaloux,
Se ravissent entre eux ce bien commun à tous !
Plus durs que le destin, dans d'indignes entraves,
De ce que Dieu fit libre ils ont fait des esclaves !
Ils ont de ses saints droits dégradé la raison :
Qu'ai-je dit? ils ont fait un crime de ton nom!
Mais, semblable à ce feu que le caillou recèle,
Dont l'acier fait jaillir la brûlante étincelle,
Dans les cœurs asservis tu dors; tu ne meurs pas !
Et, quand mille tyrans enchaîneraient tes bras,
Sous le choc de ces fers dont leurs mains t'ont chargée
Tu jaillis tout à coup, et la terre est vengée !

III.

Ces temps sont arrivés ! Aux rivages d'Argos [1],
N'entends-tu pas ce cri qui monte sur les flots?
C'est ton nom! il franchit les écueils des Dactyles;
Il éveille en sursaut l'écho des Thermopyles;
Du Pinde et de l'Ithôme il s'élance à la fois;
La voix d'un peuple entier n'est qu'une seule voix :
Elle gronde, elle court, elle roule, elle tonne;
Le sol sacré tressaille à ce bruit qui l'étonne,
Et, rouvrant ses tombeaux, enfante des soldats
Des os de Miltiade et de Léonidas !
N'entends-tu pas siffler sur les flots du Bosphore
Tous ces brûlots armés du feu qui les dévore;
Qui, sillonnant la nuit l'archipel enflammé,

A travers les écueils dont Mégare est semé,
Comme un serpent de feu glissent dans les ténèbres,
Illuminent ses mers de cent phares funèbres,
Surprennent, sur les flots, leurs tyrans endormis,
Se cramponnent aux flancs des vaisseaux ennemis,
Et, leur dardant un feu que la vengeance allume,
Bénissent leur trépas pourvu qu'il les consume?...

Ce sont là les flambeaux dignes de tes autels !
Viens donc, dernier vengeur du destin des mortels,
Toi que la tyrannie osait nommer un rêve !
La croix dans une main et dans l'autre le glaive,
Viens voir, à la clarté de ces bûchers errans,
Ressusciter un peuple et périr des tyrans !

IV.

Mais où donc est Harold, ce pèlerin du monde
Dont j'ai suivi longtemps la course vagabonde ?
A-t-il donc jeté l'ancre au midi de ses jours ?
Ou s'est-il endormi dans d'ignobles amours ?
Ai-je perdu ce fil de mes sombres pensées
Qui, marquant de mes pas les traces effacées,
M'aidait à retrouver moi-même dans autrui ?
Mystérieux héros ! c'était moi, j'étais lui ;
Et, sans briser jamais le nom qui les rassemble,
Nos deux cœurs, nos deux voix, sentaient, chantaient ensemble;
Mais, depuis qu'en partant, la ville des Césars,
Le vit se retourner vers ses sacrés remparts,

Que Tibur, encor plein du chantre de Blanduse,
Tressaillit de plaisir sous les pas de sa Muse,
Et que de son sommet éclatant, d'où les yeux
Plongent sur une mer qui va s'unir aux cieux,
Albano l'entendit, en découvrant l'abîme ²,
Saluer l'Océan d'un adieu si sublime,
On n'a plus reconnu sa voix ; et l'univers,
Encor retentissant de ses derniers concerts,
Comme un temple muet, semble attendre en silence
Que l'hymne interrompu tout à coup recommence.
Que fait-il ? Sur quels bords ses astres inconstans
Ont-ils poussé ses mâts brisés avant le temps ?
Quels flots furent témoins de son dernier naufrage ?
Quel sol consolateur lui prêta son rivage ?
O Muse qui donnais ta lyre à ses douleurs,
Viens donc, suivons ses pas aux traces de ses pleurs !

V.

Il est nuit ; mais la nuit sous ce ciel n'a point d'ombre :
Son astre suspendu dans un dôme moins sombre,
Blanchit de ses lueurs des bords silencieux
Où la vague se teint du bleu pâle des cieux ;
Où la côte des mers, de cent golfes coupée,
Tantôt humble et rampante et tantôt escarpée,
Sur un sable argenté vient mourir mollement,
Ou gronde sous le choc de son flot écumant.
De leurs vastes remparts les Alpes l'environnent ;
Leurs sommets colorés que les neiges couronnent,

De colline en colline abaissés par degrés,
Montrent, près de l'hiver, des climats tempérés
Où l'aquilon, fuyant de son propre royaume,
De leurs tièdes parfums s'attiédit et s'embaume.
A travers des cyprès, dont l'immobilité,
Symbole de tristesse et d'immortalité,
Projette sur les murs ses ombres sépulcrales
Que les reflets du ciel percent par intervalles,
S'étend sur la colline un champêtre séjour :
Un long buisson de myrte en trace le contour :
Sur des gazons naissans de flexibles allées,
D'un rideau de verdure à peine encor voilées,
Égarant au hasard leur cours capricieux,
Conduisent en tournant, ou les pas, ou les yeux;
Jusqu'au seuil où, formant de vertes colonnades,
La clématite en fleur se suspend aux arcades;
Sur les toits aplatis, des jardins d'oranger
Ornent de leurs fruits d'or leur feuillage étranger;
L'eau fuit dans les bassins, et, quand le jour expire,
Imite en murmurant les frissons du zéphyre.
De là, l'œil enchanté voit, au pied des coteaux,
Gênes, fille des mers, sortir du sein des eaux :
Les dômes élancés de ses saintes demeures,
D'où l'airain frémissant fait résonner les heures,
Et les mâts des vaisseaux qui, dormant dans ses ports,
S'élèvent au niveau des palais de ses bords,
Et quand le flot captif les presse et les soulève,
D'un lourd gémissement font retentir la grève.
Quel silence!... Avançons... Tout dort-il en ces lieux ?
L'éclat d'aucun flambeau n'y vient frapper mes yeux;

Nul pas n'y retentit, nulle voix n'y murmure;
Seulement, au détour de cette route obscure,
Un page et deux coursiers attendent; et plus bas,
Dans cette anse où les flots expirent sans fracas,
Un brick aux flancs étroits, que l'on charge en silence,
Tend sa voile, et déjà sous son poids se balance.
Ces armes, ces coursiers, ce vaisseau loin du port,
Tout révèle un départ, et cependant tout dort!...

VI.

Mais non, tout ne dort pas; de fenêtre en fenêtre,
Voyez ce seul flambeau briller et disparaître;
Il avance, il recule, il revient tour à tour.
Éclaire-t-il les pas du crime ou de l'amour?
Aux douteuses clartés qu'il jette sur le sable,
On croit le voir trembler dans une main coupable.
Il descend, il s'arrête à l'angle du palais;
Et l'œil, à la faveur de ses brillans reflets,
S'insinue, et parcourt un réduit solitaire
Dont les rideaux légers trahissent le mystère.
Sur le pavé, couvert des plus riches tapis,
Du pied le plus léger les pas sont assoupis;
Les murs en sont ornés d'opulentes tentures;
Sous les lambris dorés, d'élégantes peintures,
De tout voile jaloux dépouillant la beauté,
Enchaînent le regard ivre de volupté;
Et, sur trois pieds d'albâtre, une lampe nocturne
Y répand un jour doux, du sein voilé d'une urne.

Là, sous l'alcôve sombre où le pâle flambeau,
Semblable au feu mourant qui luit sur un tombeau,
Mêle d'ombre et de jour une teinte incertaine,
Une jeune beauté dort sur un lit d'ébène :
Son front est découvert ; le sommeil, en ses jeux,
Semble avoir dispersé l'or de ses blonds cheveux
Qui, flottant sur son sein que leur voile caresse,
Jusqu'au pied de son lit roulent en longue tresse ;
Près d'elle on voit encor, confusément jetés,
Les ornemens d'hier qu'à peine elle a quittés ;
Ses anneaux, ses colliers, ses parures chéries,
Mêlés avec les fleurs que la veille a flétries,
Jonchent le seuil du lit d'ambre, de perle et d'or,
Qu'un de ses bras pendans semble y chercher encor !

VII.

La porte s'ouvre ; un homme, à pas comptés, s'avance.
Une lampe à la main, il s'arrête en silence :
Est-ce Harold ?...c'est bien lui ! Que le temps l'a changé !
Que son front, jeune encor, de jours semble chargé !
L'éclat dont son génie éclairait son visage
Luit toujours, mais, hélas ! c'est l'éclair dans l'orage ;
Et, plus que ce flambeau qui tremble dans sa main,
On croit voir vaciller son âme dans son sein.
Dans l'amère douceur d'un sourire farouche,
L'amour et le mépris se mêlent sur sa bouche ;
L'œil n'y peut du remords discerner la douleur,
Mais on dirait, à voir sa mortelle pâleur,

Qu'une apparition vengeresse, éternelle,
Le glace à chaque instant d'une terreur nouvelle :
Immobile, il contemple, au chevet de ce lit,
Cette femme qui dort, et qu'un songe embellit.
Encore dans la fleur de son adolescence,
Ses traits ont tout d'un ange... excepté l'innocence ;
Ses yeux sont ombragés du voile de ses cils ;
Mais un pli qui se cache entre ses deux sourcils,
Trace que le sommeil n'a pas même effacée,
Montre que sur ce front quelque peine est passée.
Sa lèvre, où le sourire erre encore au hasard,
Glace le sentiment en charmant le regard ;
Plus encor que l'amour la volupté s'y joue ;
La peine en fait fléchir l'arc mobile, et sa joue
Ressemble au lis penché vers le midi du jour,
Qu'ont déjà respiré le zéphyr ou l'amour.

VIII.

« Dors ! murmurait Harold d'une voix comprimée ;
Toi que je vais quitter ! toi que j'ai tant aimée !
Toi qui m'aimas peut-être, ou dont l'art séducteur
Par l'ombre de l'amour trompa du moins mon cœur.
Qu'importe que le tien ne fût qu'un doux mensonge !
Je fus heureux par toi ; tout bonheur est un songe !
Et je pars avant l'heure où le triste réveil
Eût dissipé pour nous cet enfant du sommeil !
Heureux qui, s'éloignant pendant que l'erreur dure,
Emporte dans son cœur une image encor pure ;

Qui peut, dans les horreurs de son triste avenir,
Nourrir, comme un flambeau, quelque cher souvenir,
Et ne voit pas du moins, en perdant ce qu'il aime,
Cette idole qui tombe ou qu'il brisa lui-même,
D'un bonheur qui n'est plus étaler les débris
Où l'éternel remords rampe auprès du mépris!...
Gravez-vous dans mes yeux, voluptueuse image,
Front serein dont mon souffle écartait tout nuage!
Beaux yeux dont le regard me cherchera demain!
Lèvres dont les accens m'enivraient! tendre main
Qui, s'ouvrant vainement pour s'unir à la mienne,
Ne rencontrera plus d'appui qui la soutienne!
Bouche que le sommeil n'a pu même assoupir!
Je voudrais emporter... tout! jusqu'à ce soupir
Qui, soulevant ce sein plus mobile que l'onde,
Semble espérer en vain qu'un soupir lui réponde!

« Voilà donc ce qui fit mon bonheur un instant!
Mon bonheur!... Non, de toi je n'attendais pas tant :
Pourvu que le plaisir, les voluptés légères
Couronnassent de fleurs nos chaînes passagères;
Que, dans ce doux climat par tes pas embelli,
Je pusse respirer ses parfums... et l'oubli;
Que le remords, fuyant aux accens de ta bouche,
Laissât le doux sommeil s'approcher de ma couche;
Léna! c'était assez pour un cœur profané!
C'était mon seul bonheur! et tu me l'as donné!
Mais, de quelque nectar qu'elle ait été remplie,
La coupe où nous buvons a toujours une lie;
N'épuisons donc jamais sa liqueur qu'à demi,

Et, consacrant le reste au destin ennemi,
Faisons-lui prudemment, quelque effort qu'il en coûte,
Une libation de la dernière goutte !
Je t'aime encor ; je pars. Adieu !... Trompeur sommeil,
Retarde un désespoir qui l'attend au réveil ! »

IX.

Harold s'est élancé sur son léger navire ;
Dans les câbles tendus la nuit déjà soupire ;
La voile, qui s'entr'ouvre au vent qui l'arrondit,
Monte de vergue en vergue, et s'enfle et s'agrandit ;
Et, couvrant ses flancs noirs de l'ombre de son aile,
Fait pencher sur les flots le vaisseau qui chancelle.
On lève l'ancre, il fuit ; le flot qu'il a fendu
Sur sa trace un moment demeure suspendu,
Et, retombant bientôt en vapeur qui surnage,
De blancs flocons d'écume inonde au loin la plage :
Voilà tout ce qu'Harold a laissé dans ces lieux !...
Et la vague a repris son bord silencieux.
Mais sur le pont tremblant du vaisseau qui dérive,
Un bruit sourd et confus monte et frappe la rive ;
La voix des vents s'y mêle aux cris des matelots ;
On y voit confondus, rouler au gré des flots,
Des faisceaux éclatans de harnais et d'armures,
Qui rendent en tombant de sinistres murmures ;
Des sabres, des mousquets brillans d'argent et d'or,
Que la poudre et le sang n'ont pas ternis encor ;
Des lances, des drapeaux où, parmi le tonnerre,

Brille un signe inconnu sur les champs de la guerre;
On voit, autour des mâts, des coursiers enchaînés,
Battre le pont tremblant sous leurs pieds étonnés,
Et, secouant leurs crins qu'un flot d'écume inonde,
Hennir à chaque vent qui les berce sur l'onde.
Mais Harold, que fait-il? Seul, au bout du vaisseau,
Enveloppé des plis de son large manteau,
Sombre comme la nuit dont son cœur est l'image,
D'un œil insouciant il voit fuir le rivage.

X.

Où va-t-il?... Il gouverne au berceau du soleil[3].
Mais pourquoi sur son bord ce terrible appareil?
Va-t-il, le cœur brûlant d'une foi magnanime,
Conquérir une tombe au désert de Solyme;
Ou, pèlerin armé, son bourdon à la main,
Laver ses pieds souillés dans les flots du Jourdain?
Non: du sceptique Harold le doute est la doctrine;
Le croissant ni la croix ne couvrent sa poitrine;
Jupiter, Mahomet, héros, grands hommes, dieux,
(O Christ, pardonne-lui!) ne sont rien à ses yeux
Qu'un fantôme impuissant que l'erreur fait éclore,
Rêves plus ou moins purs qu'un vain délire adore,
Et dont, par ses clartés, la superbe raison,
Siècle après siècle, enfin délivre l'horizon.
Jamais, d'aucun autel ne baisant la poussière,
Sa bouche ne murmure une courte prière;
Jamais, touchant du pied le parvis d'un saint lieu,

Sous aucun nom mortel il n'invoqua son Dieu !
Le dieu qu'adore Harold est cet agent suprême,
Ce Pan mystérieux, insoluble problème,
Grand, borné, bon, mauvais, que ce vaste univers
Révèle à ses regards sous mille aspects divers ;
Être sans attributs, force sans providence,
Exerçant au hasard une aveugle puissance ;
Vrai Saturne, enfantant, dévorant tour à tour,
Faisant le mal sans haine et le bien sans amour ;
N'ayant pour tout dessein qu'un éternel caprice ;
Ne commandant ni foi, ni loi, ni sacrifice ;
Livrant le faible au fort et le juste au trépas,
Et dont la raison dit : Est-il ? ou n'est-il pas ?

XI.

Ses compagnons épars, groupés sur le navire,
Ne parlent point entre eux de foi ni de martyre,
Ni des prodiges saints par la croix opérés,
Ni des péchés remis dans des lieux consacrés ;
D'un plus fier évangile apôtres plus farouches,
Des mots retentissans résonnent sur leurs bouches :
Gloire, honneur, liberté, grandeur, droit des humains,
Mort aux tyrans sacrés, égorgés par leurs mains,
Mépris des préjugés sous qui rampe la terre,
Secours aux opprimés, vengeance, et surtout guerre !
Ils vont, suivant partout l'errante liberté,
Répondre en Orient au cri qu'elle a jeté ;
Briser les fers usés que la Grèce assoupie

Agite, en s'éveillant, sur une race impie,
Et voir dans ses sillons, inondés de leur sang,
Sortir d'un peuple mort un peuple renaissant.

XII.

Déjà, dorant les mâts, le rayon de l'aurore
Se joue avec les flots que sa pourpre colore ;
La vague, qui s'éveille au souffle frais du jour,
En sillons écumeux se creuse tour à tour ;
Et le vaisseau, serrant la voile mieux remplie,
Vole et rase de près la côte d'Italie.
Harold s'éveille ; il voit grandir dans le lointain
Les contours azurés de l'horizon romain ;
Il voit sortir grondant, du lit fangeux du Tibre,
Un flot qui semble enfin bouillonner d'être libre,
Et Soracte, dressant son sommet dans les airs,
Seul se montrer debout où tomba l'univers.
Plus loin, sur les confins de cette antique Europe,
Dans cet Éden du monde, où languit Parthénope,
Comme un phare éternel sur les mers allumé,
Son regard voit fumer le Vésuve enflammé ;
Semblable au feu lointain d'un mourant incendie,
Sa flamme, dans le jour un moment assoupie,
Lance, au retour des nuits, des gerbes de clartés ;
La mer rougit des feux dans son sein reflétés,
Et les vents, agitant ce panache sublime,
Comme un pilier en feu d'un temple qui s'abîme,
Font pencher sur Pæstum, jusqu'à l'aube des jours,

La colonne de feu qui s'écroule toujours.
A la sombre lueur de cet immense phare,
Harold longe les bords où frémit le Ténare ;
Où l'Élysée antique, en un désert changé,
Étalant les débris de son sol ravagé,
Du céleste séjour dont il offrait l'image
Semble avoir conservé les astres sans nuage.
Mais là, près de la tombe où le grand cygne dort,
Le vaisseau tout à coup tourne sa poupe au bord.
Fuyant de vague en vague, Harold, avec tristesse,
Voit sous les flots brillans la rive qui s'abaisse ;
Bientôt son œil confond l'océan et les cieux ;
Et ces bords immortels, disparus à ses yeux,
Semblent s'évanouir en de vagues nuages,
Comme un nom qui se perd dans le lointain des âges.

XIII.

« Italie ! Italie ! adieu, bords que j'aimais !
Mes yeux désenchantés te perdent pour jamais !
O terre du passé, que faire en tes collines?
Quand on a mesuré tes arcs et tes ruines,
Et fouillé quelques noms dans l'urne de la mort,
On se retourne en vain vers les vivans : tout dort,
Tout, jusqu'aux souvenirs de ton antique histoire,
Qui te feraient du moins rougir devant ta gloire !
Tout dort ! et cependant l'univers est debout !
Par le siècle emporté tout marche, ailleurs, partout!
Le Scythe et le Breton, de leurs climats sauvages

Par le bruit de ton nom guidés vers tes rivages,
Jetant sur tes cités un regard de mépris,
Ne t'aperçoivent plus dans tes propres débris,
Et, mesurant de l'œil tes arches colossales,
Tes temples, tes palais, tes portes triomphales,
Avec un rire amer, demandent vainement
Pour qui l'immensité d'un pareil monument ;
Si l'on attend qu'ici quelque autre César passe,
Ou si l'ombre d'un peuple occupe tant d'espace ?
Et tu souffres sans honte un affront si sanglant !
Que dis-je ? tu souris au barbare insolent !
Tu lui vends les rayons de ton astre qu'il aime !
Avec un lâche orgueil, tu lui montres, toi-même,
Ton sol partout empreint des pas de tes héros,
Ces vieux murs où leurs noms roulent en vains échos,
Ces marbres mutilés par le fer du barbare,
Ces bustes, avec qui son orgueil te compare,
Et de ces champs féconds les trésors superflus,
Et ce ciel qui t'éclaire, et ne te connaît plus !
Rougis !... Mais non : briguant une gloire frivole,
Triomphe ! On chante encore au pied du Capitole !
A la place du fer, ce sceptre des Romains,
La lyre et le pinceau chargent tes faibles mains ;
Tu sais assaisonner des voluptés perfides,
Donner des chants plus doux aux voix de tes Armides,
Animer les couleurs sous un pinceau vivant ;
Ou, sous l'adroit burin de ton ciseau savant,
Prêter avec mollesse, au marbre de Blanduse,
Les traits de ces héros dont l'image t'accuse !
Ta langue, modulant des sons mélodieux,

A perdu l'âpreté de tes rudes aïeux ;
Douce comme un flatteur, fausse comme un esclave,
Tes fers en ont usé l'accent nerveux et grave ;
Et semblable au serpent, dont les nœuds assouplis
Du sol fangeux qu'il couvre imitent tous les plis,
Façonnée à ramper par un long esclavage,
Elle se prostitue au plus servile usage,
Et, s'exhalant sans force en stériles accens,
Ne fait qu'amollir l'âme et caresser les sens.

« Monument écroulé, que l'écho seul habite !
Poussière du passé, qu'un vent stérile agite !
Terre, où les fils n'ont plus le sang de leurs aïeux,
Où sur un sol vieilli les hommes naissent vieux,
Où le fer avili ne frappe que dans l'ombre,
Où sur les fronts voilés plane un nuage sombre,
Où l'amour n'est qu'un piége, et la pudeur qu'un fard,
Où la ruse a faussé le rayon du regard,
Où les mots énervés ne sont qu'un bruit sonore,
Un nuage éclaté qui retentit encore !
Adieu ! Pleure ta chute en vantant tes héros !
Sur des bords où la gloire a ranimé leurs os,
Je vais chercher ailleurs (pardonne, ombre romaine !)
Des hommes, et non pas de la poussière humaine !...

XIV.

« Mais, malgré tes malheurs, pays choisi des dieux,
Le ciel avec amour tourne sur toi les yeux ;

Quelque chose de saint sur tes tombeaux respire,
La Foi sur tes débris a fondé son empire!
La Nature, immuable en sa fécondité,
T'a laissé deux présens : ton soleil, ta beauté !
Et noble dans son deuil, sous tes pleurs rajeunie,
Comme un fruit du climat enfante le génie !
Ton nom résonne encore à l'homme qui l'entend,
Comme un glaive tombé des mains du combattant !
A ce bruit impuissant, la terre tremble encore,
Et tout cœur généreux te regrette et t'adore!

« Et toi qui m'as vu naître, Albion, cher pays
Qui ne recueilleras que les os de ton fils,
Adieu! Tu m'as proscrit de ton libre rivage;
Mais dans mon cœur brisé j'emporte ton image!
Et, fier du noble sang qui parle encore en moi,
De tes propres vertus t'honorant malgré toi,
Comme ce fils de Sparte allant à la victoire,
Je consacre à ton nom ou ma mort ou ma gloire!
Adieu donc ! Je t'oublie, et tu peux m'oublier :
Tu ne me reverras que sur mon bouclier !

XV.

« Que ce vent dans ma voile avec grâce soupire!
On dirait que le flot reconnaît mon navire,
Comme le fier coursier, par son maître flatté,
Hennit en revoyant celui qu'il a porté!
Oui, vous m'avez déjà bercé sur vos rivages,

O vagues de mon cœur, orageuses images,
Plaintives, sans repos, terribles comme lui,
Vous savez qui j'étais! mais qui suis-je aujourd'hui?
Ce que j'étais alors : un mystère, un problème;
Un orage éternel qui roule sur lui-même;
Un rêve douloureux qui change sans finir ;
Un débris du passé qui souille l'avenir ;
Un flot, comme ces flots errant à l'aventure,
Portant de plage en plage une écume, un murmure,
Et qui, semblable en tout au mobile élément,
Sans avancer jamais, flotte éternellement!
Qu'ai-je fait de mes jours? où sont-ils? quel usage,
Aux autres, à moi-même, atteste leur passage?
Quelle borne éternelle a marqué mon chemin ?
Quel fruit ai-je cueilli qui n'ait trompé ma main?
Tentant mille sentiers sans savoir lequel suivre,
Où n'ai-je pas erré?... Mais errer, est-ce vivre?...
N'est-il pas dans le ciel, en nous-même, ici-bas,
Quelque but éclatant pour diriger nos pas,
Et vers qui l'Espérance, en marchant, puisse dire :
S'il m'échappe, du moins je sais à quoi j'aspire ?

« L'hirondelle, en suivant les saisons dans les airs,
Voit, des bords qu'elle fuit, l'autre rive des mers;
Le pilote, que l'ombre entoure de ses voiles,
Suit un phare immobile au milieu des étoiles ;
L'aigle vole au soleil, la colombe à son nid ;
Sur l'abîme orageux que sa proue aplanit,
Sous des cieux inconnus guidé par sa boussole,
A travers l'horizon le vaisseau voit le pôle ;

L'homme seul ne voit rien pour marquer son chemin,
Qu'hier et qu'aujourd'hui, semblables à demain ;
Et changeant à toute heure et de but et de route,
Marche, recule, avance, et se perd dans son doute !

XVI.

« Mon but ! trop près de moi mes mains l'avaient placé.
J'ai fait deux pas à peine, et je l'ai dépassé !
J'ai chanté ; l'univers, charmé de mon délire,
D'une gloire précoce a couronné ma lyre.
C'est assez ; je suis las de ce stérile bruit,
Par l'écho monotone en tout lieu reproduit ;
Un nom ! toujours un nom ! qu'est-ce qu'un nom m'importe ?
Hélas ! et qu'apprend-il à celui qui le porte ?
Que dans l'urne sans fond un mot de plus jeté
Tombe en retentissant dans la postérité.
Qu'est-ce que cette gloire incertaine, éphémère,
Qui s'écrit sur la feuille en léger caractère,
Dont par l'aile du Temps un seul mot effacé
Emporte pour jamais le souvenir glacé ?
Simulacre de gloire, ombre de renommée,
Qui s'engloutit dans l'ombre, ou se perd en fumée !
Fantôme dont mon cœur fut un jour ébloui,
Et que j'ai méprisé dès que j'en ai joui !

« Il me faut cette gloire impérissable, immense,
Qui, payant d'autres cœurs d'une autre récompense,
Aux derniers coups du bronze encor retentissant,

Sur la terre ou les flots s'écrit avec du sang,
Et couvrant d'un trophée un champ de funérailles,
Grave à jamais nos noms sur l'airain des batailles,
Ou sur les fondemens du temple ensanglanté
Que la Victoire enfin fonde à la Liberté !

XVII.

« Souvent, le bras posé sur l'urne d'un grand homme,
Soit aux bords dépeuplés des longs chemins de Rome,
Soit sous la voûte auguste où, de ses noirs arceaux,
L'ombre de Westminster consacre ses tombeaux,
En contemplant ces arcs, ces bronzes, ces statues,
Du long respect des temps par l'âge revêtues,
En voyant l'étranger, d'un pied silencieux,
Ne toucher qu'en tremblant le pavé de ces lieux,
Et des inscriptions sur la poudre tracées
Chercher pieusement les lettres effacées,
J'ai senti qu'à l'abri d'un pareil monument
Leur grande ombre devait dormir plus mollement ;
Que le bruit de ces pas, ce culte, ces images,
Ces regrets renaissans et ces larmes des âges,
Flattaient sans doute encore, au fond de leur cercueil,
De ces morts immortels l'impérissable orgueil ;
Qu'un cercueil, dernier terme où tend la gloire humaine,
De tant de vanités est encor la moins vaine ;
Et que pour un mortel peut-être il était beau
De conquérir du moins, ici-bas, un tombeau !...

Je l'aurai!... Cependant mon cœur souhaite encore
Quelque chose de plus; mais quoi donc! il l'ignore.
Quelque chose au-delà du tombeau! Que veux-tu?
Et que te reste-t-il à tenter?... la vertu!
Hé bien! pressons ce mot jusqu'à ce qu'il se brise!
S'immoler sans espoir pour l'homme qu'on méprise;
Sacrifier son or, ses voluptés, ses jours,
A ce rêve trompeur...mais qui trompe toujours;
A cette liberté que l'homme qui l'adore
Ne rachète un moment que pour la vendre encore;
Venger le nom chrétien du long oubli des rois;
Mourir en combattant pour l'ombre d'une croix,
Et n'attendre pour prix, pour couronne, et pour gloire,
Qu'un regard de ce juge en qui l'on voudrait croire....
Est-ce assez de vertu pour mériter ce nom?
Hé bien! sachons enfin si c'est un rêve ou non! »

XVIII.

Silence!... Est-ce un nuage, ou l'ombre d'une voile
Qui du soir tout à coup vient dérober l'étoile?
L'ombre approche, s'étend. « Aux armes! un vaisseau! »
Comme un noir ouragan, son poids fait plier l'eau;
Ses trois ponts élevés d'étages en étages,
Ses antennes, ses mâts, ses voiles, ses cordages,
Cachant l'azur du ciel aux yeux des matelots,
D'une nuit menaçante obscurcissent les flots.
Tel un vautour des mers, fondant sur l'hirondelle,
Couvre déjà l'oiseau de l'ombre de son aile.

DU PÈLERINAGE D'HAROLD. 273

Quel est le pavillon? c'est l'odieux croissant.
Qu'entend-on sur son bord? un soupir gémissant,
Les sanglots des enfans et des vierges plaintives
Qui pleurent de Chio les paternelles rives,
Et qu'un vainqueur cruel traîne en captivité,
Pour présenter leur tête ou vendre leur beauté.
« Délivrons, dit Harold, ou vengeons ces victimes !
Que l'amour ne soit pas le prix sanglant des crimes !
Feu... » L'éclair est moins prompt, le tonnerre ennemi
Éveille coup sur coup l'Ottoman endormi ;
Chaque boulet, fidèle au regard qui le guide,
Semble emprunter de l'homme un instinct homicide,
Trace un sillon sanglant dans les rangs qu'il abat,
Fait écrouler le pont sous les débris du mât,
Ou brise le timon dans les mains du pilote.
Déjà, comme un corps mort, la masse immense flotte;
En vain pour éloigner le plomb qui fond sur eux,
Ses trois ponts à la fois vomissent tous leurs feux :
Comme un adroit lutteur, le brick léger s'efface,
Les coups mal dirigés se perdent dans l'espace ;
Cent boulets sur les flots vont jaillir en sifflant ;
Puis, d'un coup de timon rapporté sur son flanc,
Dans ses agrès brisés son mât penché s'engage.
Harold, le sabre en main, s'élance à l'abordage,
Et, faisant tournoyer son glaive autour de lui,
Trace un cercle sanglant : tout tombe, ou tout a fui.
C'en est fait ! ses guerriers, élancés sur sa trace,
Du pont jonché de morts ont balayé l'espace.

XIX.

« Rendez-vous! » Mais quel cri de surprise et d'horreur
Dans son sanglant triomphe arrête le vainqueur?
L'Ottoman veut-il donc périr avec sa proie ?
Voyez, déjà la flamme en torrens se déploie ;
Du pied fumant des mâts monte un long cri de mort :
Harold épouvanté s'élance sur son bord,
Et, du navire en feu détachant son navire,
Hors du vent enflammé lentement se retire.
Pleurant sur son triomphe, il contemple de loin
Ce funèbre bûcher dont l'abîme est témoin.
Excité par les vents, le rapide incendie,
De sabords en sabords, court, monte, se replie,
Remonte, redescend, rase les flots fumans,
Entoure le vaisseau de ses feux écumans,
Et, sous les coups du vent éparpillant ses flammes,
Revient et l'engloutit sous ses brûlantes lames ;
Lançant ses dards de feu, glissant comme un serpent,
Le long des mâts noircis il s'élève en rampant ;
La vergue tombe en feu sur le pont qu'elle écrase ;
La voile en frémissant se déroule et s'embrase ;
Emportés dans les airs, ses lambeaux enflammés
Vont tomber sur les flots à demi consumés,
Et la mer, les portant sur ses vagues profondes,
Semble rouler au loin des flammes au lieu d'ondes.
Mais le salpêtre en feu lance un dernier éclair ;
L'air frémit, le coup part, le vaisseau vole en l'air :

Ses éclats, retombant de distance en distance,
Sèment d'un son lugubre un lugubre silence ;
L'onde éteint les débris, l'air emporte le bruit,
Et l'Océan n'est plus que silence et que nuit.

XX.

Mais, sur les flots obscurs, quel son renaît, expire,
Et comme un cri plaintif roule autour du navire?
Serait-ce...! Harold, rebelle aux cris des matelots,
Reconnaît une voix,... s'élance au sein des flots,
Nage au bruit, voit flotter sur la nuit de l'abîme,
Un débris qu'embrassait une jeune victime,
L'arrache aux flots jaloux, l'emporte triomphant,
Et revient sur le pont déposer... une enfant.
Essuyant ses beaux yeux du flot qui les inonde,
De ses cheveux trempés il fait ruisseler l'onde,
La réchauffe aux rayons d'un foyer rallumé,
Et, sous son vêtement à demi consumé,
Aux anneaux d'un collier qui pend sur sa poitrine,
Il découvre un portrait!... Il le prend, il s'incline,
Aux lueurs de la flamme il contemple... Grands dieux!
Ces traits!... sont ceux d'Harold!!! Il n'en croit pas ses yeux.
« Quel est ton nom?—Adda.—Ton pays?—Épidaure.
—Ta mère?—Éloydné.—Ton père?—Je l'ignore :
Ma mère, en expirant sous le glaive assassin,
Cacha, sans le nommer, son image en mon sein.
On dit qu'un étranger... Mais qui sait ce mystère?
—C'est assez, dit Harold ; va! je serai ton père! »

Et, pressant sur son cœur l'enfant abandonné,
Il murmurait tout bas le nom d'Éloydné !
Soit qu'il sût le secret de sa triste naissance,
Soit qu'il fût attendri des grâces de l'enfance,
Et voulût opposer à son cœur attristé
Cette image du ciel : innocence et beauté !

XXI.

Mais déjà le navire, aux lueurs de l'aurore,
Du sein brillant des mers voit une terre éclore ;
Terre dont l'Océan, avec un triste orgueil,
Semble encor murmurer le nom sur chaque écueil,
Et dont le souvenir, planant sur ses rivages,
Se répand sur les flots comme un parfum des âges.
C'est la Grèce ! A ce nom, à cet auguste aspect,
L'esprit anéanti de pitié, de respect,
Contemplant du destin le déclin et la cime,
De la gloire au néant a mesuré l'abîme.
Par les pas des tyrans ses bords sont profanés,
Ses temples sont détruits, ses peuples enchaînés,
Et sur l'autel du Christ, brisé par la conquête,
L'Ottoman fait baiser le turban du Prophète :
Mais, à travers ce deuil, le regard enchanté
Reconnaît en pleurant son antique beauté,
Et la nature, au moins, par le temps rajeunie,
Y triomphe de l'homme et de la tyrannie.
C'est toujours le pays du soleil et des dieux !
Ses monts dressent encor leurs sommets dans les cieux,

Et, noyant les contours de leur cime azurée,
Semblent encor nager dans une onde éthérée.
Ses coteaux, abaissant leurs cintres inclinés,
Par l'arbre de Minerve à demi couronnés,
Expirent par degrés sur la plage sonore
Où Syrinx sur les flots semble gémir encore,
Et, présentant aux yeux leurs penchans escarpés,
Du soleil tour à tour selon l'heure frappés,
Au mouvement du jour qui chasse l'ombre obscure,
Paraissent ondoyer en vagues de verdure.
Là, l'histoire ou la fable ont semé leurs grands noms
Sur des débris sacrés, sur les mers, sur les monts.
Ce sommet, c'est le Pinde! et ce fleuve est Alphée!
Chaque pierre a son nom, chaque écueil son trophée;
Chaque flot a sa voix, chaque site a son dieu;
Une ombre du passé plane sur chaque lieu.
Ces marais sont le Styx, ce gouffre est la Chimère!
Et, touchés par les pieds de la muse d'Homère,
Ces bords où sont écrits vingt siècles éclatans,
Retentissant encore des pas lointains du temps,
D'un poëme scellé par la gloire et les âges,
Semblent, à chaque pas, dérouler d'autres pages.
Le regard, que l'esprit ne peut plus rappeler,
Avec ses souvenirs cherche à les repeupler;
Et, frappé tour à tour de son deuil, de ses charmes,
Brille de leur éclat ou pleure de leurs larmes.
Tel, si, pendant le cours d'un songe dont l'erreur
Lui rappelle des traits consacrés dans son cœur,
Un fils, le sein gonflé d'une tendresse amère,
Dans un brillant lointain voit l'ombre de sa mère :

Dévorant du regard ce fantôme chéri,
Il contemple, en pleurant, ce sein qui l'a nourri,
Ces bras qui l'ont porté, ces yeux dont la lumière
Fut le premier flambeau qui guida sa paupière,
Ces lèvres dont l'accent, si doux à répéter,
Dicta les premiers sons qu'il tenta d'imiter,
Ce front qu'à ses baisers dérobe un voile sombre :
Et, lui tendant les bras, il n'embrasse qu'une ombre.

XXII.

Homère ! A ce grand nom, du Pinde à l'Hellespont,
Les airs, les cieux, les flots, la terre, tout répond.
Monument d'un autre âge et d'une autre nature,
Homme ! l'homme n'a plus le mot qui te mesure !
Son incrédule orgueil s'est lassé d'admirer,
Et, dans son impuissance à te rien comparer,
Il te confond de loin avec ces fables même,
Nuages du passé qui couvrent ton poëme !
Cependant tu fus homme, on le sent à tes pleurs !
Un Dieu n'eût pas si bien fait gémir nos douleurs !
Il faut que l'immortel qui touche ainsi notre âme
Ait sucé la pitié dans le lait d'une femme.
Mais, dans ces premiers jours, où d'un limon moins vieux,
La nature enfantait des monstres ou des dieux,
Le ciel t'avait créé dans sa magnificence
Comme un autre Océan, profond, sans rive, immense ;
Sympathique miroir, qui, dans son sein flottant,
Sans altérer l'azur de son flot inconstant,

Réfléchit tour à tour les grâces de ses rives,
Les bergers poursuivant les nymphes fugitives,
L'astre qui dort au ciel, le mât brisé qui fuit,
Le vol de la tempête aux ailes de la nuit,
Ou les traits serpentans de la foudre qui gronde,
Rasant sa verte écume et s'éteignant dans l'onde!

Cependant l'univers, de ses traces rempli,
T'accueillit, comme un Dieu... par l'insulte et l'oubli!
On dit que, sur ces bords où règne ta mémoire,
Une lyre à la main tu mendiais ta gloire!...
Ta gloire! Ah! qu'ai-je dit? Ce céleste flambeau
Ne fut aussi pour toi que l'astre du tombeau!
Tes rivaux, triomphant des malheurs de ta vie,
Plaçant entre elle et toi les ombres de l'envie,
Disputèrent encore à ton dernier regard
L'éclat de ce soleil qui se lève si tard!
La pierre du cercueil ne sut pas t'en défendre;
Et de ces vils serpens qui rongèrent ta cendre,
Sont nés, pour dévorer les restes d'un grand nom,
Pour souiller la vertu d'un éternel poison,
Ces insectes impurs, ces ténébreux reptiles,
Héritiers de la honte et du nom des Zoïles,
Qui, pareils à ces vers par la tombe nourris,
S'acharnent sur la gloire et vivent de mépris!
C'est la loi du destin, c'est le sort de tout âge :
Tant qu'il brille ici-bas, tout astre a son nuage.
Le bruit d'un nom fameux de trop près entendu,
Ressemble aux sons heurtés de l'airain suspendu,
Qui, répandant sa voix dans les airs qu'il éveille,

Ébranle au loin le temple et tourmente l'oreille :
Mais qui, vibrant de loin, et d'échos en échos
Roulant ses sons éteints dans les bois, sur les flots,
Comme un céleste accent, dans la vague soupire,
Dans l'oreille attentive avec mollesse expire,
Attendrit la pensée, élève l'âme aux cieux,
De ses accords sacrés charme l'homme pieux,
Et, tandis que le son lentement s'évapore,
Au bruit qu'il n'entend plus le fait rêver encore.

XXIII.

Mais quel est ce rocher qui, creusé par les mers,
Résonne nuit et jour du choc des flots amers,
Incline sur les eaux son sommet chauve et sombre,
Et couvre de si loin le sommet de son ombre ?
Attestant sur ces bords les âges révolus,
Noble et dernier débris d'un temple qui n'est plus,
Une seule colonne y brave la tempête,
Et, du sein des écueils dressant encor sa tête,
Semble rester debout sur ces bords éclatans,
Comme entre un siècle et l'autre une borne des temps.
Des injures du ciel le pêcheur la préserve ;
Et ce dernier soutien du temple de Minerve
Sert à guider de loin les yeux des matelots,
Ou l'esquif du pêcheur égaré sur les flots.
Elle a donné son nom au cap qu'elle couronne[4].
Harold, qui voit blanchir l'éternelle colonne,
Reconnaît Sunium... Sunium ! A ce nom,

Il croit revoir flotter la robe de Platon,
Quand ce sage, fuyant une foule insensée,
Venait dans le désert consulter... sa pensée ;
Et qu'assis en silence au bord des flots amers,
Son œil divin plongé dans le ciel ou les mers,
Écoutant en soi-même un vague et doux murmure,
Il croyait distinguer la voix de la nature,
Ou des sphères du ciel le bruit harmonieux,
Ou ces songes divins qui lui parlaient des dieux !
Voix céleste, qui parle au bord des mers profondes,
Dans les soupirs des bois, dans les accords des ondes,
Partout où l'homme enfin n'a point gravé ses pas,
Harold aussi t'entend !... mais ne te comprend pas !

XXIV.

Son vaisseau lentement flotte en longeant la plage,
Mais quel chant solennel s'élève du rivage ?
Quel immense cortége, en blancs habits de deuil[5],
De colline en colline, et d'écueil en écueil,
Comme un troupeau lointain que le berger ramène,
Par ses prêtres conduit serpente dans la plaine !
Quel deuil semble peser sur leurs fronts affligés ?
De quels pieux fardeaux leurs bras sont-ils chargés ?
Avec quel saint respect sur l'herbe ils les déposent,
Et, fléchissant leurs fronts, de larmes les arrosent !
Approchons !... De plus près le vent soufflant du bord,
Aux oreilles d'Harold porte un hymne de mort ;
Il frémit, mais son cœur dédaigne un vain présage,

Et bientôt son esquif l'a jeté sur la plage :
A la foule attentive il se mêle au hasard.
Quel spectacle, grands dieux! vient frapper son regard!

Auprès d'un simple autel, formé d'un cippe antique,
Qui du temple écroulé jonchait le vieux portique,
Trois fois douze cercueils, avec ordre rangés,
De palmes, de cyprès, de narcisse ombragés,
Formaient, autour du prêtre, une funèbre enceinte,
Où les diacres chantaient en répandant l'eau sainte.
Harold, en contemplant ces pompes du trépas,
Croit compter des guerriers tombés dans les combats,
Et, promenant sur eux ses yeux voilés de larmes,
Cherche autour des tombeaux ces fiers coursiers, ces armes,
Ces bronzes, ces tambours, qui, pleurant les héros,
D'un dernier bruit de gloire accompagnent leurs os.
Il ne voit que des fleurs et des voiles pudiques,
Des emblèmes touchans des vertus domestiques,
Des couronnes d'hymen, l'aiguille, les fuseaux,
Que les femmes d'Hellé portaient jusqu'aux tombeaux;
Des vierges qui, vidant des corbeilles d'acanthe,
Effeuillaient sous leurs doigts les lis de l'Érymanthe;
Des enfans éplorés, en habits d'orphelin,
Tenant les coins flottans de longs linceuls de lin;
Et plus loin, des guerriers qui, la tête inclinée,
Plaignant avant le temps la beauté moissonnée,
Pressaient en frémissant leur glaive dans leur main,
Et poussant des sanglots qu'ils retiennent en vain,
A l'horreur de ce deuil semblaient livrer leurs âmes,
Et pleuraient sans rougir... comme on pleure des femmes.

A cet étrange aspect, saisi d'étonnement,
Harold n'ose troubler leur saint recueillement;
Mais, au moment fatal du divin sacrifice [6],
Quand le prêtre, en ses mains élevant le calice,
Boit le sang adoré du martyr immortel,
Une vierge s'élance aux marches de l'autel,
Et, victime échappée au sort qu'elle raconte,
Le front ceint de lauriers, mais rougissant de honte,
Ses longs cheveux épars, emblème de son deuil,
Chante l'hymne de mort à ses sœurs du cercueil!

XXV.

« Sur les sommets glacés du sauvage Erymanthe,
Des bords délicieux où le Làos serpente,
Fuyant les fers sanglans d'un vainqueur inhumain,
De rochers en rochers nous gravissons en vain;
Le féroce Delhys, que son vézir excite,
Nous suivant jusqu'aux lieux que le tonnerre habite,
Comme un troupeau de daims forcé par les chasseurs,
Fait tomber sous ses coups nos derniers défenseurs.
Déjà, du haut des monts, sur nos camps descendue,
Notre dernière nuit nous dérobe à sa vue :
Nuit courte! nuit suprême, hélas! dont le matin
Doit éclairer l'horreur de notre affreux destin!
Le sommeil ne vint pas effleurer nos paupières :
Les prêtres, vers le ciel élevant nos prières,
En mots mystérieux que nous n'entendions pas,
Bénissaient sous nos pieds la terre du trépas;

Sur le granit tranchant des roches escarpées,
Les guerriers aiguisaient le fil de leurs épées,
Et, les voyant briller, les pressaient sur leur cœur,
Comme un frère mourant embrasse son vengeur !
Assises à leurs pieds, les mères, les épouses,
De ces heures de mort, hélas ! encor jalouses,
D'une invincible étreinte enlaçaient leurs époux,
Ou, posant tristement leurs fils sur leurs genoux,
Dans un amer baiser qu'interrompaient leurs larmes,
Pour la dernière fois s'enivraient de leurs charmes,
Et leur faisaient couler, avant que de périr,
Les gouttes de ce lait que la mort va tarir !...

« Mais à peine, dorant les sommets du Ménale,
L'aurore suit au ciel l'étoile matinale,
La terre retentit du cri d'ALLAH ! Des pas,
Dans l'ombre des vallons roulent avec fracas ;
De menaçantes voix s'appellent, se répondent ;
Sur nos fronts, sous nos pieds le fer luit, les feux grondent,
Et du rapide obus les livides clartés
Nous montrent nos bourreaux fondant de tous côtés.
Déjà, sous le tranchant du sanglant cimeterre,
Nos premiers rangs atteints roulent, jonchent la terre ;
Par un étroit sentier, de noirs rochers couvert,
Un seul passage encore à la fuite est ouvert :
Les vierges, les vieillards, à la hâte s'y glissent ;
Leurs enfans dans les bras, les mères y gravissent ;
Et tandis que nos fils, nos frères, nos époux,
En disputent l'entrée en périssant pour nous,
D'un sommet escarpé qui pend sur un abîme,

Pour attendre la mort, nous atteignons la cime.

XXVI.

« C'était un tertre vert sur un pic suspendu :
L'Érymanthe, à nos pieds, par un torrent fendu,
Découvrait tout à coup un gouffre vaste et sombre,
Dont l'œil épouvanté n'osait mesurer l'ombre ;
Des rochers s'y dressaient, sur leur base tremblans,
Des troncs déracinés en hérissaient les flancs ;
Des vautours tournoyans, plongeant dans ses ténèbres,
En frappaient les parois de leurs ailes funèbres,
Et, dans le fond voilé du gouffre sans repos,
On entendait, sans voir, mugir, hurler des flots,
Dont les vents engouffrés, dans l'abîme qui fume,
Sur ses bords déchirés roulaient, brisaient l'écume,
Et, du noir précipice épaississant la nuit,
D'une foudre éternelle y redoublaient le bruit.
De ce sublime écueil environné d'orage,
Nos yeux plongeaient aussi sur le lieu du carnage.
Ils voyaient, sous le fer des cruels Musulmans,
Tomber l'un après l'autre, amis, frères, amans,
Et, par leur nombre, hélas ! que le glaive dévore,
Comptaient combien d'instans il nous restait encore !
Déjà, sur les débris d'un peuple tout entier,
Le féroce Ottoman s'ouvre un sanglant sentier.
Une femme, une mère, ô désespoir sublime !
« Il ne nous reste plus qu'un vengeur... c'est l'abîme ! »
Dit-elle, et vers le bord précipitant ses pas,

Elle montre l'enfant qui sourit dans ses bras,
De sa bouche entr'ouverte arrache la mamelle,
L'élève dans ses mains, tremble, hésite, chancelle,
Et, s'animant aux cris d'un vainqueur furieux,
Le lance dans l'abîme en détournant les yeux!...
Le gouffre retentit en dévorant sa proie.
Elle sourit au bruit que l'écho lui renvoie,
Et se tournant vers nous : « Vous frémissez ? pourquoi ?
Il est libre, dit-elle ; et vous, imitez-moi,
Mères, qui, nourrissant vos fils du lait des braves,
N'avez pas, dans vos flancs, porté de vils esclaves ! »
Chaque mère, à ces mots, dans l'abîme sans fond
Jette un poids à son tour, et l'abîme répond ;
Puis, formant tout à coup une funèbre danse,
Entrelaçant nos mains et tournant en cadence,
Aux accens de ce chœur qu'aux rives de l'Ysmen
Les vierges vont chanter aux fêtes de l'hymen,
Notre foule en s'ouvrant forme une ronde immense,
Et, chaque fois que l'air finit et recommence,
Celle qu'au bord fatal a ramené le sort,
Comme un anneau brisé d'une chaîne de mort,
S'en détache, et d'un saut s'élance dans l'abîme ;
Le bruit sourd de son corps, roulant de cime en cime,
Du gouffre insatiable ébranlant les échos,
Accompagnait le chœur qui chantait en ces mots :
Contraste déchirant, air gracieux et tendre,
Qu'en des jours plus heureux nos voix faisaient entendre,
Et dont le doux refrain et l'amoureux accord
Doublaient en cet instant les horreurs de la mort !

XXVII.

Semez, semez de narcisse et de rose,
Semez la couche où la beauté repose !

Pourquoi pleurer? C'est ton jour le plus beau !
Vierge aux yeux noirs, pourquoi pencher ta tête
Comme un beau lis courbé par la tempête,
Que son doux poids fait incliner sur l'eau ?

Semez, semez de narcisse et de rose,
Semez la couche où la beauté repose !

C'est ton amant ! il vient ; j'entends ses pas ;
Que cet anneau soit le sceau de sa flamme !
Si ton amour est entré dans son âme,
Sans la briser il n'en sortira pas !

Semez, semez de narcisse et de rose,
Semez la couche où la beauté repose !

Entre tes mains prends ce sacré flambeau ;
Vois comme il jette une flamme embaumée !
Que d'un feu pur votre âme consumée
Parfume ainsi la route du tombeau !

Semez, semez de narcisse et de rose,
Semez la couche où la beauté repose !

Vois-tu jouer ces chevreaux couronnés,
Que sur ton seuil ont laissés tes compagnes?
Ainsi bientôt l'émail de nos campagnes
Verra bondir tes heureux nouveau-nés ?

Semez, semez de narcisse et de rose,
Semez la couche où la beauté repose !

Vole au vallon, courbe un myrte en cerceau,
Pour ombrager ton enfant qui sommeille ;
Le moissonneur prépare sa corbeille,
La jeune mère arrondit son berceau !

Semez, semez de narcisse et de rose,
Semez la couche où la beauté repose !

Sais-tu les airs qu'il faut pour assoupir
Le jeune enfant qui pend à la mamelle ?
Entends, entends gémir la tourterelle ;
D'une eau qui coule imite le soupir !

Semez, semez de narcisse et de rose,
Semez la couche où la beauté repose.

XXVIII.

« Ainsi, guidant nos pas aux accens du plaisir,
Ces chants faits pour l'amour nous servaient à mourir !
Telle aux champs des combats la musique guerrière,
Ouvrant aux combattans la sanglante carrière,
Jusqu'aux bouches du bronze accompagne leurs pas,
Et mêle un air de fête aux horreurs du trépas !
Mais d'instans en instans, hélas! tournant plus vite,
Le chœur se rétrécit, le chant se précipite,
Et le bruit de nos voix que retranche le sort,
Décroît avec le nombre et meurt avec la mort !...
A coups plus répétés déjà l'abîme gronde,
Le cœur bat, le sol fuit, nos pas pressent la ronde ;
Chaque tour emportait une femme, une voix...
Et le cercle fatal tourna soixante fois !

Moi-même... Mais sans doute, en cet instant terrible,
Un ange me soutint sur son aile invisible,
Pour raconter au monde un sublime trépas
Qu'a vu ce siècle impie... et qu'il ne croira pas! »

XXIX.

Elle ne parle plus, la foule écoute encore.
Un nuage d'encens s'enflamme et s'évapore ;
Et sur chaque cercueil qu'il transforme en autels,
Fume comme le sang des martyrs immortels ;
Le bronze des combats retentit sur leur cendre :
Mais déjà l'étranger est trop loin pour l'entendre :
Évoquant de ces bords le génie exilé[7],
Il s'élance, il franchit les hauteurs de Phylé ;
Phylé! champs immortels, où le vengeur d'Athène,
Brisant les trente anneaux d'une sanglante chaîne,
Sur l'autel de Minerve, à côté de Solon,
De sa fumante épée osa graver un nom !
Harold s'est arrêté sur ton roc qui domine
Les remparts de Cécrops, les flots de Salamine,
Et d'où le ciel sans borne ouvre de tout côté
L'horizon de la gloire et de la liberté !

XXX.

Le soleil, se plongeant sous les monts de l'Attique,
Prolonge sur Phylé l'ombre du Penthélique.

Appuyé sur le tronc de l'arbre de Daphné,
De chef et de soldats Harold environné,
Comme un fils revenu des rives étrangères
Qui partage au retour ses présens à ses frères,
Leur montre de la main, sur la poussière épars,
Ces faisceaux éclatans de lances, de poignards,
Ces monceaux de boulets qui sillonnent la terre,
Ces chars retentissans qui roulent le tonnerre,
L'or qui paye le sang, le fer qui ravit l'or.
Les chefs à leurs soldats partagent ce trésor;
Le féroce Albanais, l'Épirote au front chauve [8],
L'Étolien couvert d'une saie au poil fauve,
Les dauphins de Parga, ces hardis matelots [9]
Qui jamais de leur sang ne teignent que les flots,
Le laboureur armé des vallons de Phocide,
Le nomade pasteur des fiers coursiers d'Élide,
Aux sons de la trompette, aux accens du tambour,
Sous leurs drapeaux bénis défilent tour à tour,
Déroulent les faisceaux, et parés de leurs armes,
Leur promettent du sang en les baignant de larmes.

XXXI.

Leur cœur voit dans Harold un être plus qu'humain,
Qui, le soc, le trident, ou l'olive à la main,
Venait, comme les dieux, entouré de mystère,
Porter un nouveau culte ou des lois à la terre.
Mais Harold, imposant silence à leurs transports :
« Je ne suis qu'un barbare, étranger sur vos bords,

CHILDE HAROLD.

Fils d'un soleil moins pur et de moins nobles pères,
Indigne, ô fils d'Hellé, de vous nommer mes frères,
Vous, dont le monde entier, en comptant vos aïeux,
Ne nomme que des rois, des héros, ou des dieux!
Mais, partout où le temps fait luire leur mémoire,
Où le cœur d'un mortel palpite au nom de gloire,
Où la sainte pitié penche pour le malheur,
La Grèce compte un fils, et ses fils un vengeur!...
Je ne viens point ici, par de vaines images,
Dans vos seins frémissans réveiller vos courages :
Un seul cri vous restait, et vous l'avez jeté,
Votre langue n'a plus qu'un seul mot!... Liberté!
Et que dire aux enfans ou de Sparte ou d'Athènes?
Ce ciel, ces monts, ces flots, voilà vos Démosthènes!
Partout où l'œil se porte, où s'impriment les pas,
Le sol sacré raconte un triomphe, un trépas;
De Leuctre à Marathon, tout répond, tout vous crie[10]:
« Vengeance! liberté! gloire! vertu! patrie! »
Ces voix, que les tyrans ne peuvent étouffer,
Ne vous demandent pas des discours, mais du fer!
Le voilà! prenez donc! armez-vous! que la terre
Du sang de ses bourreaux enfin se désaltère!
Si le glaive jamais tremblait dans votre main,
Souvenez-vous d'hier! et songez à demain!
Pour confondre le lâche et raffermir les braves,
Le seul bruit de leurs fers suffit à des esclaves!
« Moi, pour prix du trésor que je viens vous offrir,
Je ne demande rien, que le droit de mourir,
De verser avec vous sur les champs du carnage,
Un sang bouillant de gloire et digne d'un autre âge,

Et de voir, en mourant, mon génie adopté
Par les fils de la Grèce et de la Liberté!
Oui, pourvu qu'en tombant pour votre sainte cause,
Je réponde à l'exil par une apothéose;
Que sur les fondemens d'un nouveau Parthénon,
La gloire d'une larme arrose un jour mon nom,
Et que de l'Occident ma grande ombre exilée
S'élève dans vos cœurs un brillant mausolée,
C'est assez! Le martyre est le sort le plus beau,
Quand la liberté plane au-dessus du tombeau!

XXXII.

Le canon gronde au loin dans les vallons d'Alphée,
Sur les flots de Lépante et les flancs de Ryphée :
Au signal des combats qu'il entend retentir,
Tout Hellène est soldat, tout soldat est martyr.
Harold vole à ce bruit, comme l'aigle à la foudre.
Le voyez-vous, perçant ces nuages de poudre,
Abandonner le mors à son fougueux coursier,
Dans des sillons de feu, sous des voûtes d'acier,
S'élancer, des héros étonner le courage,
S'enivrer de la mort et sourire au carnage,
Tandis qu'autour de lui, par la foudre emportés,
Des membres palpitans pleuvent de tous côtés?
Au sifflement du plomb, au fracas de la bombe
Qui creuse un sol fumant, rebondit et retombe,
Il s'arrête... il écoute... il semble avec transport
Exposer comme un but sa poitrine à la mort,

Et, l'œil en feu, semblable à l'ange de la guerre,
Jouer avec le glaive et braver le tonnerre.

XXXIII.

Oui! le dieu des mortels est le dieu des combats!
Le carnage est divin, la mort a des appas!
Et celui qui, des mers élevant les nuages,
Déchaîna l'aquilon pour rouler les orages,
Et fit sortir du choc de la foudre en fureur
Ces bruits majestueux qui charment la terreur,
Par un secret dessein de sa vaste sagesse,
A caché pour le brave une sanglante ivresse,
Un goût voluptueux, un attrait renaissant,
Dans ce jeu redoutable où le prix est du sang,
Où le sort tient les dés, où la mort incertaine
Plane comme un vautour sur une proie humaine,
Et, de la gloire enfin découvrant le flambeau,
Proclame... Quoi!... le nom de ce vaste tombeau!

XXXIV.

Qu'un autre aux tons d'Homère ose monter sa lyre,
Chante d'un peuple entier le généreux martyre,
Martyre triomphant, qui d'un sang glorieux
Délivre la patrie et rachète les cieux!
Un jour, quand du lointain les sublimes nuages
Couvriront ces exploits du mystère des âges,

Les noms d'Odysséus, de Marc, de Kanaris [11],
Auprès du nom des dieux sur les autels inscrits,
Régneront; maintenant, il suffit qu'on les nomme.
Pour son siècle incrédule un héros n'est qu'un homme !
Mais la croix triomphante a vu fuir le croissant ;
La Grèce s'est lavée avec son propre sang,
Et les fiers Osmanlhys, les Delhys et les Slaves,
Vils esclaves dressés à chasser aux esclaves,
Vont au lieu de trophée, en dignes fils d'Othman,
Porter leur propre tête aux portes du sultan.

XXXV.

Le Panthéon s'éveille aux accens des prophètes :
Mais Harold triomphant se dérobe à ses fêtes,
Et, laissant retomber le glaive de sa main,
De ses déserts chéris il reprend le chemin.

Il est des cœurs fermés aux bruits légers du monde,
Où le bonheur n'a plus d'écho qui lui réponde,
Mais où la pitié seule élève encor sa voix,
Comme une eau murmurante au fond caché des bois.
Êtres mystérieux, inconnus, solitaires,
Fuyant l'éclat, la foule et les routes vulgaires,
Le courant de la vie est trop lent à leur gré ;
Seule, il faut que leur âme ait un lit séparé,
Où, roulant à grands flots, et de cimes en cimes,
Tantôt sur les sommets, tantôt dans les abîmes,
Elle gronde, elle écume, elle emporte ses bords ;

Ou, calmant tout à coup ses orageux transports,
Sans désir, sans penchant, comme oubliant sa pente,
Dans un repos rêveur elle dorme et serpente,
Et réfléchisse en paix, dans son flottant miroir,
La nature, et le ciel, et le calme du soir :
Cœurs pétris de contraste, étrangers où nous sommes,
Hommes, mais tour à tour plus ou moins que des hommes;
Tel est Harold : cherchons le désert qu'il a fui ;
Le repos dans la foule est un enfer pour lui.

Sur les flancs ombragés du sublime Aracynthe,
Lieux où la mer formant une orageuse enceinte,
Vit, au jour d'Actium, le sceptre des humains,
Comme un glaive brisé, rouler de mains en mains ;
Près d'un vallon couvert d'ifs à la feuille obscure,
Où dans son large lis l'Achéloüs murmure,
Et dans le sein des mers prêt à perdre ses flots,
Répand dans ses forêts de funèbres sanglots,
Sous les troncs ténébreux des cyprès, des platanes,
Qui cachent, comme un voile, au regard des profanes,
Sur la terre d'Islam, un temple du vrai Dieu,
Harold s'arrête, et frappe aux portes d'un saint lieu,
Où la plaintive voix d'un pieux solitaire
Réveillait seule, hélas ! l'écho du monastère.
Seul et dernier gardien de ces divins autels,
Le vieillard n'avait plus de nom chez les mortels.
Cyrille était son nom parmi les saints ; son âge
N'avait point vers la terre incliné son visage ;
La prière en fixant son âme sur les cieux,
Vers la voûte céleste avait tourné ses yeux;

Et son front couronné de ses boucles fanées,
Portait légèrement le fardeau des années ;
Ses lèvres respiraient les grâces de son cœur ;
Il tenait dans ses mains ce sceptre du pasteur,
Ce bâton pastoral que ses mains paternelles
Étendaient autrefois sur des brebis fidèles ;
Mais la houlette, hélas ! veuve de son troupeau,
Ne servait qu'à guider le pasteur au tombeau.
Sa barbe à blancs flocons roulait sur sa poitrine.
Harold, en le voyant, se recueille et s'incline,
Et, frappé de silence à cet auguste aspect,
Aborde le vieillard avec un saint respect.
Il croit sentir, il sent, tandis qu'il le contemple,
Ce qu'éprouve un impie en entrant dans un temple.
Ces autels, dont les fronts ont creusé les parois,
Ces murs que la prière a percés tant de fois,
L'ombre enfin du Très-Haut, sur ces lieux répandue,
Tout étonne, attendrit son âme confondue :
Il se trouble, et bientôt, ralentissant ses pas,
Semble adorer le Dieu !... le Dieu qu'il ne croit pas !
Le vieillard de ses pieds essuyant la poussière,
Ouvre au fier pèlerin sa porte hospitalière,
Et lui montre du doigt, sur la muraille écrit :
« BENI SOIT L'ÉTRANGER QUI VIENT AU NOM DU CHRIST. »

XXXVI.

Ces murs abandonnés pour Harold ont des charmes :
Dans la salle sonore il dépose ses armes ;

Ses pages sont assis à l'ombre de leurs tours ;
Ses fiers coursiers, paissant l'herbe des vastes cours,
Errent en liberté sur les funèbres pierres
Qui des sacrés martyrs indiquent les poussières,
Et, les frappant du pied, de longs hennissemens
Font résonner l'écho de ces vieux monumens.
Mais Harold n'entend plus leur voix qui le rappelle ;
De caveaux en caveaux, de chapelle en chapelle,
Égarant, nuit et jour, ses pas silencieux,
Il murmure, il soupire, il lève au ciel ses yeux,
Et son âme, oubliant des scènes effacées,
Reprend à son insu le cours de ses pensées.
Mais à quoi pense-t-il ?... Il est de courts instans,
Où notre âme, échappant à la matière, au temps,
Comme l'aigle qui plonge au-dessus des nuages,
Se perd dans un chaos de sentimens, d'images,
Fantômes de l'esprit, pressentimens confus,
Que nul mot ne peut peindre et qu'aucun œil n'a vus ;
Ténébreux Océan où, d'abîme en abîme,
L'esprit roule, englouti dans une nuit sublime,
Et du ciel à la terre, et de la terre aux cieux,
Jusqu'à ce qu'un éclair, éblouissant nos yeux,
Comme le dernier coup de foudre après l'orage,
Vienne d'un trait de feu déchirer ce nuage,
Et, répandant sur l'âme une affreuse clarté,
La replonge soudain dans une obscurité !
Ainsi roulait d'Harold l'orageuse pensée,
Et, semblable à la flèche avec force lancée,
Qui revient briser l'arc d'où le trait est parti,
Revenait déchirer son sein anéanti !

Oui, la pensée humaine est une double épée,
Une arme à deux tranchans, au feu du ciel trempée,
Don propice ou fatal que nous ont fait les dieux,
Pour nous frapper nous-même, ou conquérir les cieux !

XXXVII.

Qu'un bizarre destin préside à notre vie !
La gloire lui refuse un trépas qu'il envie ;
Et ses jours dans l'oubli, de momens en momens,
S'éteignent comme un feu qui manque d'alimens !
Voyez pâlir son front ! voyez sa main tremblante,
Pour affermir en vain sa marche chancelante,
Chercher à chaque pas un repos, un appui !
On dirait que le sol se dérobe sous lui,
Que la nuit l'environne, ou qu'il voit, comme Oreste,
Deux soleils s'agiter dans la voûte céleste.

Tel qu'un génie enfant qui veille sur ses jours,
Adda, sa chère Adda l'accompagne toujours ;
C'est elle, dont la voix, plus douce à son oreille,
De sombres visions quelquefois le réveille :
Ses yeux avec douceur semblent la contempler ;
Du doux nom de sa fille il aime à l'appeler ;
Sa fille aura bientôt ces grâces et cet âge...
Ce n'est pas elle, hélas ! au moins c'est son image !
Et son cœur, un moment par le bonheur trompé,
Oublie à son aspect le coup qui l'a frappé !...

A peine dix saisons, brillant sur son visage,
De printemps en printemps ont amené son âge
A ce terme incertain de la vie, où le cœur,
Comme un fruit sur sa tige où tient encor la fleur,
Au jour de la raison par degrés semble éclore,
Et par son ignorance au berceau touche encore ;
Age pur, âge heureux des anges dans le ciel,
Qui formes pour leur âme un printemps éternel,
Tu ne brilles qu'un jour pour les fils de la terre,
Alors que l'Amour même avec un œil de frère,
Peut fixer sans rougir son regard enchanté
Sur le front virginal de la jeune beauté,
Et demander, sans crainte, aux lèvres de l'enfance
Un sourire, un baiser, purs comme l'innocence !

Ses blonds cheveux, livrés aux vents capricieux,
Couvrent à chaque instant son visage et ses yeux ;
Mais sa main enfantine à chaque instant les chasse,
Et, sur son col charmant les roulant avec grâce,
Sur lui de ses beaux yeux laisse planer l'azur ;
Tels deux astres jumeaux veillent dans un ciel pur.

XXXVIII.

Minuit couvre les murs du sombre monastère :
Adda repose en paix dans sa tour solitaire.
Harold seul, du sommeil oubliant les pavots,
Ne peut plus assoupir son âme sans repos,
Et, frappant les parvis de son pas monotone,

S'égare ; et, se guidant de colonne en colonne,
Aux mourantes clartés de la lampe des morts,
Dans le temple désert se traîne avec efforts.

De l'astre de la nuit un rayon solitaire,
A travers les vitraux du sombre sanctuaire,
Glissait comme l'espoir à travers le malheur,
Ou dans la nuit de l'âme un regard du Seigneur.
A sa lueur pieuse, Harold ému contemple
Les noms des morts brisés sur les pavés du temple ;
Des martyrs et des saints les bustes insultés,
D'une trace récente encore ensanglantés,
Et l'autel, dépouillé d'une pompe inutile,
A peine relevé par les mains de Cyrille,
Mais dans sa solitude et dans sa nudité,
Couvert de ces terreurs, de cette majesté,
Qu'en dépit de la foi, du doute, ou du blasphème,
Le seul nom du Très-Haut imprime au marbre même.

Harold, ralentissant ses pas silencieux,
S'assied sur un tombeau. « Quelle paix en ces lieux !
Dit-il ; et que ces morts dont je foule la pierre,
Dorment profondément dans leur lit de poussière !
L'espace qu'en ces lieux je couvre de mon pié
A suffi pour ces saints : c'est là qu'ils ont prié ;
C'est là qu'ils ont trouvé ce sommeil que j'envie !
Naître, prier, mourir, ce fut toute leur vie.
L'univers fut pour eux l'ombre de cet autel ;
Et, des songes divers qui bercent un mortel,
Science, ambition, gloire, amour, vertu, crime,

Ils n'en ont eu qu'un seul!... mais il était sublime!
Quoi! ce songe immortel, en est-il un? Ce Dieu
Qu'ils priaient à toute heure et voyaient en tout lieu,
Et dont jusqu'au tombeau leur âme possédée
Fit son seul aliment, n'est-ce rien qu'une idée?
Une idée éternelle!... un espoir, un appui
Que l'homme apporte au monde et remporte avec lui!
Qui suffit à l'emploi de cette âme infinie;
Qui, voilée un instant, jamais évanouie,
Plane de siècle en siècle et règne ici, partout!...
N'est-ce rien? Oserai-je?...Ah! peut-être est-ce tout!...
Peut-être que, seul but de tout ce qui respire,
Tout ce qui n'est pas lui n'est rien, n'est qu'un délire!
De hochets ici-bas nous changeons tour à tour,
L'amour n'a qu'une fleur, le plaisir n'a qu'un jour:
La coupe du savoir sous nos lèvres s'épuise;
L'ambitieux conquiert un sceptre, et puis le brise.
La gloire est un flambeau sur un cercueil jeté,
Et qui brûle toujours la main qui l'a porté;
Mais celui qui, brûlant pour la beauté suprême,
De ses désirs sacrés se consume lui-même,
Ne sent jamais tarir ses songes dans son sein;
Ce qu'il rêvait hier, il le rêve demain,
Et l'espoir qu'il emporte au moment qu'il succombe,
Comme le fer du brave, est scellé dans sa tombe!...

« Vains mortels! qui de nous ou de lui s'est lasssé?
Lequel fut, répondez, le sage ou l'insensé?
Hélas! la mort le sait, le tombeau peut le dire;
Mais, erreur pour erreur, délire pour délire,

Le plus long, à mes yeux, et le plus regretté,
C'est ce rêve doré de l'immortalité !

XXXIX.

« J'ai toujours dans mon sein roulé cette pensée ;
J'ai toujours cherché Dieu ! mais mon âme lassée
N'a jamais pu donner de forme à ses désirs
Et ne l'a proclamé que par ses seuls soupirs.
Dans les dieux d'ici-bas ne voyant qu'un emblème,
J'ai voulu, vain orgueil ! m'en créer un moi-même.
Ah ! j'aurais dû peut-être, humblement prosterné,
Le recevoir d'en haut, tel qu'il nous fut donné,
Et, courbant sous sa foi ma raison qui l'ignore,
L'adorer dans la langue où l'univers l'adore !...

« Toi, dont le nom sublime a changé tant de fois,
Dieu, Jéhova, Sauveur, Destin, qui que tu sois !
Toi qu'on ne vit jamais qu'à travers un mystère,
Énigme dont le mot ferait trembler la terre,
Écoute : s'il est vrai qu'interrompant ses lois
La nature ait jadis entendu notre voix ;
Que, cédant au pouvoir d'un nom que tout redoute,
Les astres enchantés suspendissent leur route,
Et qu'au charme vainqueur de mots mystérieux,
La lune en chancelant se détachât des cieux ;
Dût ce ciel m'écraser, dût, à ce mot suprême,
La terre en s'entr'ouvrant m'anéantir moi-même !
Par le seul charme vrai, puissant, universel,

Un désir dévorant dans le sein d'un mortel,
Je t'évoque! Réponds, fût-ce aux coups de la foudre,
Et qu'un mot vienne enfin me confondre ou m'absoudre!

« Et vous, dont le tombeau retentit sous mes pas,
Mânes ensevelis dans un sanglant trépas,
Dans l'éternel bonheur si la pitié vous reste,
Au nom, au nom du Dieu que le martyre atteste,
Éveillez-vous! Parlez!... du fond du monument
Que j'entende un seul mot! un soupir seulement!
Un soupir suffirait pour éclaircir mon doute!... »
Et collant son oreille à la funèbre voûte,
Il semblait écouter un murmure lointain :
Et quand le saint vieillard, au retour du matin,
Vint rallumer la lampe éteinte avec l'aurore,
Le front dans la poussière il écoutait encore!

XL.

Mais son regard en vain se soulève au soleil;
Le jour vient sans chaleur, la nuit vient sans sommeil,
Son front tombe accablé sous le poids des journées,
Et chaque heure en fuyant emporte des années;
Il ne sent point son mal; mais son mal, c'est la mort.
Voyez-vous dans son lit s'écouler à plein bord
Ce fleuve du désert, ce Nil sacré, dont l'onde
D'un bruit majestueux bat sa rive féconde?
Comme l'éternité son flot renaît toujours;
Nul obstacle nouveau ne s'oppose à son cours;

De la mer qui l'attend son urne est loin encore...
Cependant tout à coup le sable le dévore,
Et, dans son propre lit soudain évanoui,
L'œil en vain le demande, il n'est plus, il a fui !
Ainsi les jours d'Harold fuyaient, et de sa vie
Dans son sein jeune encor la source s'est tarie !
Mais il rêve toujours les mers, les cieux, les bois.
« Adda, soutiens mes pas pour la dernière fois ;
Avant que ce beau jour cède à la nuit obscure,
Laisse-moi dans sa gloire adorer la nature ! »

XLI.

L'astre du jour, qui touche à la cime des monts,
Semble du haut des cieux retirer ses rayons ;
Comme un pêcheur, le soir, assis sur sa nacelle,
Retire ses filets d'où l'eau brille et ruisselle.
Le ciel moins éclatant laisse l'œil, en son cours,
De l'horizon limpide embrasser les contours,
Et, d'un vol plus léger, faisant glisser les ombres
De ses reflets fondus dans des teintes plus sombres,
Comme un prisme agitant ses diverses couleurs,
Varie, en s'éteignant, ses mourantes lueurs.
Par un accord secret, s'éteignant à mesure,
Les flots, les vents, les sons, les voix de la nature,
Sous les ailes du soir tout paraît s'assoupir ;
Le ciel n'a qu'un rayon... le jour n'a qu'un soupir !...

Harold, assis au pied de l'arbre au noir feuillage,

Contemple tour à tour les flots, les cieux, la plage,
Et recueillant le bruit des bois et de la mer,
Semble s'entretenir avec l'Esprit de l'air ;
Tandis qu'à ses côtés, folâtrant sur la rive,
Adda, tournant vers lui sa paupière attentive,
Brise les fleurs des champs écloses sous sa main,
En sème ses cheveux, en parfume son sein ;
Et, nouant en bouquets leur tige qu'elle cueille,
Sur les genoux d'Harold en jouant les effeuille.

Du Pinde et de l'OEta les sommets escarpés,
Des derniers traits du jour à cette heure frappés,
Élevaient derrière eux leurs vastes pyramides,
D'où le soleil, brillant sur des neiges limpides,
Faisait jaillir au loin ses reflets colorés,
Et, creusant en sillons des nuages dorés,
Comme un navire en feu flottant dans les orages,
Semblait près d'échouer sur ces sublimes plages.
S'abaissant par degrés, de coteaux en coteaux,
Les racines des monts se perdaient sous les eaux :
Là, comme un second ciel la mer semblait s'étendre,
Et reposait les yeux dans un azur plus tendre ;
L'Aracynthe y jetait son ombre loin du bord,
Et, se perdant au loin dans son golfe qui dort,
Ses neiges, ses forêts, et ses côtes profondes
Flottaient au gré du vent dans le miroir des ondes.
La mer des Alcyons, si douce aux matelots,
En sillons écumeux ne roulait point ses flots ;
Une brise embaumée en ridait la surface ;
La vague, sous la vague expirant avec grâce,

N'élevait sur ses bords ni murmure, ni voix;
Seulement, sur mon sein bondissant quelquefois,
Un flot, qui retombait en brillante poussière,
Semait sur l'Océan un flocon de lumière.
Fuyant avec le jour sur les déserts de l'eau,
Le vent arrondissait le dôme d'un vaisseau,
Ou faisait frissonner, sous le mât qu'il incline,
Le triangle flottant d'une voile latine
Que le soleil dorait de son dernier rayon,
Comme un léger nuage au bord de l'horizon.
Aucun bruit sous le ciel, que la flûte des pâtres,
Ou le vol cadencé des colombes bleuâtres,
Dont les essaims, rasant le flot sans le toucher,
Revenaient tapisser les mousses du rocher,
Et mêler aux accords des vagues sur les rives
Le doux gémissement de leurs couples plaintives!
Enfin, dans les aspects, les bruits, les élémens,
Tout était harmonie, accord, enchantemens,
Et l'âme et le regard, flottant à l'aventure,
S'élevaient par degrés au ton de la nature,
Comme, aux tons successifs d'un concert enchanteur,
Une musique élève et fait vibrer le cœur!

XLII.

« Triomphe, disait-il, immortelle Nature,
Tandis que devant toi ta frêle créature,
Élevant ses regards de ta beauté ravis,
Va passer et mourir; triomphe! Tu survis!

Qu'importe ? Dans ton sein, que tant de vie inonde,
L'être succède à l'être, et la mort est féconde !
Le temps s'épuise en vain à te compter des jours ;
Le siècle meurt et meurt, et tu renais toujours !
Un astre dans le ciel s'éteint ; tu le rallumes !
Un volcan dans ton sein frémit ; tu le consumes !
L'Océan de ses flots t'inonde ; tu les bois !
Un peuple entier périt dans les luttes des rois ;
La terre, de leurs os engraissant ses entrailles,
Sème l'or des moissons sur le champ des batailles !
Le brin d'herbe foulé se flétrit sous mes pas,
Le gland meurt, l'homme tombe, et tu ne les vois pas !
Plus riante et plus jeune au moment qu'il expire,
Hélas ! comme à présent tu sembles lui sourire,
Et, t'épanouissant dans toute ta beauté,
Opposer à sa mort ton immortalité !

« Quoi donc ? N'aimes-tu pas au moins celui qui t'aime ?
N'as-tu pas de pitié pour notre heure suprême ?
Ne peux-tu, dans l'instant de nos derniers adieux,
D'un nuage de deuil te voiler à mes yeux ?
Mes yeux moins tristement verraient ma dernière heure,
Si je pensais qu'en toi quelque chose me pleure,
Que demain la clarté du céleste rayon
Viendra d'un jour plus pâle éclairer mon gazon,
Et que les flots, les vents et la feuille qui tombe,
Diront : « Il n'est plus là ; taisons-nous sur sa tombe. »
Mais non ! tu brilleras demain comme aujourd'hui !
Ah ! si tu peux pleurer, Nature, c'est pour lui !
Jamais Être, formé de poussière et de flamme,

A tes purs élémens ne mêla mieux son âme !
Jamais esprit mortel ne comprit mieux ta voix,
Soit qu'allant respirer la sainte horreur des bois,
Mon pas mélancolique ébranlant leurs ténèbres,
Troublât seul les échos de leurs dômes funèbres ;
Soit qu'au sommet des monts, écueils brillans de l'air,
J'entendisse rouler la foudre, et que l'éclair,
S'échappant coup sur coup dans le choc des nuages,
Brillât d'un feu sanglant comme l'œil des orages ;
Soit que, livrant ma voile aux haleines des vents,
Sillonnant de la mer les abimes mouvans,
J'aimasse à contempler une vague écumante
Crouler sur mon esquif en ruine fumante,
Et m'emporter au loin sur son dos triomphant
Comme un lion qui joue avec un faible enfant !
Plus je fus malheureux, plus tu me fus sacrée !
Plus l'homme s'éloigna de mon âme ulcérée,
Plus dans la solitude, asile du malheur,
Ta voix consolatrice enchanta ma douleur !
Et maintenant encore... à cette heure dernière...
Tout ce que je regrette en fermant ma paupière,
C'est le rayon brillant du soleil du midi
Qui se réfléchira sur mon marbre attiédi !

XLIII.

« Oui, seul, déshérité des biens que l'âme espère,
Tu me ferais encore un Éden de la terre,
Et je pourrais, heureux de ta seule beauté,

Me créer dans ton sein ma propre éternité!
Pourvu que, dans les yeux d'un autre être, mon âme
Réfléchît seulement son extase et sa flamme
Comme toi-même ici tu réfléchis ton Dieu,
Je pourrais... Mais j'expire... Arrête... encore adieu!
Adieu, soleils flottans dans l'azur de l'espace!
Jours rayonnans de feux, nuits touchantes de grâce!
Du soir et du matin ondoyantes lueurs!
Forêts où de l'aurore étincellent les pleurs!
Sommets brillans des monts où la nuit s'évapore!
Nuages expirans, qu'un dernier rayon dore!
Arbres qui balancez d'harmonieux rameaux!
Bruits enchantés des airs! soupirs, plaintes des eaux!
Ondes de l'Océan, sans repos, sans rivages,
Vomissant, dévorant l'écume de vos plages!
Voiles, grâces des eaux qui fuyez sur la mer!
Tempête où le jour brille et meurt avec l'éclair!
Vagues qui, vous gonflant comme un sein qui respire,
Embrassez mollement le sable ou le navire!
Harmonieux concerts de tous les élémens!
Bruit! silence! repos! parfums! ravissemens!
Nature enfin, adieu... Ma voix en vain t'implore,
Et tu t'évanouis au regard qui t'adore.
Mais la mort de plus près va réunir à toi,
Et ce corps, et ces sens, et ce qui pense en moi,
Et, les rendant aux flots, à l'air, à la lumière,
Avec tes élémens confondre ma poussière.
Oui; si l'âme survit à ce corps épuisé,
Comme un parfum plus vif quand le vase est brisé,
Elle ira.... »

XLIV.

Mais l'airain, comme une voix qui pleure,
Des heures d'un mourant frappe la dernière heure....
De sa couche funèbre Harold entend, hélas!
Résonner dans la nuit cet appel du trépas ;
Et, rappelant de loin son âme évanouie,
Compte les tintemens de la lente agonie.
D'un côté de son lit, debout, le saint vieillard
Élève vers le ciel son sublime regard,
Et, tenant dans ses mains une torche de hêtre,
Ressemble au temps qui voit l'éternité paraître :
De l'autre, entre ses doigts pressant sa froide main,
Adda, sous ses baisers la réchauffant en vain,
S'abandonne en enfant à ses seules alarmes ;
Ses cheveux sur son sein ruissellent de ses larmes,
Et, penchant son beau front profané par le deuil,
Ressemble en sa douleur à l'ange du cercueil,
Qui, noyant dans ses pleurs sa torche évanouie,
Regarde palpiter la flamme de la vie!
Ainsi mourait Harold, et son œil abattu
Ne voyait en s'ouvrant qu'innocence et vertu,
Sur ce seuil où son âme, au terme de sa route,
N'allait porter, hélas! que remords et que doute!...

Mais déjà son regard ne voit plus ici-bas
Que ces songes sanglans précurseurs du trépas ;
Il écoute ; il entend des bruits, des cris de guerre ;

Il croit compter les coups de son lointain tonnerre.
Le canon gronde!...«Allons, mes armes! mon coursier!
Que ma main fasse encore étinceler l'acier !
Que mon dernier soupir rachète des esclaves !
Que mon sang fume au moins sur la terre des braves! »
Il dit : et, succombant à ce dernier effort,
Se soulève un moment, puis retombe et s'endort.
Mais, dans le long délire où ce sommeil le plonge,
Harold rêvait encor ; sublime et dernier songe!
Jamais rêve, glaçant l'esprit épouvanté,
Ne toucha de plus près l'horrible vérité!...

XLV.

Délivré de ces maux dont la mort nous délivre,
Harold à son trépas s'étonnait de survivre,
Et, de son corps flétri traînant les vils lambeaux,
S'avançait au hasard dans l'ombre des tombeaux.
Nul astre n'éclairait l'horizon solitaire ;
Ce n'était plus le ciel, ce n'était plus la terre ;
C'était autour de lui comme un second chaos ;
Ses deux bras étendus ne touchaient que des os,
Qui cherchant comme lui leurs pas dans les ténèbres,
Remplissaient l'air glacé de cliquetis funèbres,
Pareils au flot pressé par le flot qui le suit,
Je ne sais quel instinct les poussait dans la nuit :
Ils allaient, ils allaient, comme va la poussière
Que le vent du désert balaie en sa carrière,
Vers ces champs désolés où Josaphat en deuil

Verra le genre humain s'éveiller du cercueil.
Ces générations, dont la tombe est peuplée,
Se pressaient pour entrer dans l'obscure vallée.
L'ange exterminateur, une épée à la main,
A leur foule muette en fermait le chemin.
A peine Harold paraît, la barrière se lève;
L'ange aux regards de feu le pousse de son glaive;
Et seul, nu, palpitant, dans ce terrible lieu,
Pour subir son épreuve, il entre devant Dieu;
Mais le Christ, plus brillant que l'éternelle aurore,
Sa balance à la main, n'y jugeait point encore!

XLVI.

« Harold, dit une voix; voici l'affreux moment!
Tu vas te prononcer ton propre jugement.
Pendant que tu vivais, dans une nuit obscure,
Abusant de ces jours que le ciel vous mesure,
Tu perdis à douter ce temps fait pour agir!
Bientôt le jour sans fin à tes yeux va surgir!
Mais du Dieu qui t'aimait l'ineffable clémence
T'accorde un autre épreuve. Écoute, et recommence!
Mais tremble! car tu vas tirer ton dernier sort.
Au lieu le plus obscur, où, sur ces champs de mort,
La nuit semble épaissir ses ombres taciturnes,
L'Ange du jugement vient de placer deux urnes
Dont l'uniforme aspect trompe l'œil et la main :
L'une d'elles pourtant renferme dans son sein
L'incorruptible fruit de cet arbre de vie,

Qu'aux premiers jours du monde une fatale envie
Fit cueillir, avant l'heure, à l'homme criminel,
Fruit qui donna la mort, et peut rendre éternel ;
L'autre cache aux regards, dans son ombre profonde,
Celui qui tenta l'homme et qui perdit le monde !
Ce symbole du mal, ce ténébreux serpent
Y roule les replis de son orbe rampant,
Et, noircissant ses bords du venin qui le ronge,
Lance un dard éternel à la main qui s'y plonge !...
Avant de te juger, Jéhova, par ma voix,
T'ordonne de tenter ce redoutable choix ;
Mais il te donne encor, pour guider ta paupière,
Des trois flambeaux divins la céleste lumière ;
Marche avec ta raison, ton génie et ta foi ;
Et, si tu les éteins, malheur ! malheur à toi !
Ta main, plongeant à faux dans l'urne mal choisie,
Puiserait au hasard ou la mort, ou la vie !... »

XLVII.

Silence ! Tout se tait : Harold, glacé d'effroi,
Du ciel à ses côtés voit descendre la Foi ;
Elle met dans ses mains ce feu pur, dont la flamme,
Dans la nuit du destin, éclaire et guide l'âme ;
Mais ce jour éblouit son œil épouvanté.
Harold, aux premiers pas, trébuche à sa clarté,
Et, rendant à la nuit sa débile paupière,
Le céleste flambeau s'éteint dans la poussière.
Harold emprunte alors celui de la Raison ;

Son faible éclat colore un moins large horizon :
Il suffit cependant à ses pas qu'il assure.
Ses pieds, mieux affermis, marchent avec mesure ;
Mais des oiseaux de nuit le vol pesant et bas
Fait vaciller ses feux mourant à chaque pas ;
De l'ombre de sa main en vain il les protége :
Leur foule ténébreuse incessamment l'assiége ;
Il pâlit, et le vent des ailes d'un oiseau
Éteint son autre espoir et son second flambeau !...

XLVIII.

Il en reste un dernier !... La clémence infinie
Laisse briller encor celui de son génie ;
Flambeau qui trop souvent brilla sans l'éclairer !
Harold, en le portant, tremble de respirer ;
Et, cachant dans son sein son expirante flamme,
La veille avec effroi, comme on veille son âme.
Cependant, près du but, son œil épouvanté
Voit baisser par degrés sa douteuse clarté ;
Sur les urnes du sort elle blanchit à peine ;
Il veut la ranimer avec sa propre haleine :
Il souffle... elle s'éteint. « Malheureux, dit la voix,
Tu reçus trois flambeaux pour éclairer ton choix ;
Tous trois se sont éteints au terme de ta route :
L'urne éclaircira seule un si terrible doute !
Dans son sein, que la nuit dérobe à ton regard,
Tente un choix éternel, et choisis au hasard !... »
Une sueur de sang, plus froide que la tombe,

Du front pâli d'Harold à larges gouttes tombe :
Il recule, il hésite, il voit, il touche en vain ;
Trois fois d'une urne à l'autre il promène sa main ;
Trois fois, doutant d'un choix que le hasard inspire,
De leurs bords incertains, tremblante, il la retire ;
Enfin, bravant du sort l'arrêt mystérieux,
Il plonge jusqu'au fond en détournant les yeux.
Déjà ses doigts, crispés par l'horreur qui les glace,
S'entr'ouvrent pour sonder le ténébreux espace,
Quand, des plis du serpent soudain enveloppé,
Il tombe!... un cri s'échappe : « Harold, tu t'es trompé! »
Et l'écho de ce cri, que Josaphat prolonge,
L'éveillant en sursaut, chasse son dernier songe...
Il frémit ; il soulève un triste et long regard ;
Un mot fuit sur sa lèvre... Hélas! il est trop tard!

XLIX.

Il n'est plus!... il n'est plus, l'enfant de mon délire!
Il n'est plus qu'un vain son qui frémit sur ma lyre!
L'immortel pèlerin est au terme : il s'endort!
Voyez comme son front repose dans la mort!
Comme sa main ouverte, à ses côtés collée,
S'étend pour occuper le lit du mausolée!
La mort couvre ses yeux, et leur globe éclipsé,
Comme un cristal terni par un souffle glacé,
Se voilant à demi sous sa noire paupière,
Semble, en la recevant, éteindre la lumière.

Est-ce là ce foyer de sentimens divers,
D'où l'âme et le regard jaillissaient en éclairs?
Dans son orbite éteint, ce regard terne et sombre
De ces cils abaissés ne peut plus percer l'ombre;
Et ce sein, où battait tant de vie et d'amour,
Où chaque passion frémissait tour à tour,
Ce sein, dont un désir eût soulevé la tombe,
Sans mouvement, sans voix, sans haleine retombe,
Et ne peut soulever ce long voile de deuil,
Ce funèbre tissu, vêtement du cercueil!

Mais son âme, où fuit-elle au moment qu'il expire?
Son âme? Ah! viens, alors; viens, Ange du martyre!
Toi, dont la main efface, aux yeux du Tout-Puissant,
Les péchés d'un mortel avec son propre sang!
Toi qui, dans la balance où Dieu pèse la vie,
Mets la mort d'un héros près des jours d'un impie!
Viens, les yeux rayonnant d'un espoir incertain,
Porter l'âme d'Harold au juge souverain;
Et, révoquant l'arrêt, sur le livre de grâce
Écrire avec ta palme un pardon qui l'efface!

Et vous qui jusqu'ici, de climats en climats,
Enchaînés à sa lyre, avez suivi ses pas;
Si ces chants quelquefois ont élevé votre âme,
Donnez-lui...donnez-lui...ce qu'une ombre réclame,
Une larme!... c'est là ce funèbre denier,
Ce tribut qu'à la mort tout mortel doit payer!
Et quand vous passerez près du dernier asile

Où la croix des tombeaux jette une ombre immobile,
En murmurant des morts la pieuse oraison,
N'oubliez pas au moins de prononcer son nom !
Si Dieu compte là-haut les regrets de la terre...
Mais, taisons-nous ! la tombe est le sceau du mystère [12] !

NOTES.

PREMIÈRE NOTE.

Ces temps sont arrivés ; aux rivages d'Argos,
N'entends-tu pas ce cri qui monte sur les flots ?
C'est ton nom : il franchit les écueils des Dactyles ;
Il éveille en sursaut l'écho des Thermopyles.

L'insurrection de la Grèce contre ses barbares oppresseurs est un des plus beaux spectacles qu'il ait été donné à l'homme de contempler. Tous les prodiges de l'héroïsme antique, tous les dévouemens des plus sublimes martyres, se renouvellent tous les jours sous les yeux de l'Europe. Les vers de cette note font allusion au nouveau combat des Thermopyles, si admirablement décrit par M. de Pouqueville dans son *Histoire de la régénération de la Grèce*, tome III, p. 182.

DEUXIÈME NOTE.

Albano l'entendit en découvrant l'abîme,
Saluer l'Océan d'un adieu si sublime.

Nous faisons allusion ici à ces dernières strophes du

IVᵉ chant de *Childe-Harold*; un des plus magnifiques morceaux de poésie que les temps modernes aient produits : les voici :

CLXXIX.

Déroule tes vagues d'azur, majestueux Océan! Mille flottes parcourent vainement tes routes immenses; l'homme, qui couvre la terre de ruines, voit son pouvoir s'arrêter sur tes bords : tu es le seul auteur de tous les ravages dont l'humide élément est le théâtre. Il n'y reste aucun vestige de ceux de l'homme ; son ombre se dessine à peine sur sa surface, lorsqu'il s'enfonce, comme une goutte d'eau, dans tes profonds abîmes, privé de tombeau, de linceul, et ignoré !

CLXXX.

Ses pas ne sont point imprimés sur tes domaines, qui ne sont pas une dépouille pour lui... Tu te soulèves et le repousses loin de toi ! Le lâche pouvoir qu'il exerce pour la destruction de la terre n'excite que tes dédains ; tu le fais voler avec ton écume jusqu'aux nuages, et tu le rejettes, en te jouant, aux lieux où il a placé toutes ses espérances : son cadavre gît sur la plage, près du port qu'il voulait aborder.

CLXXXI.

Que sont ces armemens redoutables qui vont foudroyer les villes de tes rivages, épouvanter les nations et faire trembler les monarques dans leurs capitales ? Que sont ces citadelles mouvantes, semblables à d'énormes baleines, et dont les mortels qui les construisent sont si fiers, qu'ils osent se parer des vains titres de *seigneurs de l'Océan* et *d'arbitres de la guerre*? Que sont-elles pour toi ? un simple jouet. Nous les voyons, comme ta blanche écume, se fondre dans les ondes amères, qui anéantissent également l'orgueilleuse Armada ou les débris de Trafalgar.

CLXXXII.

Tes rivages sont des empires qui changent sans cesse, et tu restes toujours le même ! Que sont devenues l'Assyrie, la Grèce, Rome et Carthage? Tes flots battaient leurs frontières au jour de la liberté; et plus tard, sous le règne des tyrans, leurs peuples, esclaves ou barbares, obéissent à des lois étrangères. La destinée fatale a converti des royaumes en déserts.. Mais rien ne change en toi, que le caprice de tes vagues; le temps ne grave aucune ride sur ton front d'azur : tel tu vis l'aurore de la création, tel tu es encore aujourd'hui!

CLXXXIII.

Glorieux miroir où le Tout-Puissant aime à se contempler au milieu des tempêtes : calme ou agité, soulevé par la brise, par le zéphyr ou l'aquilon, glacé vers le pôle, bouillant sous la zone torride, tu es toujours sublime et sans limites, tu es l'image de l'éternité, le trône de l'Invisible; ta vase féconde elle-même produit les monstres de l'abîme! Chaque région t'obéit; tu avances terrible, impénétrable et solitaire!

CLXXXIV.

Je t'ai toujours aimé, Océan, et les plus doux plaisirs de ma jeunesse étaient de me sentir sur ton sein, errant à l'aventure sur tes flots. Dès mon enfance, je jouais avec tes brisans; rien n'égalait le charme qu'ils avaient pour moi. Si la mer irritée les rendait plus terribles, mes terreurs me charmaient encore; car j'étais comme un de tes enfans, je me confiais gaîment à tes vagues, et je jouais avec ton humide crinière, comme je le fais encore en ce moment...

TROISIÈME NOTE.

Où va-t-il? Il gouverne au berceau du soleil.
Mais pourquoi sur son bord ce terrible appareil?

Lord Byron avait, dit un de ses amis qui le connaissait bien, l'ambition de se faire un nom aussi grand par ses actions, que celui qu'il s'était fait déjà par ses écrits. Peu de temps avant sa mort, il composa son ode belle et touchante sur le trente-sixième anniversaire de sa naissance; ode qui prouve, d'une manière remarquable, cette nouvelle passion. Voici un des couplets :

> Si tu regrettes ta jeunesse, pourquoi vivre? Tu es sur une terre où tu peux chercher une mort glorieuse : cours aux armes et sacrifie tes jours! Ne réveille point la Grèce, elle est réveillée ; mais réveille-toi toi-même !

Lord Byron s'embarqua à Livourne, et arriva à Céphalonie dans les premiers jours du mois d'août 1823, accompagné de six ou sept amis, à bord du vaisseau anglais *l'Hercule*, capitaine Scott, qu'il avait frété exprès pour le conduire en Grèce. Il aimait à observer la nature; il passait la plus grande partie des nuits à contempler les objets qui se présentent dans un voyage de mer; car il savait *jouir des charmes de la douce présence de la nuit*. Il était bien au-dessus de l'affectation des extases poétiques; mais on voit, dans tous ses ouvrages, combien il trouvait de délices à nourrir son imagination des beautés du monde physique. Il y a dans ses écrits plus d'images empruntées au spectacle de la mer, que dans ceux d'aucun autre poëte. Il les devait toutes à la Méditerranée et à ses rivages éclairés par le soleil du Midi. Tandis que le vaisseau majestueux glissait à l'ombre de Stromboli, il contemplait le cours mélancolique des vagues; et quoique plongé dans ses rêveries ordinaires, son œil paraissait plus tranquille, et son front pâle plus doux.

C'était un point très-important de déterminer vers quelle partie de la Grèce lord Byron dirigeait sa course. Le pays était en proie à des divisions intestines ; il eût craint de donner aveuglément le poids de son nom à une faction ; il voulait s'instruire. Il se détermina à relâcher à Céphalonie ; il y fut très-bien accueilli par les autorités anglaises.

Lord Byron, après quelques jours à Céphalonie, sur les instances de Maurocardato et du héros Marc Botzaris, vint débarquer à Missolonghi, enflammé d'une ardeur militaire qui allait jusqu'au délire : il le dit lui-même dans une de ses lettres. Après avoir, de son argent, payé la flotte grecque, il s'occupa de former une brigade de Souliotes. Cinq cents de ces soldats, les plus braves de la Grèce, se mirent à sa solde le 1er janvier 1824; et il ne fut pas difficile de trouver un but digne d'eux et de leur nouveau chef...

QUATRIÈME NOTE.

<blockquote>
Elle a donné son nom au cap qu'elle couronne.
Harold, qui voit blanchir l'éternelle colonne,
Reconnaît Sunium.
</blockquote>

Autrefois Sunium, aujourd'hui le cap Colonna. Si l'on en excepte Athènes et Marathon, il n'y a point, dans toute l'Attique, de site qui mérite plus d'intérêt. Seize colonnes sont une source inépuisable d'études pour l'artiste et pour l'antiquaire : le philosophe salue avec respect le lieu où Platon enseignait ses doctrines en conversant avec ses élèves; le voyageur est enchanté de la beauté d'un paysage d'où l'on voit toutes les îles qui couvrent la mer Égée. Le temple de Minerve se voit d'une grande distance en mer. Je suis allé deux fois par terre et une fois par mer au cap Colonna. Du côté de la terre, la vue est moins belle que quand on s'en approche en venant des îles. La seconde fois que nous allâmes par terre, nous fûmes surpris par un parti de Maïnotes qui étaient cachés dans les cavernes. Nous avons su, dans la suite, par un prisonnier qu'ils avaient rendu après avoir reçu sa rançon, qu'ils avaient été détournés de nous attaquer par la vue de deux Albanais qui m'accompagnaient ; s'étant imaginé, heureusement pour nous, que nous avions une bonne escorte de ces mêmes Arnautes, ils ne s'avancèrent pas, et laissèrent ainsi passer, saine et sauve, notre caravane trop peu nombreuse pour opposer aucune résistance. Colonna n'est pas moins fréquentée par les peintres que par les pirates.

C'est là que l'artiste plante son pupitre, et cherche le pittoresque dans les ruines.

(L. HODGSON, *lady Jane Grey*.)

CINQUIÈME NOTE.

Quel immense cortége, en longs habits de deuil,
De colline en colline, etc.

Cet épisode est historique, et, s'il ne l'était pas dans tous ses détails, qui aurait osé l'inventer?

Dans le recueil des *Chants populaires de la Grèce moderne*, publiés et traduits par M. C. Fauriel, on trouve le morceau suivant :

« Le combat de la première journée ne fut pas décisif. Le
« second, celui du lendemain, fut terrible ; il était encore
« un peu incertain, lorsque soixante femmes, voyant qu'il
« allait finir par l'extermination des leurs, se rassemblèrent
« sur une éminence escarpée qui avait un de ses flancs taillé
« à pic sur un abîme, au fond duquel un gros torrent se
« brisait entre mille pointes de roc dont son lit et ses bords
« étaient partout hérissés. Là, elles délibérèrent sur ce

« qu'elles avaient à faire pour ne pas tomber au pouvoir des
« Turcs, qu'elles s'imaginaient déjà voir à leur poursuite.
« Cette délibération du désespoir fut courte ; et la résolution
« qui la suivit, unanime. Ces soixante femmes étaient, pour
« la plupart, des mères plus ou moins jeunes, ayant avec
« elles leurs enfans, que les unes portaient à la mamelle ou
« dans leurs bras, que les autres tenaient par la main. Cha-
« cune prend le sien, lui donne le dernier baiser, et le
« lance ou le pousse, en détournant la tête, dans le préci-
« pice voisin. Quand il n'y a plus d'enfans à précipiter,
« elles se prennent l'une l'autre par la main, commencent
« une danse en rond, aussi près que possible du bord du
« précipice, et la première d'elles qui, le premier tour fait,
« arrive sur le bord, s'en élance, et roule de roche en roche
« jusqu'au fond de l'horrible abîme. Cependant le cercle
« ou le chœur continue à tourner, et, à chaque tour, une
« danseuse s'en détache de la même manière jusqu'à la
« soixantième. On dit que, par une sorte de prodige, il y
« eut une de ces femmes qui ne se tua point dans sa chute. »

Voilà un des prodiges d'héroïsme et d'infortune dont notre âge est chaque jour témoin... Et l'Europe regarde !!!.....

SIXIÈME NOTE.

Mais au moment fatal du divin sacrifice,
Quand le prêtre, en ses mains élevant le calice,
Boit le sang adoré du Martyr immortel,
Une vierge s'élance aux marches de l'autel, etc.

En Grèce, les oraisons funèbres ou myriologues sont prononcées par des femmes. Voici à ce sujet, les détails donnés par M. Fauriel, dans son discours préliminaire des

Chants populaires de la Grèce moderne; chants qui nous semblent démontrer jusqu'ici que, si les Grecs modernes ont recouvré la valeur de leurs aïeux, ils sont loin encore de rappeler leur génie poétique. Il y a plus de Léonidas et de Thémistocles que d'Homères et de Tyrtées.

« Les chants funèbres, par lesquels on déplore la mort
« de ses proches, prennent le nom particulier de *myriologia*,
« comme qui dirait *discours de lamentations, complaintes*.
« Les myriologues ont, avec les autres chants domestiques
« des Grecs, cela de commun, qu'ils sont d'un usage égale-
« ment général, également consacré; mais ils offrent des
« particularités par lesquelles ils tiennent à quelques-uns
« des traits les plus saillans du caractère et du génie natio-
« nal. J'en parlerai dans un autre endroit, pour considérer
« l'espèce et le degré de faculté poétique qu'ils exigent et
« supposent : il n'est question ici que de donner une idée
« sommaire des cérémonies funèbres dont ils font partie,
« et auxquelles il faut toujours les concevoir attachés.

« Un malade vient-il de rendre le dernier soupir, sa
« femme, ses filles, ses sœurs, celles, en un mot, de ses
« plus proches parentes qui sont là, lui ferment les yeux et
« la bouche, et épanchent librement, chacune selon son
« naturel et sa mesure de tendresse pour le défunt, la dou-
« leur qu'elle ressent de sa perte. Ce premier devoir rempli,
« elles se retirent toutes chez une de leurs parentes ou de
« leurs amies les plus voisines. Là, elles changent de vête-
« mens, s'habillent de blanc comme pour la cérémonie nup-
« tiale, avec cette différence qu'elles gardent la tête nue,
« les cheveux épars et pendans. Tandis qu'elles changent
« ainsi de parure, d'autres femmes s'occupent du mort.
« Elles l'habillent, de la tête aux pieds, des meilleurs vête-
« mens qu'il portait avant que d'être malade ; et, dans

« cet état, elles l'étendent sur un lit très-bas, le visage dé-
« couvert, tourné vers l'orient, et les bras en croix sur sa
« poitrine.

« Ces apprêts terminés, les parentes reviennent, dans
« leur parure de deuil, à la maison du défunt, en laissant
« les portes ouvertes, de manière que toutes les autres
« femmes du lieu, amies, voisines ou inconnues, puissent
« entrer à leur suite. Toutes se rangent en cercle autour du
« mort, et leur douleur s'exhale de nouveau, et comme la
« première fois, sans règle et sans contrainte, en larmes,
« en cris ou en paroles ; à ces plaintes spontanées et simul-
« tanées succèdent bientôt des lamentations d'une autre es-
« pèce : ce sont les myriologues. Ordinairement c'est la plus
« proche parente qui prononce le sien la première. Après
« elle les autres parentes, les amies, les simples voisines ;
« toutes celles, en un mot, des femmes présentes, qui veu-
« lent payer au défunt ce dernier tribut d'affection, s'en
« acquittent l'une après l'autre, et quelquefois plusieurs
« ensemble. Il n'est pas rare que, dans le cercle des assis-
« tantes, il se rencontre des femmes étrangères à la famille,
« qui, ayant récemment perdu quelqu'un de leurs proches,
« en ont l'âme pleine, et ont encore quelque chose à leur
« dire ; elles voient dans le mort présent un messager qui
« peut porter au mort qu'elles pleurent un nouveau témoi-
« gnage de leurs souvenirs et de leurs regrets, et adressent
« au premier un myriologue dû et destiné au second. D'autres
« se contentent de jeter au défunt des bouquets de fleurs
« ou divers menus objets qu'elles le prient de vouloir bien
« remettre, dans l'autre monde, à ceux des leurs qu'elles
« y ont.

« L'effusion des myriologues dure jusqu'au moment où
« les prêtres viennent chercher le corps pour le conduire à

« la sépulture, et se prolonge jusqu'à l'arrivée du convoi
« funèbre à l'église. Ils cessent durant les prières et les
« psalmodies des prêtres, pour recommencer au moment
« où le corps va être mis en terre.

« Quand quelqu'un est mort à l'étranger, on place sur le
« lit funèbre un simulacre de sa personne, et l'on adresse
« à cette image les mêmes lamentations que l'on adresserait
« au vrai cadavre. Les mères font aussi des myriologues sur
« les enfans en bas âge qu'elles perdent, et ils sont souvent
« du pathétique le plus gracieux. Le petit mort y est regretté
« sous l'emblème d'une plante délicate, d'une fleur, d'un
« oiseau, ou de tout autre objet naturel assez charmant pour
« que l'imagination d'une mère se complaise à y comparer
« son enfant.

« Les myriologues sont toujours chantés et composés par
« des femmes. Les adieux des hommes sont simples et laco-
« niques. Je n'ai jamais entendu parler d'un myriologue
« prononcé par un homme. Dans la Grèce asiatique, il y a
« des femmes myriologistes de profession, que l'on appelle
« au besoin, moyennant un salaire, pour faire et chanter
« les myriologues, ou, pour mieux dire, ce qui en tient
« lieu. »   (*Chants populaires de la Grèce moderne.*)

SEPTIÈME NOTE.

Évoquant de ces bords le génie exilé,
Il s'élance, il franchit les hauteurs de Phylé, etc.

Phylé, ville ruinée dont on voit encore les débris : elle fut prise par Thrasybule avant l'expulsion des trente tyrans.

HUITIÈME NOTE.

Le féroce Albanais, l'Épirote au front chauve, etc.

L'Albanie comprend une partie de la Macédoine, l'Illyric et l'Épire. Ce pays, qu'on peut apercevoir des côtes d'Italie, est un des plus beaux de la Grèce. Lord Byron dit qu'il n'est point de plume ou de pinceau capable de rendre la beauté de ses sites; nous pourrions ajouter qu'il n'y a ni plume ni pinceau capables de rendre l'héroïque dévouement de ses habitans, dans les derniers temps de la lutte qu'ils ont soutenue, plus que tous les autres, pour l'affranchissement de la Grèce. Ils ressemblent, assure-t-on, aux montagnards d'Écosse; leurs vêtemens, leur figure, leurs mœurs, sont les mêmes. Les montagnes de l'Albanie seraient tout à fait celles de la Calédonie, si le climat en était moins méridional. J'ai trouvé, ajoute lord Byron, en Albanie, les femmes les plus belles que j'aie jamais vues pour la taille et pour la tournure. Elles étaient occupées à réparer un chemin dégradé par les torrens. Leur démarche est tout à fait théâtrale; cela vient, sans doute, de leur manteau qu'elles portent attaché sur une épaule. Leur longue chevelure fait penser aux Spartiates, et l'on ne peut se faire une idée du courage qu'elles déploient dans les guerres de partisans.

NEUVIÈME NOTE.

Les dauphins de Parga, ces hardis matelots
Qui jamais de leur sang ne teignent que les flots.

Les Grecs appellent les Parganiotes, *dauphins des mers.* Tout le monde connaît les infortunes de Parga, vendue à Ali-Pacha par les Anglais, aux Turcs par des chrétiens.

DIXIÈME NOTE.

De Leuctre à Marathon, tout répond, tout vous crie :
« Vengeance ! liberté ! gloire ! vertu ! patrie ! »

Bataille de Leuctre, gagnée par Épaminondas, général des Thébains, 371 ans avant Jésus-Christ, où Cléombrote, roi de Sparte, perdit la vie. Bataille de Marathon, gagnée par Miltiade, le 6 *boédromion*, 15 septembre, 490 ans avant Jésus-Christ. L'année suivante, Miltiade, accusé par un peuple ingrat, mourut en prison.

ONZIÈME NOTE.

Les noms d'Odysséus, de Marc, de Kanaris, etc.

ODYSSÉUS ou ODYSSÉE. — Fils d'Andriséus, né en Épire, il entra d'abord au service d'Ali-Pacha. Après la mort de ce tyran, il se met à la tête de ses compatriotes, descend du mont Parnasse, et proclame le règne de la Croix. Il défait Omer-Vrione, successeur d'Ali. « Le récit de ses exploits, « dit Pouqueville, volant de bouche en bouche, fait éclater « l'insurrection jusque parmi les peuplades des plateaux su- « périeurs du mont OEta. Le même jour, sans aucune de « ces hésitations qui décèlent la crainte de se compromettre, « les habitans des cantons d'Hypati, ceux de Gravari, de « Lidoriki, de Malendrino, de Venetico, qui formaient « jadis la *Doride*, la Locride hespérienne et l'Étolie, secouent « le joug de leurs oppresseurs. Des éphores, nom oublié « dans la Grèce, remplacent les codja-bachis; le bonnet de « raja est foulé aux pieds, et le croissant renversé dans « tous les lieux où il existait des mosquées; une nouvelle « ère commence pour l'Étolie. Bientôt Odyssée est déclaré « la terreur des musulmans : il les bat, les poursuit, s'em- « pare d'Athènes, est nommé deux fois commandant géné- « ral des troupes de l'insurrection grecque, remporte une « seconde victoire de Platée, et le courage personnel « d'Odyssée, ses mœurs sauvages, ses vêtemens, tout rap- « pelle un de ces héros d'Homère, un de ces hommes pri- « mitifs qui ne se montrent qu'à la naissance des peuples, « et dont l'histoire ressemble bientôt à la fable. Tout récem- « ment encore, Odyssée, mécontent du gouvernement grec, « vient de congédier ses derniers compagnons d'armes, et, « seul avec sa femme et ses enfans, il s'est retiré dans une « caverne du mont Parnasse, dont il a fortifié l'entrée avec « des palissades et du canon. L'ostracisme, comme on le « voit, est de tous les siècles : les peuples reprennent leur « nom ; mais les hommes ne perdent pas leur ingratitude ; « il est à désirer que les Grecs n'imitent pas en tout leurs « aïeux, et ne souillent pas leur terre régénérée du sang de « leurs libérateurs. »

332 NOTES.

Marco Botzaris. — Digne pendant d'Odyssée, mais plus civilisé que lui ; voici le portrait qu'en donne Pouqueville :

« Melpomène lui avait départi le don de la voix et de la
« cithare pour chanter le temps où, gardant les troupeaux
« du polémarque son père, aux bords du Selleïs, il aban-
« donna sa patrie, conquise par Ali-Pacha, pour se réfugier
« sous les drapeaux français, à l'ombre desquels il crût en
« sagesse et en valeur. De la taille ordinaire des *Souliotes*,
« qui est de cinq pieds environ, sa légèreté était telle qu'on
« le comparait au zéphyr. Nul ne l'égalait à la lutte, au jeu
« du disque; et quand ses yeux bleus s'animaient, que sa
« longue chevelure flottait sur ses épaules, et que son front
« rasé, suivant l'usage antique, reflétait les rayons du soleil,
« il avait quelque chose de si extraordinaire, qu'on l'aurait
« pris pour un descendant de ces Pélasges, enfans de Phaé-
« ton, qui civilisèrent l'Épire. Il avait laissé sa femme et
« deux enfans sur la terre étrangère, pour se livrer avec plus
« d'audace aux chances des combats. Poëte et guerrier,
« dans les momens de repos il prenait sa lyre et redisait aux
« enfans de la Selleïde les noms des héros leurs aïeux, leurs
« exploits, leur gloire; et l'obligation où ils étaient de mou-
« rir, comme eux, pour les saintes lois du Christ et de la
« patrie, objets éternels de la vénération des Grecs. Sa
« femme Chrysé vint le rejoindre après l'insurrection de la
« Grèce, et voulut combattre à ses côtés. — Marc Botzaris,
« en avant de Missolunghi, soutint avec six cents pallikares
« les efforts de l'armée ottomane tout entière. Les Ther-
« mopyles pâliront un jour à ce récit. — Retranchés auprès
« de Crionero, fontaine située à l'angle occidental du mont
« Aracynthe, ces braves, après avoir peigné leurs belles
« chevelures, suivant l'usage immémorial des soldats de la
« Grèce, conservé jusqu'à nos jours, se lavent dans les eaux

« de l'antique Aréthuse, et revêtus de leurs plus riches
« ornemens, ils demandent à s'unir par les liens de la fra-
« ternité, en se déclarant *Ulamia.* Un ministre des autels
« s'avance aussitôt. Prosternés au pied de la croix, ils
« échangent leurs armes, ils se donnent ensuite la main en
« formant une chaîne mystérieuse ; et, recueillis devant le
« Dieu rédempteur, ils prononcent les paroles sacramen-
« telles : *Ma vie est ta vie, et mon âme est ton âme.* Le
« prêtre alors les bénit, et ayant donné le baiser de paix à
« Marc Botzaris, qui le rend à son lieutenant, ses soldats
« s'étant mutuellement embrassés, présentent un front me-
« naçant à l'ennemi.

« C'était le 4 novembre 1822, au lever du soleil : on aper-
« cevait de Missolunghi et d'Anatolico le feu du bataillon
« immortel qui s'assoupit à midi. Il reprit avec une nou-
« velle vivacité deux heures après, et diminua insensible-
« ment jusqu'au soir. A l'apparition des premières étoiles,
« on aperçut dans le lointain les flammes des bivouacs en-
« nemis dans la plaine ; la nuit fut calme, et, le 5 au matin,
« Marc Botzaris rentra à Missolunghi, suivi de vingt-deux
« Souliotes ; le surplus de ses braves avait vécu.

« A la faveur de cette héroïque résistance, le président du
« gouvernement, Maurocordato, avait approvisionné Mis-
« solunghi, et fait embarquer pour le Péloponèse les vieil-
« lards!, les femmes et les enfans. Marc Botzaris voulait
« pourvoir de la même manière à la sûreté de sa femme et
« de ses enfans; mais Chrysé, son épouse, ne pouvait se
« résoudre à l'abandonner : elle lui adresse les adieux les
« plus déchirans ; elle tombe à ses pieds avec les timides
« créatures qui le nommaient leur seigneur et leur père.
« Marc Botzaris les bénit au nom du Dieu des batailles. Il
« les accompagne ensuite au port ; il suit des yeux le vais-

« seau; il tend les bras à sa femme; hélas! il la quittait pour
« la dernière fois. Il périt, peu de temps après, dans une
« bataille nocturne contre les Turcs, et sa mort fut aussi
« glorieuse, aussi sainte que sa vie. »

Kanaris. — Le Thémistocle de l'insurrection grecque,
né à Psara, âgé de trente à trente-deux ans, d'une petite
taille, l'œil vif et perçant, l'air mélancolique : tel est le portrait qu'en fait le capitaine Clotz. Il brûle trois fois la flotte
ottomane.

« Les Hydriotes (dit Pouqueville) avaient à peine relâché
« à Psara, qu'on vota unanimement la destruction de la
« flotte ottomane qui était à Ténédos. Une division navale
« composée de douze bricks de Psara, avait observé sa posi-
« tion. L'entreprise était difficile : les Turcs, sans cesse aux
« aguets depuis la catastrophe de Chio, se gardaient avec
« soin et visitaient les moindres bâtimens. Cependant,
« comme l'amirauté avait une confiance extrême dans Ka-
« naris, qui s'offrit encore pour cette périlleuse mission, on
« se décida à la hasarder.

« On ajouta un brûlot à celui que le plus intrépide des
« hommes de notre siècle devait monter, et malgré le temps
« orageux qui régnait, les deux armemens mirent en mer
« le 9 novembre, à sept heures du soir, accompagnés de
« deux bricks de guerre, fins voiliers. Arrivés, le jour sui-
« vant, à leur destination, les gardes-côtes de Ténédos les
« virent sans défiance doubler un des caps de l'île, sous pa-
« villon turc. Ils paraissaient chassés par les bricks de leur
« escorte qui battaient flamme et pavillon de la croix, et le
« costume ottoman que portaient les équipages des brû-
« lots complétait l'illusion, lorsque deux frégates turques,
« placées en vedette à l'entrée du port, les signalèrent,

« comme pour les diriger vers le point qu'ils cherchaient.

« Le jour commençait à baisser, et il était impossible de
« distinguer le vaisseau amiral au milieu d'une forêt de
« mâts, quand celui-ci répondit aux signaux des frégates
« d'avant-garde par trois coups de canon. *Il est à nous*, dit
« aussitôt Kanaris à son équipage ; *courage, camarades!*
« *nous le tenons!* Manœuvrant directement vers le point
« d'où le canon s'était fait entendre, il aborde l'énorme cita-
« delle flottante, en enfonçant son mât de beaupré dans un
« de ses sabords, et le vaisseau s'embrase avec une telle ra-
« pidité, que, de plus de deux mille individus qui le mon-
« taient, le capitan-pacha et une trentaine des siens par-
« viennent seuls à se dérober à la mort.

« Au même instant, un second vaisseau est mis en feu
« par le brûlot de Cyriaque, et la rade n'offre plus qu'une
« scène déplorable de carnage, de désordre et de confusion.
« Les canons, qui s'échauffent, tirent successivement ou
« par bordée, et quelques-uns chargés de boulets incen-
« diaires propagent le feu, tandis que la forteresse de
« Ténédos, croyant les Grecs entrés au port, canonne ses
« propres vaisseaux. Ceux-ci coupent leurs câbles, se pres-
« sent, se heurtent, se démâtent, arrachent mutuellement
« leurs bordages, ou s'échouent, et la majeure partie ayant
« réussi à s'éloigner, malgré la confusion inséparable d'une
« semblable catastrophe, est à peine portée au large, qu'elle
« est assaillie par une de ces tempêtes qui rendent une mer
« étroite aussi terrible que dangereuse, pendant les longues
« nuits de novembre. Le vaisseaux voguent à l'aventure,
« s'abordent dans l'obscurité, et s'endommagent. Plusieurs
« périssent, corps et biens ; douze bricks font côte sur les
« plages de la Troade ; deux frégates et une corvette, aban-
« données, on ne sait comment, de leurs équipages, sont

« emportées par les courans jusqu'aux attérages de Paros.

« Pendant que les Turcs se débattaient au milieu des
« flammes, et en luttant contre les flots, les équipages des
« brûlots, formant un total de dix-sept hommes, assistaient
« tranquillement à la destruction de la flotte du sultan. Ils
« virent successivement sauter le vaisseau amiral, et cette
« Altesse tremblante se sauver à terre dans un canot, lui
« qui montait, quelques minutes auparavant, le plus beau
« navire des mers de l'Orient. Le second vaisseau s'abîma
« ensuite avec seize cents hommes, sans qu'il s'en sauvât
« que deux individus à demi brûlés, qui s'accrochèrent à
« des débris que la vague mugissante porta vers la plage,
« sur laquelle gisaient deux superbes frégates.

« O Ténédos! Ténédos! ton nom, rendu célèbre par la
« lyre d'Homère et de Virgile, ne peut plus être oublié,
« quand on parlera de la gloire des enfans des Grecs! Le
« chantre des *Messéniennes*, Casimir Delavigne, a dit leurs
« douleurs et leur héroïsme; mais qui célébrera leur triom-
« phe, en racontant comment les bricks des Hellènes, après
« avoir recueilli Constantin Kanaris, Cyriaque et leurs
« braves, présentant leurs voiles à la tempête, et naviguant
« sur la cime des vagues, reparurent, le 12 novembre, au
« port de Psara? Les éphores, suivis d'une foule nombreuse
« de peuple, de soldats et de matelots, s'étaient portés à
« leur rencontre, dès qu'on eut signalé leur approche. Mille
« cris de joie éclatent au moment qu'ils prennent terre.
« *Salut au vainqueur de Ténédos! Honneur et gloire aux*
« *braves! La patrie reconnaissante,* dit le président des
« éphores, en posant une couronne de lauriers sur la tête
« de Kanaris, *honore en toi le vainqueur de deux amiraux*
« *ennemis.*

« Il dit, et remontant vers la ville, le cortége, précédé

« de Kanaris, se rend à l'église; là, le héros, déposant sa
« couronne aux pieds de l'image de la Vierge, mère du
« Christ, le front prosterné dans la poussière, confessant
« que toute victoire vient de Dieu, s'humilie devant le Sei-
« gneur. Il confesse les péchés de la faiblesse humaine aux
« pieds des ministres des autels, et, après avoir reçu le pain
« de vie, aussi modeste et aussi grand, le *vainqueur de deux*
« *amiraux ennemis* se retire au sein de sa famille.

« Mais il veut en vain se dérober aux hommages : son
« nom a retenti avec trop d'éclat pour rester ignoré. Le ca-
« pitaine d'un vaisseau anglais qui arrivait à Psara le de-
« mande et l'interroge ; il veut savoir comment les Grecs
« préparent leurs brûlots pour en obtenir de pareils résul-
« tats. — *Comme vous le faites, commandant; mais nous*
« *avons un secret que nous tenons caché ici*, dit-il en mon-
« trant son cœur : *l'amour de la patrie nous l'a fait trouver.* »

(POUQUEVILLE, *Hist. de la Régén. de la Grèce.*)

Le lecteur lira sans doute avec intérêt ici le récit des derniers momens de Lord Byron, transmis par un homme de
confiance qui ne l'a pas quitté pendant vingt-cinq ans.

« Mon maître, dit Fletcher, montait à cheval tous les
« jours, lorsque le temps le permettait. Le 9 avril fut un
« jour fatal : milord fut très-mouillé durant la promenade,
« et, à son retour, quoiqu'il eût changé d'habits complète-
« ment, comme il était resté très-longtemps dans ses vête-
« mens mouillés, il se sentit légèrement indisposé, et le
« rhume dont il s'était plaint depuis que nous avions quitté
« Céphalonie, rendit cet accident plus grave. Quoiqu'il eût
« peu de fièvre pendant la nuit du 10, il se plaignit de dou-

« leurs dans les membres et du mal de tête, ce qui ne l'em-
« pêcha pas néanmoins de monter à cheval dans l'après-midi.
« A son retour, mon maître dit que la selle n'était pas tout à
« fait sèche, et qu'il craignait que cela ne l'eût rendu plus
« malade; la fièvre revint, et je vis avec bien du chagrin, le
« lendemain matin, que l'indisposition devenait plus sé-
« rieuse : milord était très-affaissé, et se plaignit de n'avoir
« point dormi de la nuit; il n'avait aucun appétit. Je lui
« préparai un peu d'*arrow-root*; il en prit deux ou trois
« cuillerées seulement, et me dit qu'il était fort bon, mais
« qu'il ne pouvait en prendre davantage. Ce ne fut que le
« troisième jour, le 12, que je commençai à concevoir des
« alarmes. Dans tous les rhumes que mon maître avait eus
« jusque-là, le sommeil ne l'avait pas abandonné, et il n'a-
« vait point eu de fièvre; j'allai donc chez le docteur Bruno
« et chez M. Millingen, ses deux médecins, et leur fis plu-
« sieurs questions sur la maladie de mon maître; ils m'as-
« surèrent qu'il n'y avait aucun danger, que je pouvais être
« parfaitement tranquille, que dans peu de jours tout irait
« bien : c'était le 13. Le jour suivant, je ne pus m'empê-
« cher de supplier milord d'envoyer chercher le docteur
« Thomas, de Zante. Mon maître me dit de consulter à ce
« sujet les docteurs : ils me dirent qu'il n'était pas nécessaire
« d'appeler aucun autre médecin, parce qu'ils espéraient que
« tout irait bien dans peu de jours. Je dois faire remarquer
« ici que milord répéta plusieurs fois, dans le cours de la
« journée, que les docteurs n'entendaient rien à sa maladie.
« — En ce cas, milord, vous devriez consulter un autre
« médecin. — Ils me disent, Fletcher, que ce n'est qu'un
« rhume ordinaire, comme tous ceux que j'ai déjà eus. —
« Je suis sûr, milord, que vous n'en avez jamais eu d'aussi
« sérieux. — Je le crois, dit-il. Je renouvelai mes instances

« le 15, pour qu'on appelât le docteur Thomas ; on m'as-
« sura de nouveau que milord serait mieux dans deux ou
« trois jours. D'après ces assurances répétées, je ne fis plus
« aucune instance que lorsqu'il fut trop tard.

« Les médecines fortes qu'on lui faisait prendre ne me
« semblaient pas les plus convenables à sa maladie ; car,
« n'ayant rien dans l'estomac, elles me paraissaient ne de-
« voir lui procurer que des douleurs : c'eût été le cas, même
« avec une personne en bonne santé. Mon maître n'avait
« pris, depuis huit jours, qu'une petite quantité de bouillon
« en deux ou trois fois, et deux cuillerées d'*arrow-root*, le
« 18, la veille de sa mort. La première fois que l'on parla
« de le saigner fut le 15. Quand le docteur Bruno le proposa,
« mon maître s'y opposa d'abord, et demanda à M. Millingen
« s'il avait de fortes raisons pour lui tirer du sang ; la réponse
« fut qu'une saignée pouvait être de quelque avantage, mais
« qu'on pouvait la différer jusqu'au lendemain. En consé-
« quence, mon maître fut saigné au bras droit, le 16 au
« soir, et on lui tira seize onces de sang. Je remarquai qu'il
« était très-enflammé. Alors le docteur Bruno dit qu'il avait
« souvent pressé mon maître de se faire saigner, mais qu'il
« n'avait pas voulu y consentir. Survint une longue dispute
« sur le temps que l'on avait perdu, et sur la nécessité d'en-
« voyer à Zante ; sur quoi l'on me dit, pour la première
« fois, que cela était inutile, parce que mon maître serait
« mieux ou n'existerait plus avant l'arrivée du docteur
« Thomas. L'état de mon maître empirait ; mais le docteur
« Bruno pensait qu'une nouvelle saignée lui sauverait la
« vie. Je ne perdis pas un moment pour aller dire à mon
« maître combien il était nécessaire qu'il consentît à être
« saigné ; il me répondit : Je crains bien qu'ils n'entendent

« rien à ma maladie ; et tendant son bras : Tenez, dit-il, voilà
« mon bras ; faites ce que voudrez.

« Milord s'affaiblissait de plus en plus, et le 17 il fut
« saigné une fois dans la matinée, et une fois à deux heures
« de l'après-midi. Chacune de ces deux saignées fut suivie
« d'un évanouissement, et il serait tombé si je ne l'avais pas
« retenu dans mes bras. Afin de prévenir un semblable ac-
« cident, j'avais soin de ne pas le laisser remuer sans le
« supporter.

« Ce jour-là, mon maître me dit deux fois : Je ne peux
« pas dormir, et vous savez que depuis une semaine je n'ai
« pas dormi. Je sais, ajoutait-il, qu'un homme ne peut être
« sans dormir qu'un certain temps, après quoi il devient
« nécessairement fou, sans que l'on puisse le sauver, et j'ai-
« merais mieux dix fois me brûler la cervelle que d'être fou :
« je ne crains pas la mort, je suis plus préparé à mourir
« que l'on ne pense.

« Je ne crois pas que milord ait eu l'idée que sa fin appro-
« chait, jusqu'au 18 ; il me dit alors : Je crains que Tita et
« vous ne tombiez malades, en me veillant ainsi nuit et
« jour. Je lui répondis que nous ne le quitterions point jus-
« qu'à ce qu'il fût mieux. Comme il y avait eu un peu de
« délire dans la journée du 16, j'avais eu soin de retirer les
« pistolets et le stylet qui, jusque-là, étaient restés à côté
« de son lit, la nuit. Le 18, il m'adressa souvent la parole ;
« il paraissait mécontent du traitement qu'avaient suivi les
« médecins. Je lui demandai alors de me permettre d'en-
« voyer chercher le docteur Thomas. — Envoyez-le cher-
« cher ; mais dépêchez-vous : je suis fâché de ne pas vous
« l'avoir laissé envoyer chercher plus tôt.

« Je ne perdis pas un moment à exécuter ses ordres, et à

« en faire part au docteur Bruno et à M. Millingen, qui me
« dirent que j'avais très-bien fait, parce qu'ils commençaient
« eux-mêmes à être très-inquiets. Quand je rentrai dans la
« chambre de milord : Avez-vous envoyé? me dit-il. — Oui,
« milord. — Vous avez bien fait : je désire savoir ce que j'ai.
« Quoiqu'il ne parût pas se croire si près de sa fin, je m'a-
« perçus qu'il s'affaiblissait d'heure en heure, et qu'il com-
« mençait à avoir des accès de délire. Il me dit à la fin d'un
« de ses accès : Je commence à croire que je suis sérieuse-
« ment malade ; et si je mourais subitement, je désire vous
« donner quelques instructions, que j'espère que vous aurez
« soin de faire exécuter. Je l'assurai de ma fidélité à exécu-
« ter ses volontés, et ajoutai que j'espérais qu'il vivrait assez
« longtemps pour les faire exécuter lui-même. A quoi il
« répondit : Non, c'en est fait, il faut tout vous dire sans
« perdre un moment. — Irai-je, milord, chercher une
« plume, de l'encre et du papier? — Oh mon Dieu! non,
« vous perdriez trop de temps, et je n'en ai point à perdre.
« Faites bien attention, me dit-il.

« Votre sort est assuré, Fletcher. — Je vous supplie, mi-
« lord, de songer à des choses plus importantes! — O mon
« enfant! dit-il; ô ma chère fille, ma chère Adda! Oh!
« mon Dieu! si j'avais pu la voir! Donnez-lui ma bénédic-
« tion ; donnez-la à ma chère sœur Augusta et à ses enfans.
« Vous irez chez lady Byron ; dites-lui, dites-lui tout. Vous
« êtes bien dans son esprit.

« Milord paraissait profondément affecté en ce moment :
« la voix lui manqua ; je ne pouvais attraper que des mots
« par intervalles; mais il parlait entre ses dents, paraissait
« très-grave, et élevait souvent la voix pour dire : Fletcher,
« si vous n'exécutez pas les ordres que je vous ai donnés ;
« je vous tourmenterai, s'il est possible. Je lui dis : Milord.

« je n'ai pas entendu un mot de ce que vous avez dit. — O
« Dieu ! s'écria-t-il, tout est fini ! Il est trop tard mainte-
« nant. Est-il possible que vous ne m'ayez pas entendu ? —
« Non, milord, mais essayez encore une fois de me faire
« connaître vos volontés. — Comment le puis-je ? Il est trop
« tard... Tout est fini ! — Ce n'est pas notre volonté, mais
« celle de Dieu qui se fait. — Oui, dit-il, ce n'est pas la
« mienne ; mais je vais essayer. En effet, il fit plusieurs
« efforts pour parler ; mais il ne pouvait prononcer que deux
« ou trois mots de suite, comme, ma femme ! mon enfant !
« ma sœur ! Vous savez tout ; dites tout : vous connaissez
« mes intentions. Le reste était inintelligible.

« Il était à peu près midi ; les médecins eurent une con-
« sultation, et il fut décidé de donner à milord du quinquina
« dans du vin. Il y avait huit jours qu'il n'avait rien pris que
« ce que j'ai dit, et qui ne pouvait le soutenir. A l'exception
« de quelques mots que je répéterai à ceux auxquels ils
« étaient adressés, et que je suis prêt à leur communiquer
« s'ils le désirent, il fut impossible de rien entendre de ce
« que dit milord après avoir pris son quinquina. Il témoi-
« gna le désir de dormir ; je lui demandai s'il voulait que
« j'allasse chercher M. Parry. — Oui, allez le chercher.
« M. Parry le pria de se tranquilliser ; il versa quelques
« larmes, et parut sommeiller. M. Parry sortit de la chambre
« avec l'espérance de le trouver plus calme à son retour.
« Hélas ! c'était le commencement de la léthargie qui pré-
« céda sa mort. Les derniers mots que je lui ai entendu pro-
« noncer furent ceux-ci, qu'il prononça dans la soirée du 18,
« à six heures environ : Il faut que je dorme maintenant.
« Il laissa tomber sa tête pour ne plus la relever ; il ne fit
« pas un seul mouvement pendant vingt-quatre heures. Il
« avait, par intervalles, des suffocations et une espèce de

« râle : alors j'appelai Tita pour m'aider à lui relever la
« tête, et il me paraissait qu'il était tout à fait engourdi. Le
« râle revenait toutes les demi-heures, et nous continuâmes
« à lui soulever la tête toutes les fois qu'il revenait, jusqu'à
« six heures du soir du lendemain 19, que je vis milord
« ouvrir les yeux et les refermer sans aucun symptôme de
« douleur, sans faire le moindre mouvement d'aucun de ses
« membres. O mon Dieu! m'écriai-je, je crains que milord
« ne soit mort. Les médecins tâtèrent le pouls, et dirent :
« Vous avez raison, il n'est plus. »

(*Westminster Review.*)

DOUZIÈME NOTE.

Mais taisons-nous !... La tombe est le sceau du mystère !

Lord Byron exprime la même idée dans le troisième chant d'*Harold*, après un parallèle entre Voltaire et Jean-Jacques Rousseau.

Ne troublons pas la paix de leurs cendres; s'ils ont mérité la vengeance du ciel, ils subissent leurs peines : ce n'est point à nous de les juger, encore moins de les condamner. L'heure viendra où les mystères de la mort nous seront révélés ; l'espérance et la terreur reposent ensemble dans la poussière de la tombe; et lorsque, selon notre croyance, la vie viendra nous y ranimer, la clémence divine pardonnera, ou sa justice viendra réclamer les coupables.

CHANT DU SACRE,

ou

LA VEILLE DES ARMES.

L'auteur, en voulant porter aux pieds du Roi ce faible tribut de ses sentimens pour un Prince dont le règne est l'aurore du bonheur de la France, n'a pas cru devoir s'astreindre scrupuleusement aux formes modernes du Sacre, formes que l'état présent de notre monarchie modifiera peut-être encore. Il en a emprunté les principaux traits aux cérémonies guerrières qui, dans les temps chevaleresques, accompagnaient cette auguste consécration.

CHANT DU SACRE.

―

> Orietur in diebus ejus justitia
> et abundantia pacis.
> PSALM.

La nuit couvre de Reims l'antique cathédrale [1],
Mille flambeaux semant la voûte triomphale,
De colonne en colonne et d'arceaux en arceaux,
Étendent sur la nef leurs lumineux réseaux,
Et se réfléchissant sur le bronze ou la pierre,
Font serpenter au loin des ruisseaux de lumière.
De soie et de velours les parvis sont tendus :
Les écussons royaux aux piliers suspendus,
Flottant par intervalle au souffle de la brise,
Font de soixante Rois ondoyer la devise.
L'autel est ombragé d'armes et d'étendards;
Ceux que la Palestine a vus sur ses remparts,
Ceux qu'enleva Philippe aux plaines de Bovines,
Et ceux qui d'Orléans sauvèrent les ruines.
Ce panache d'Ivry que fit flotter un roi,
Ceux que ravit Condé sous les feux de Rocroy,
Ceux enfin qui, guidant les fils de la victoire,
Du Tage au Borysthène ont porté notre gloire

Et n'ont rien rapporté de Vienne et d'Austerlitz
Que cent noms immortels sur leurs lambeaux écrits!
Noirs, souillés, mutilés, teints de sang et de poudre,
Déchirés par le sabre ou percés par la foudre,
Pendant du haut des murs, entre leurs plis mouvans,
De ce dôme sonore emprisonnent les vents,
Et semblent murmurer, en roulant sur leur lance :
« Voilà l'ombre qui sied au front d'un roi de France! »

Le temple est vide encore : aux marches de l'autel
Un pontife vêtu de l'éphod solennel,
Semble attendre le jour, l'heure, l'instant suprême,
Par la voix de l'airain, frappé dans le ciel même :
Cent lévites, couverts de vêtemens sacrés,
Du brillant sanctuaire entourent les degrés ;
Le regard suit au loin leurs onduleuses files ;
Debout, l'œil attentif, en silence, immobiles,
Ils tiennent d'une main les encensoirs flottans ;
L'autre, pressant la chaîne aux anneaux éclatans,
Semble prête à lancer vers la voûte enflammée
L'urne où déjà l'encens monte en flots de fumée.
On n'entend aucun bruit sous les divins arceaux
Qu'un léger cliquetis du fer dans les faisceaux,
Ou le tintement sourd des gothiques armures
Qui jettent par momens d'aigres et longs murmures.
L'ombre déjà blanchit, tout est prêt, qu'attend-on ?—
Entendez-vous là-haut rouler ce vaste son,
Qui, comme un bruit des vents dans des forêts plaintives,

VEILLE DES ARMES.

Gronde avec majesté d'ogives en ogives,
Par les sacrés échos répétés douze fois,
Du dôme harmonieux fait vibrer les parois,
Et tandis qu'à ses coups la voûte tremble encore
Semble sortir du marbre et rendre l'air sonore?
C'est l'airain de la tour qui murmure minuit :
Minuit! l'heure sacrée!... Écoutez! A ce bruit,
Les lourds battans d'airain, brisant leurs gonds antiques,
Ouvrent du temple saint les immenses portiques;
On entend au dehors l'acier heurter l'acier,
Le marbre frissonner sous le fer du coursier,
Ou les pas des guerriers, dont le bruit monotone
Ébranle, à temps égaux, le caveau qui résonne.
Cent chevaliers couverts de l'éclatant cimier
Entrent. Quel est celui qui marche le premier?

Son port majestueux sur la foule s'élève;
L'or fait étinceler le pommeau de son glaive;
Flottante à son côté, son écharpe, à longs plis,
Balaie en retombant les marches du parvis;
De longs éperons d'or embrassent sa chaussure,
Et sur l'écu royal qui couvre son armure,
Du sanctuaire en feu tout l'éclat reflété
Jette au loin sur ses pas des gerbes de clarté.
De son casque superbe il lève la visière;
Son panache éclatant flotte et penche en arrière,
Et laisse contempler au regard enchanté
D'un front mâle et serein la douce dignité.
Comme un sommet battu des coups de la tempête,
Dont les neiges d'automne ont parsemé le faîte,

Avant les jours d'hiver déjà ses cheveux blancs
Ont empreint sur ce front la sainteté des ans,
Et leur boucle d'argent, qui s'échappe avec grâce,
A son panache blanc se confond et s'enlace :
Son œil superbe et doux brille d'un sombre azur ;
Son regard élevé, mais franc, sincère et pur,
Lançant sous sa visière un long rayon de flamme,
Semble à chaque coup d'œil communiquer son âme ;
Dans ce regard sévère et clément à la fois,
La nature avant l'homme avait écrit ses droits ;
Il semble accoutumé dès sa première aurore,
A regarder d'en haut un peuple qui l'implore ;
Sa bouche que relève une mâle fierté,
Imprime à son visage un air de majesté ;
Mais sa lèvre entr'ouverte, où la grâce respire,
Tempère à chaque instant l'effroi par un sourire ;
Et cette main qu'il ouvre, et qu'il tend comme Henri,
Tout annonce le Roi !... La nef tremble à ce cri :
Mais d'un geste à la foule il impose silence,
Et d'un pas recueilli vers l'autel il s'avance.

L'ARCHEVÊQUE.

D'où viens-tu ?

LE ROI.

    De l'exil.

L'ARCHEVÊQUE.

        Qu'apportes-tu ?

LE ROI.

                Mon nom.

L'ARCHEVÊQUE.

Quel est ce nom sacré?

LE ROI.

Charles dix, et Bourbon.

L'ARCHEVÊQUE.

Que viens-tu demander?

LE ROI.

Le sceptre et la couronne.

L'ARCHEVÊQUE.

Au nom de qui?

LE ROI.

Du Dieu qui les ôte et les donne!

L'ARCHEVÊQUE.

Pourquoi?

LE ROI.

Pour imposer à mon nom, à mes droits,
Le sceau majestueux du Dieu qui fait les rois!

L'ARCHEVÊQUE.

Connais-tu les devoirs que ce titre t'impose?
Oses-tu les jurer?

LE ROI.

Que Dieu m'aide, et je l'ose.

L'ARCHEVÊQUE.

Quels sont-ils?

LE ROI.

Proclamer et défendre la loi,
Récompenser, punir, vivre et mourir en roi!

Aimer et gouverner comme un pasteur fidèle
Ce saint troupeau que Dieu confie à ma tutèle,
Être de mes sujets le père et le vengeur !

L'ARCHEVÊQUE.

Où les as-tu trouvés, ces devoirs?

LE ROI.

Dans mon cœur !
Mon front connut le poids de ces grandeurs humaines,
Et c'est la royauté qui coule dans mes veines !

L'ARCHEVÊQUE.

Où sont les saints garans de tes sermens?

LE ROI.

Aux cieux !
Les mânes couronnés de mes soixante aïeux :
Ce CHARLES qui fonda, des ruines de Rome,
Un empire trop grand pour l'âme d'un autre homme ;
Ces princes tour à tour redoutés et chéris,
Ces LOUIS, ces FRANÇOIS, ces généreux HENRIS ;
Et si de ces héros tu récuses la gloire,
J'en ai d'autres encore en qui le ciel peut croire !

L'ARCHEVÊQUE.

Où sont-ils ces témoins des paroles des rois[2] ?
Où sont tes Douze Pairs ?

LE ROI.

Montrant les Douze Pairs.

Pontife, tu les vois !

L'ARCHEVÊQUE.

Nomme-les.

VEILLE DES ARMES.   353

LE ROI.

Reggio! Ce nom, à son aurore,
Du saint vernis des temps n'est pas couvert encore;
Mais ses titres d'honneur sont partout déroulés :
Regarde avec respect ses membres mutilés!
Ce nom, comme les noms des Dunois, des Xaintrailles,
A germé tout à coup sur vingt champs de batailles:
J'aime mieux, pour orner le bandeau qui me ceint,
Un grand nom qui surgit qu'un vieux nom qui s'éteint!

L'ARCHEVÊQUE.

Quel est ce maréchal qui, d'une main frappée,
Cherche en vain à presser le pommeau d'une épée?
L'étoile des héros étincelle sur lui,
Et son bâton d'azur semble être son appui.

LE ROI.

C'est le second Bayard! c'est Victor! c'est Bellune!
Plus brave que son nom, plus grand que sa fortune!
Partout où la patrie a des coups à pleurer,
Son corps criblé de balles est là pour les parer,
Et, fidèle au malheur encor plus qu'à la gloire,
Ses revers ont toujours l'éclat d'une victoire!

L'ARCHEVÊQUE.

Et celui qui soutient de son bras triomphant
Les pas tremblans encor de ce royal enfant,
Et qui d'un œil de père, en regardant son maître,
Semble dire en son cœur : C'est moi qui l'ai vu naître!
Quel est-il?

LE ROI.

Un soldat : le nom d'ALBUFÉRA
Illustre encor celui que l'Espagne pleura
Quand, brisant dans Madrid le joug de la victoire,
Pour unique dépouille il rapporta sa gloire !
Sauveur du beau pays qu'il avait combattu,
Il a ravi son nom,... mais c'est par sa vertu !

L'ARCHEVÊQUE.

Mais quel est ce vieillard ? Sa blanche chevelure
Couvre à flocons d'argent l'acier de son armure ;
Par la trace des ans son front paraît terni...

LE ROI.

C'est MONCEY ! des combats le bruit l'a rajeuni.
Malgré ses traits flétris sous les glaces de l'âge,
Les camps l'ont reconnu,... mais c'est à son courage.
Comme un soldat d'hier il marcha pour son Roi.
Il serait mort pour lui ! qu'il vieillisse pour moi !

L'ARCHEVÊQUE.

Et celui qui brillant d'un long reflet de gloire ?...

LE ROI.

LA TRÉMOUILLE !

L'ARCHEVÊQUE.

    Il suffit : ce nom vaut une histoire !
Et celui qui, le front sur le marbre incliné,
Aux degrés de l'autel humblement prosterné,
Les mains jointes, les yeux fixes comme la pierre,
Semble exhaler pour toi sa fervente prière,
Quel est ce chevalier chrétien ?

LE ROI.

MONTMORENCY!

L'ARCHEVÊQUE.

L'œil, s'il n'y brillait pas, le chercherait ici !

LE ROI.

Servant le même Dieu, fidèle au même maître,
Ses aïeux, à ces traits, pourraient le reconnaître.
Modèle du sujet, du héros, du chrétien,
Son nom, de siècle en siècle, est un écho du mien ;
Et partout où la France a besoin de son glaive,
Ou le Roi d'un ami, MONTMORENCY se lève.

L'ARCHEVÊQUE.

Ce guerrier qui soutient l'étoile des guerriers,
Où l'image d'Henri brille entre des lauriers ?

LE ROI.

MACDONALD! des héros le juge et le modèle.
Sous un nom étranger, il porte un cœur fidèle ;
Dans nos sanglans revers, moderne Xénophon,
La France et l'avenir ont adopté son nom,
Et son bras dans les champs d'Arçole et d'Ibérie,
En sauvant les Français, a conquis sa patrie !

L'ARCHEVÊQUE.

Ce sage revêtu de la toge à longs plis
Où l'on voit enlacés des cyprès et des lis,
Et qui tient dans ses mains ton glaive et ta balance ?

LE ROI.

Arrête! ce nom seul fait incliner la France !

C'est DESÈZE ! C'est lui dont l'éloquente voix
S'éleva pour sauver le pur sang de ses rois :
Quand au fer des bourreaux, impatiens du crime,
Disputant sans espoir la royale victime,
Il fallait un martyr pour défendre un Bourbon,
Lui seul de ce grand meurtre a lavé son beau nom.
LOUIS à l'avenir a légué sa mémoire,
Et ces deux noms unis sont scellés dans l'histoire !

L'ARCHEVÊQUE.

Et ce preux chevalier qui, sur l'écu d'airain,
Porte au milieu des lis la croix du pèlerin,
Et dont l'œil, rayonnant de gloire et de génie,
Contemple du passé la pompe rajeunie?

LE ROI.

CHATEAUBRIAND ! Ce nom à tous les temps répond ;
L'avenir au passé dans son cœur se confond ;
Et la France des preux et la France nouvelle
Unissent sur son front leur gloire fraternelle.
Soutien de la Couronne et de la Liberté,
Il lègue un double titre à la postérité ;
Et pour briser naguère une force usurpée,
La plume entre ses mains nous valut une épée !

L'ARCHEVÊQUE.

Nomme encor ce vieillard qui, de pleurs inondé...

LE ROI.

Ne m'interroge pas ! c'est le dernier CONDÉ !!!
Il pleure un fils absent : ne troublons pas ses larmes !

L'ARCHEVÊQUE.

Et ce prince appuyé sur ses brillantes armes,
Qui, les yeux attachés sur ce groupe d'enfans,
Contemple avec orgueil cet espoir?...

LE ROI.

D'Orléans!
Ce grand nom est couvert du pardon de mon frère :
Le fils a racheté les armes de son père !
Et comme les rejets d'un arbre encor fécond,
Sept rameaux ont caché les blessures du tronc !

L'ARCHEVÊQUE.

Nomme enfin ce héros, dont la tête inclinée
Semble porter le poids de tant de destinée,
Et dont le front chargé de palmes...

LE ROI.

C'est mon Fils !

L'ARCHEVÊQUE.

Qu'a-t-il fait pour ce nom ?

LE ROI.

Demandez à Cadix !

L'ARCHEVÊQUE.

Il suffit : ces témoins répondent de ta vie!
Tout siècle les verrait avec un œil d'envie.
Charles ! réjouis-toi ! Lequel de tes aïeux
A pu citer jamais des noms plus glorieux ?

Mais, silence! Le Roi, le front contre la pierre,
Murmure à demi-voix sa touchante prière,
Et ses vœux, en soupirs de son cœur échappés,
S'exhalent lentement à mots entrecoupés :

    Dieu des astres, Dieu des armées!
Dieu qui conduis de l'œil les sphères enflammées!
    Dieu des empires, Roi des Rois!
Au bruit d'un peuple entier qui pousse un cri de fête,
Du bronze et de l'airain qui grondent sur ma tête,
    Voici l'heure! écoute ma voix!

    Errant, sans trône et sans patrie,
Triste objet de pitié comme autrefois d'envie,
    J'ai mangé le pain de douleur;
Et d'exil en exil trainant mon titre illustre,
Je n'avais à montrer, pour conserver son lustre,
    Que la majesté du malheur!

    Adorant tes rigueurs divines,
Dans les murs d'Édimbourg j'habitai ces ruines
    Pleines du destin des Stuarts!
Ces palais écroulés, ces tours d'herbes couvertes,
Et ces portes sans garde et ces salles désertes
    Sympathisaient à mes regards!

    Là, victime du rang suprême,
Une reine voyait son sacré diadème

Jouet de l'amour et du sort ;
Et, du haut de ces tours où triomphaient ses charmes,
En regardant la mer, implorait par ses larmes
    L'obscurité de l'autre bord !

    Que de fois sous le dôme sombre
Où je cherchais sa trace, hélas ! je vis cette ombre
    Mêler ses soupirs à ma voix !
Et m'apprendre en pleurant sur quelle onde incertaine
Le vent capricieux de la fortune humaine
    Fait flotter le destin des Rois !

    Victime, pleurant des victimes,
Trop connu du malheur, de ces leçons sublimes,
    Hélas ! je n'avais pas besoin !
Quel siècle fut jamais plus fertile en ruines?
Mon Dieu ! pour contempler tes justices divines,
    Fallait-il regarder si loin ?

    N'ai-je pas vu ce diadème,
Par le glaive arraché de la tête suprême,
Rouler dans la poussière aux pieds des factions?
De la poudre des camps relevé par la gloire,
Joué, gagné, perdu, ravi par la victoire,
    Passer avec les nations?

    Hélas ! sur ce sable où nous sommes,
Quant tout mugit encor de ces tempêtes d'hommes,
Qui pourrait envier ce sceptre des humains?
C'est la foudre du ciel que porte un bras timide !

Qui toucherait sans crainte à cette arme perfide
Prête d'éclater dans nos mains?

Par un ciel d'exil profanées,
L'infortune a doublé le poids de mes journées,
Je descends la pente des ans;
A peine si mon front que leur souffle moissonne
Portera sans fléchir le poids de la couronne
Qui va parer ces cheveux blancs!

La tombe avertit ma paupière;
L'espoir à son aspect retournant en arrière
Ferme l'avenir devant moi!
Je mourrai; de la mort l'égalité fatale
Mêlera quelque jour à la cendre banale
La poussière qui fut un Roi!

Mais ma faiblesse en vain murmure;
Le cri d'un peuple entier, l'ordre de la nature,
Du ciel sont l'arrêt souverain!
Hélas! il faut régner! Régner? quel mot suprême!
Être ici-bas ton ombre! ô mon Dieu! viens toi-même
Tenir le sceptre dans ma main!

Que l'onction qu'on va répandre
Me donne la vertu de craindre et de défendre
Ce trône où je suis condamné!
Et que l'huile sacrée, en coulant sur ma tête,
Me prépare au combat que cette heure m'apprête,
Comme un athlète couronné.

Que jamais mon œil ne sommeille !
Que tes Anges, Seigneur, portent à mon oreille
　　Ces soupirs, les remords des Rois !
Que mon nom luise égal sur mes vastes provinces !
Que le denier du pauvre et le trésor des princes
　　Y soient pesés du même poids !

　　Que s'élevant en ma présence,
Les cris de l'opprimé, les pleurs de l'innocence
M'apportent les besoins du dernier des mortels !
Que l'orphelin tremblant, que la veuve qui pleure
Près de mon trône admis, l'embrassent à toute heure
　　Comme les marches des autels !

　　Aux conquérans livre la gloire !
Qu'aux cœurs de mes sujets ma paisible mémoire
　　Ne soit qu'un tendre souvenir !
Que mes fastes heureux n'aient qu'une seule page,
Que la borne posée à mon noble héritage
　　Passe immobile à l'avenir !

　　De ma race auguste Patrone,
Toi qui, pour les Français effeuillant ta couronne
　　A leurs drapeaux prêtas tes lis,
Étoile du bonheur, sois l'astre de la France,
Et conserve à jamais ta bénigne influence
　　Aux premiers soldats de ton fils !

La première lueur de la naissante aurore,
A travers les vitraux où le jour se colore,
Comme l'aube obscurcit les étoiles des nuits,
Fait pâlir de la nef les feux évanouis,
Et la double clarté qui se combat dans l'ombre
Se mêle, en avançant, sous la voûte moins sombre.
A ce jour progressif, de ces dômes sacrés
L'œil suit dans le lointain les contours éclairés,
Et de la basilique embrassant l'étendue,
Découvre à ses arceaux la foule suspendue :
Les tribunes, longeant les courbes des piliers,
Croisent dans tous les sens leurs immenses sentiers ;
Sous leur poids orageux le cintre ébranlé gronde ;
Un long torrent de peuple à grands flots les inonde,
En déborde, et couvrant les arcs, les monumens,
Des dômes découpés les hauts entablemens,
Aux voûtes de la nef se suspend en arcades,
S'enlace comme un lierre aux fûts des colonnades,
Du parvis à la frise et d'arceaux en arceaux,
Se déroule en guirlandes ou se groupe en faisceaux,
Et du pilier gothique embrassant le feuillage,
Tremble comme l'acanthe au souffle de l'orage.
De ses noirs fondemens jusqu'au sommet des tours,
Un peuple tout entier tapissant ses contours,
Pressé comme les flots de l'antique poussière,
Semble avoir du vieux temple animé chaque pierre.

L'airain guerrier résonne : et les enfans de Mars

Se rangent en silence autour des étendards :
Là, ceux dont le regard que le calcul éclaire
Dans les champs des combats est l'aigle du tonnerre,
Et qui, d'une étincelle échappée à leurs mains,
Font voler à son but la foudre des humains ;
Là, ces géants coiffés de sauvages crinières
Dont le poil fauve et noir tombe sur leurs paupières ;
Ces centaures brillans, messagers des combats,
Qui traînent à grand bruit leurs sabres sur leurs pas ;
Et ceux qui font rouler sur le fer d'une lance
Ces légers étendards où la mort se balance ;
Et ceux dont, au soleil, les casques éclatans
Font ondoyer encor des panaches flottans ;
Et ceux qui, revêtus de leurs brillantes mailles,
N'offrent qu'un mur d'airain sur leur front de batailles,
Et dont le pied, pressant les flancs d'un noir coursier,
Résonne sur le sol comme un faisceau d'acier !
Digeon, Valin, Maubourg, dirigent leurs courages !
Enfans des deux drapeaux, braves de tous les âges,
Ces preux autour du Roi n'ont qu'un cœur et qu'un rang ;
L'Espagne a confondu les couleurs dans leur sang.

Là ce jeune guerrier, ce débris de deux guerres
Dont le laurier s'unit au cyprès de deux frères ;
Ce sang, dont la Vendée a vu couler les flots,
N'épuisa point en lui la source des héros*.

---

* La Rochejaquelein.

Mais, sur ce dais où l'or en longs plis se déroule,
Quel populaire instinct porte l'œil de la foule?
Ah! c'est le sang royal qui parle aux cœurs français!...
A l'ombre de ces lis entourés de cyprès,
Dont la tige sur elle avec amour s'incline,
Voilà l'ange exilé! la royale Orpheline!
Son front, que des bourreaux le fer a respecté,
Garde de la douleur la noble majesté!
On sent à son aspect que, digne de sa mère,
Le ciel lui fit une âme égale à sa misère!
A ces pompes du trône on la ramène en vain,
Son cœur désenchanté les goûte avec dédain,
Et peut-être au moment où son œil les contemple,
Son âme, s'envolant dans les cachots du Temple,
Rêve aux jours de l'enfance où, sous ces murs affreux
Que la main des bourreaux obscurcissait pour eux,
Un rayon du soleil, à travers une grille,
Était la seule pompe, hélas! de sa famille!...

La veuve de Berri, des couleurs du cercueil
Couvre son front mêlé d'espérance et de deuil;
Ses longs cheveux épars, se dénouant d'eux-même,
Semblent en retombant pleurer un diadème;
Son regard, effleurant le faste de ces lieux,
N'y voit qu'un vide immense et se reporte aux cieux.
Hélas! le sort, voilant l'aube de sa jeunesse,
A brisé dans ses mains une coupe d'ivresse...
Le coup qu'elle a reçu répond à tous les cœurs;
Ses yeux dans tous les yeux ont retrouvé des pleurs.

Là, deux sœurs; un exil, un palais les rassemble*;
Le malheur, la pitié, les invoquent ensemble,
Le siècle les admire et ne les connaît pas,
Le pauvre les regarde et les nomme tout bas.

Mais quel est cet enfant?—L'avenir de la France!!!
La promesse de Dieu qu'embellit l'espérance!
De ses seuls cheveux blonds son beau front couronné
Ignore encor le rang pour lequel il est né;
Libre encor des liens de sa haute origine,
Il sourit au fardeau que le temps lui destine;
Ses yeux bleus où le ciel aime à se retracer,
Sur ces pompes du sort s'égarent sans penser;
Il ne voit que l'éclat dont le trône étincelle,
La vapeur de l'encens qui monte ou qui ruisselle,
Le reflet des flambeaux répété dans l'acier,
Ou l'aigrette flottant sur le front du guerrier;
Et, comme Astyanax dans les bras de sa mère,
Sa main touche en jouant aux armes de son père.

Le pontife est debout : le nard aux flots dorés
Semble prêt à couler de ses doigts consacrés;
Charle, à genoux, baissant son front sans diadème,
Offre ses blancs cheveux aux parfums du saint-chrême;
Et le prêtre, élevant la couronne en ses mains [3],
Parle au nom du seul maître, au maître des humains.

---

* LL. AA. RR. Madame la duchesse et Mademoiselle d'Orléans.

L'ARCHEVÊQUE.

Si nous étions encore aux siècles des miracles [4],
La colombe, planant sur les saints tabernacles,
T'apporterait du ciel le chrême de Clovis,
Et les anges eux-même, aux accens d'un prophète,
   Poseraient sur ta tête
   La couronne de lis !

Mais les temps ne sont plus ! le passé les emporte ;
Le ciel parle à la terre une langue plus forte :
C'est la seule raison qui l'explique à la foi !
Les grands événemens, voilà les grands prestiges !
   Tu cherches les prodiges :
   Le prodige, c'est Toi !

C'est toi ! Roi sans sujets ! fugitif sans asile !
Proscrit du trône ingrat d'où l'Europe t'exile,
Tu vas traîner des rois l'indélébile affront,
Puis, au moment marqué par le maître suprême,
   Tu reviens : de lui-même
   Le bandeau ceint ton front !

Tu reviens sans trésors, sans alliés, sans armes,
Toucher du pied royal cette terre de larmes,
Cette terre de feu qui dévorait les rois !
Comme un homme trompé par un funeste rêve,
   On s'éveille, on se lève,
   On s'élance à ta voix !

Le voilà!—Ce seul mot a reconquis la France,
Tout un peuple enivré de zèle et d'espérance
Te porte dans ses bras au palais paternel !
Le soldat des Germains ne compte plus le nombre,
      Et se désarme à l'ombre
      De son trône éternel !

Les villes à tes pieds portent leurs clés fidèles ;
Les soldats étonnés, ouvrant leurs citadelles,
Comme un salut royal déchargent leur canon !
Ces drapeaux que jamais, aux éclairs de la poudre,
      Ne fit baisser la foudre,
      S'abaissent à ton nom !

La liberté superbe, à ta voix assouplie,
Sous un joug volontaire avec amour se plie ;
Tu souris au pardon sur la force appuyé !
Trente ans comme un seul jour s'effacent : ta mémoire
      Se souvient de la gloire ;
      Le crime est oublié !

Il semble qu'un esprit de grâce et d'harmonie
Aux cœurs de tes sujets ait soufflé ton génie !
Que du royal martyr le vœu soit accompli !
Et que chaque Français, comme une sainte offrande,
      Devant tes pas répande
      L'espérance et l'oubli !

Viens donc ! Élu du ciel que sa force accompagne,
Viens ! —Par la majesté du divin Charlemagne !

La valeur de Martel ou du soldat d'Ivri !
Par la vertu du roi qu'a couronné l'Église !
  Par la noble franchise
  Du quatrième Henri !

Par les brillans surnoms de cette race auguste :
Le Sage, le Vainqueur, le Bon, le Saint, le Juste ;
La grâce de Philippe ou de François premier !
Par l'éclat de ce Roi dont l'ascendant suprême
  Imposa son nom même
  Au siècle tout entier !

Par ce martyr des Rois qui mourut pour nos crimes !
Par le sang consacré de cent mille victimes !
Par ce pacte éternel qui rajeunit tes droits !
Par le nom de Celui dont tout sceptre relève !
  Par l'amour qui t'élève
  Sur ce nouveau pavois !

Au nom du seul puissant, du seul saint, du seul sage,
Dont l'espace et le temps sont le vaste héritage,
Dont le regard s'étend à tout siècle, à tout lieu !
Sois sacré ! tu deviens par ce royal mystère [5]
  Le maître de la terre,
  Le serviteur de Dieu !

Règne ! juge ! combats ! venge ! punis ! pardonne !
Conduis ! règle ! soutiens ! commande ! impose ! ordonne !
Par la vertu d'en haut sois couronné ! sois Roi !
Ta main, dès cet instant, peut frapper, peut absoudre ;

VEILLE DES ARMES.

Ton regard est la foudre,
Ta parole est la loi !

Il dit : un seul cri part ; l'air mugit, l'airain sonne !
Les drapeaux déroulés flottent ; le canon tonne,
Et l'ardent TE DEUM, ce cantique des rois,
S'élance d'un seul cœur et de cent mille voix !

« Que la terre et les cieux et les mers te bénissent !
« Qu'au chœur des chérubins les séraphins s'unissent
« Pour célébrer le Dieu, le Dieu qui nous sauva,
« Saint, Saint, Saint est son nom ! Que la foudre le gronde,
« Que le vent le murmure, et l'abîme réponde :
  « Jéhova ! Jéhova !

« Qu'il gouverne à jamais son antique héritage !
« Sur les fils de nos fils qu'il règne d'âge en âge ;
« Nos cris l'ont invoqué ! sa foudre a répondu !
« De toute majesté c'est la source et le père !
« Le peuple qui l'attend, le siècle qui l'espère
  « N'est jamais confondu !

« Qu'il est rare, ô mon Dieu, que ta main nous accorde
« Ces temps, ces temps de grâce et de miséricorde,
« Où l'homme peut jeter ce long cri de bonheur,
« Sans qu'un soupir, faussant le cantique d'ivresse,

« Vienne en secret mêler aux concerts d'allégresse
« L'accent d'une douleur !

« Mais béni soit mon temps ! le monde enfin respire,
« De trente ans de combats le bruit lointain expire ;
« La terre germe l'homme, et n'a plus soif de sang !
« Sur deux mondes unis qui marchent en silence
« On n'entend que la voix de la reconnaissance
« Qui monte et redescend.

« Les rois ont recouvré leur divin héritage ;
« Les peuples, leur rendant un légitime hommage,
« Ont placé dans leurs mains le sceptre de la loi !
« Elle brille à leurs yeux comme un céleste phare,
« Et dans le temple en deuil leur piété répare
« Les débris de la foi.

« L'homme voit sur les mers ses flottes mutuelles
« A tous les vents du ciel ouvrir leurs libres ailes ;
« La sueur de son front ne germe que pour lui ;
« Et partout dans la loi, sourde comme la pierre,
« Le crime a son vengeur, la force sa barrière,
« Le faible son appui.

« En génie, en vertu, la terre encor féconde,
« Ouvre un champ sans limite à l'avenir du monde,
« Chaque jour à son siècle apporte son trésor ;
« Les élémens soumis ont reconnu leur maître,
« Et l'univers vieilli, rêve qu'il voit renaître
« Un dernier âge d'or... »

VEILLE DES ARMES.

Et toi qui, relevant les débris des couronnes,
Viens du trône des rois embrasser les colonnes,
Rêve des nations, qu'ont vu passer nos yeux,
Que le Christ après lui fit descendre des cieux !
Liberté ! dont la Grèce a salué l'aurore,
Que d'un berceau de feu ce siècle vit éclore,
Viens, le front incliné sous le sceptre des rois,
Poser le sceau du peuple au livre de nos lois !
Trop longtemps l'univers lassé de tes orages,
Aux mains des factions vit flotter tes images ;
Trop longtemps l'imposture, usurpant ton beau nom,
De ses honteux excès fit rougir la raison :
L'univers cependant, effrayé de lui-même,
T'invoque et te maudit, t'adore et te blasphème,
Et comme un nouveau culte aux humains inspiré,
Ne peut fixer encor ton symbole sacré !
Je ne sais quel instinct, plus sûr que l'espérance,
Présage aux nations ton règne qui s'avance !
L'opprimé, l'oppresseur, te rêvent à la fois :
Un peuple enseveli ressuscite à ta voix ;
Le voile qui des lois couvrait le sanctuaire
Se déchire, et le jour de tes yeux les éclaire.
Les partis triomphans, si prompts à t'oublier,
Se couvrent de ton nom comme d'un bouclier ;
Chaque peuple à son tour te possède ou t'espère,
Et ton œil cherche en vain un tyran sur la terre !

Viens donc ! viens, il est temps, tardive Liberté !
Que ton nom incertain par le ciel adopté,
Avec la vérité, la force et la justice,

Du palais de nos rois orne le frontispice !
Que ton nom soit scellé dans les vieux fondemens
De ce temple où la foi veille sur leurs sermens ;
Et que l'huile en coulant sur leur saint diadème
Retombe sur ton front et te sacre toi-même !
Règne ! mais souviens-toi que l'illustre exilé
Par qui, dans ces climats, ton deuil fut consolé,
Précurseur couronné que salua la France,
T'annonça dans nos maux comme une autre espérance;
Et t'arrachant lui seul aux mains des factions,
Fit de tes fers brisés l'ancre des nations ;
Que ton ombre, régnant sur un peuple en délire,
Et victime bientôt des fureurs qu'elle inspire,
Fit au monde étonné regretter les tyrans ;
Que tu fus enchaînée au char des conquérans ;
Que ton pied traîne encor les fers de la victoire
A ces anneaux dorés qu'avait rivés la gloire,
Et que, pour affermir et consacrer tes droits,
Ton temple le plus sûr est le cœur des bons Rois !

NOTES.

PREMIÈRE NOTE.

La nuit couvre de Reims l'antique cathédrale.

Nous n'ajouterons point de nouvelles dissertations à tant d'autres sur les prétentions de l'église de Reims au droit exclusif de sacrer les successeurs de Clovis et de saint Louis. Nous nous bornerons à faire observer que cette métropole n'a pour elle qu'un long usage qui, toutes choses égales dans la balance des considérations, doit lui mériter la préférence, mais qui ne saurait, d'aucune manière, lier le monarque dans son choix.

« La faction des Guise, dit le président de Thou, avait proposé aux états de Blois de reconnaître en principe que nul ne pourrait être réputé roi légitime de France s'il n'avait été sacré à Reims; mais le conseil du roi, rejetant cette proposition insidieuse, décida qu'il serait injuste que l'héritier naturel et légitime de la couronne n'eût pas la liberté de se faire couronner où il jugerait à propos; et, parmi plusieurs exemples de rois qui n'avaient pas été sacrés à Reims, on cita celui de Louis-le-Gros, dont le sacre se fit à Orléans. »

On a plusieurs exemples de sacres qui ne se sont point

accomplis à Reims, ceux de Pépin, Charlemagne, Carloman, Raoul, Louis IV, Robert (suivant quelques historiens), Louis VI, Charles VII (la première fois) et Henri IV; non compris les sacres appliqués à des titres autres que celui de roi de France.

DEUXIÈME NOTE.

L'ARCHEVÊQUE.

Où sont-ils ces témoins des paroles des rois ?
Où sont tes Douze Pairs ?

LE ROI, montrant les douze pairs.

Pontife, tu les vois!

Froissart appelle les douze pairs *frères du royaume*. Les douze pairs étaient connus avant Louis VII; on lit dans le roman d'Alexandre :

Élisez douze pairs qui soyent compagnons,
Qui mènent vos batailles en grande dévotion.

D'autres romanciers du même temps, entre autres Gauthier d'Avignon, supposent que les douze pairs se trouvèrent à la bataille de Roncevaux. Louis-le-Jeune, dit Dutillet dans son Recueil des rois de France, créa les douze pairs pour le sacre et le couronnement de Philippe-Auguste, et pour juger avec le roi les grandes causes au parlement. Les premiers pairs royaux, érigés en tribunal national, concouraient à l'inauguration, non seulement pour recevoir le serment du monarque et constater l'acte de prise de possession du trône, mais encore pour juger les oppositions qui auraient pu s'élever parmi les dissidens. On trouve des traces de ces fonctions primitives dans un ancien Formulaire suivant lequel le roi, la veille de son sacre, se montrait au peuple, accompagné des pairs, qui faisaient entendre ces paroles : « Vées-cy votre roi que nous, pairs de France, couronnons à roi et à souverain seigneur, et s'il y a âme qui le vueille contredire, *nous sommes ici pour en faire droit*, et sera au jour de demain consacré par la grace du Saint-Esprit, se par vous n'est contredit. »

TROISIÈME NOTE.

Et le prêtre, élevant la couronne en ses mains,
Parle au nom du seul maître, au maître des humains.

L'inauguration de Pépin, cette solennité qu'on s'est habitué à considérer comme le principe et le fondement du sacre, ne constitue qu'un contrat politique bénit par l'Église, suivant un usage dès-lors établi dans l'Orient ; et l'onction sainte, un rite commun à tous les fidèles, dont les ministres de la religion avaient fait une application plus particulière et plus solennelle à la cérémonie du couronnement, qui n'emportait aucune idée de servitude ou de dépendance temporelle envers l'Église, qui laissait agir dans toute sa plénitude, ou la force du droit de naissance, ou le vœu spontané de la nation.

Nous en trouvons une preuve dans le couronnement de Louis-le-Débonnaire qui, sans la participation de l'Église, et n'obéissant qu'à l'ordre absolu de Charlemagne, prit la couronne que son père avait fait placer sur l'autel, et se la mit lui-même sur la tête en présence des états. *Tum jussit pater ut, propriis manibus coronam quæ erat super altare, elevaret, et capiti suo imponeret* (Thegan, Gestes de Louis-le-Débonnaire), sur quoi Fauchet fait cette réflexion : « Est à noter, en cet acte solennel, que Charlemagne déclarant son fils empereur, *n'attend point le consentement de personne là-dessus*, ni ne voulut qu'autre que son fils ne touchât à la couronne impériale pour la mettre sur son chef; chose qui semble n'avoir été faite par cet empereur sans mystère, et pour montrer qu'il ne tenait l'empire que de Dieu seul, etc. » Cela est juste, quant à l'Église, et rien n'est plus propre à démontrer l'indépendance de l'empereur; mais l'observation n'est pas exacte à l'égard de l'affranchissement politique ou civil; car, quelques jours avant la cérémonie, Charlemagne assembla les grands du royaume, et leur demanda à tous, depuis le premier jusqu'au dernier, s'ils avaient pour agréable qu'il déclarât son fils empereur : *Interrogans omnes, a maximo usque ad minimum, si eis placuisset*, etc.

QUATRIÈME NOTE.

Si nous étions encore au siècle des miracles,
La colombe, planant sur les saints tabernacles,
T'apporterait du ciel le chrême de Clovis...

L'onction administrée à Clovis a-t-elle été une inauguration? Ce prince a-t-il été oint comme roi ou comme chrétien? Tout annonce que le sacre de Clovis, comme roi, est un fait supposé qui n'aurait d'autre fondement que le miracle de la sainte ampoule. Les auteurs des deux derniers siècles qui ont écrit notre histoire générale avec quelque discernement n'ont vu, dans l'acte de la conversion de Clovis, qu'une cérémonie sacramentelle qui fit d'un roi idolâtre un monarque chrétien. Grégoire de Tours, qui rapporte les circonstances caractéristiques de cette solennité royale, ne dit pas un mot d'où l'on puisse inférer qu'il y fut question de toute autre chose que du baptême et de la confirmation de Clovis. Voici son récit : « Saint Rémi fait préparer un lavoir suivant le mode de l'immersion. Le baptistère est disposé et muni de baume [1] par son ordre. L'église est tapissée de courtines blanches, c'est la couleur des catéchumènes, et la décoration propre à la cérémonie du baptême. Nouveau Constantin, Clovis se présente au bain sacré pour y laver sa vieille lèpre et se purifier dans la source de vie. Là, confessant un Dieu en trois personnes, il est baptisé au nom du Père, du Fils, et du Saint-Esprit : il reçoit enfin l'onction du chrême, et plus de trois mille Français participent aux mêmes sacremens dans la même cérémonie. »

Les traditions reçues veulent que la sainte ampoule ait été envoyée ou même apportée par le Saint-Esprit sous la forme d'une colombe; et néanmoins elle est annoncée pour la première fois dans le formulaire de Louis-le-Jeune, comme un présent de la Divinité transmis par un ange. L'appari-

---

[1] L'usage du baume et de l'huile parfumée, dans les cérémonies de la religion, tire son principe de la plus haute antiquité.
La manière de le préparer a fourni le sujet d'un traité volumineux dont parlent le patriarche Gabriel et Abulbircat, cités par dom Chardon dans son *Histoire des Sacremens*. Outre l'huile et le suc de diverses fleurs, dit aussi dom Vert, *Cérém.*, t. I, les Grecs y font entrer la cannelle, l'ambre, le girofle, l'aloès, la muscade, le spinanardi, la rose rouge d'Irak, et beaucoup d'autres drogues qui ne sont pas spécifiées. Le même auteur ajoute que l'Eucologe des Grecs indique jusqu'à quarante espèces d'aromates et de parfums dont les évêques de cette communion font la base du saint chrême. L'Église latine n'emploie plus que du baume pur. Il n'y a que les missionnaires des pays où l'on ne peut se procurer cet aromate, à qui les canons permettent d'y substituer d'autres parfums.

tion de l'ange est attestée par Godefroy de Viterbe et Guillaume-le-Breton. On la retrouve encore dans la Chronique de Morigny, et dans une épitaphe de Clovis que l'on conserva longtemps à Sainte-Geneviève de Paris, comme un monument de la plus haute antiquité : mais la descente de la colombe est plus conforme au rituel du sacre et à l'opinion dominante, qui paraît se fonder sur les leçons d'Aymoin et d'Antonin, d'après le texte d'Hincmar.

Nous remarquerons que le grand sceau, le plus ancien de l'abbaye de Saint-Rémi, portait pour effigie une colombe tenant en son bec une ampoule, ce qui prouverait que la version suivie dans le rituel est d'accord avec les premières traditions.

Mais comment se fait-il que la tradition la plus ancienne de ce prodige ne se concilie point avec le plus ancien des règlemens qui l'ont consacrée ? Pourquoi le sceau de Saint-Rémi nous indique-t-il une colombe, et le Formulaire de Louis VII un ange ? D'où vient cette différence essentielle entre les témoignages du même temps, qui ont dû dériver d'une même source ? Cette contradiction dans les écrivains qui ont parlé de la sainte ampoule, plusieurs siècles après son apparition, ne serait pas moins inexplicable que le silence absolu des contemporains.

Le mode d'existence physique de ce chrême ne répondrait pas d'ailleurs à l'idée qu'on s'est formée de sa nature et de son origine. Le baume de la sainte ampoule avait tout le caractère d'un corps terrestre ; il a subi le sort des choses humaines ; il a éprouvé les altérations du temps et tous les accidens communs aux substances terrestres analogues : car il a changé de nature, s'il est d'origine, ou il n'a rien de divin, s'il a conservé sa première essence, puisqu'elle est d'une nature corruptible.

Le peuple, toujours porté à grossir le merveilleux et à se faire une idée exagérée des choses secrètes, croyait que la sainte ampoule n'éprouvait aucune diminution.

C'est un préjugé dont quelques historiens n'ont pas su se défendre[1], mais qui est reconnu et avoué depuis longtemps par les dépositaires mêmes de la relique[2]. La liqueur de Saint-Rémi n'avait pas conservé son ancienne fluidité : elle était, en grande partie, desséchée ou fortement congelée, d'un rouge obscur, presque entièrement opaque, et réduite à la moitié de la capacité de la fiole, qui était de la grosseur d'une figue verte. Voici la description qu'en donne Marlot dans *le Théâtre d'honneur*, p. 267 : « Il semble que cette fiole soit de verre ou de cristal, laquelle, pour être remplie d'une liqueur tannée, est peu transparente à la vue; sa grosseur est comme une figue d'une moyenne grandeur : elle a le col blanchâtre pour ce qu'il est vide; son bouchon est d'un taffetas rouge, et si vous y appliquiez l'odorat, elle sent tout à fait le baume le plus exquis... La liqueur qu'elle contient n'est pas entièrement liquide, mais un peu desséchée, semblable à du fin baume congelé. Il a bien diminution d'un tiers, et non plus.

« Largeur de l'ampoule, un pouce sept lignes.

« Largeur du col, sept lignes et demie.

« Largeur du fond, un pouce une ligne.

« Longueur de la colombe, hormis la tête, deux pouces huit lignes.

« Elle est posée sur un cadre d'argent doré, à l'exception de la plaque où elle est assise, qui est d'or semé de pierreries.

[1] Notamment *Froissard*, qui dit, en parlant du sacre de Charles VI, que la sainte ampoule n'éprouvait aucune diminution.

[2] *Elle décroît à mesure qu'on en prend*, telles sont les propres paroles de Marlot, docteur en théologie, et grand-prieur de Saint-Nicaise de Reims.

« Longueur du cadre, trois pouces dix lignes et demie.

« Largeur du cadre, trois pouces.

« Longueur de l'aiguille d'or avec quoi on prend l'onction, deux pouces onze lignes.

« Le cadre est sur une assiette d'argent doré, semé de pierreries, dont la bordure est d'or, où est attachée une chaîne d'argent, que l'abbé met à son cou lorsqu'on la porte en la grande église pour le sacre... »

La profanation de la sainte ampoule, brisée par des mains impies, n'en fut pas moins un véritable scandale aux yeux des gens de bien. La sainteté du dépôt, le souvenir de sa destination, l'espèce de culte que lui vouèrent une longue suite de rois, cette auréole divine dont la ceignit la pieuse croyance de nos pères, tous ces antiques et religieux prestiges qui la rattachaient à la conservation du premier roi chrétien, n'ont pu la soustraire aux fureurs révolutionnaires. Un peu plus tard, peut-être, ils l'auraient protégée contre les atteintes de l'incrédulité, en faveur du nouveau pouvoir, et la France monarchique y aurait encore et longtemps respecté l'objet de la vénération de ses princes.

Il paraît que la sainte ampoule a échappé en partie à une destruction qu'on croyait entièrement consommée. Une lettre écrite par un fonctionnaire de Reims à M. Leber l'informe de cette particularité. On pourra lire cette lettre curieuse à la page 348 de son livre, savant et curieux à la fois. La note ci-bas nous a été donnée en communication ; elle est étrangère à l'ouvrage déjà cité.

NOTE COMMUNIQUÉE.

« Le 25 janvier 1819, quinze témoins ont comparu devant M. de Chevrières, procureur du roi honoraire de Reims.

M. Seraine, qui était curé de Saint-Rémi de Reims, en 1793, déclara ce qui suit : Le 17 octobre 1795, M. Hourelle, alors officier municipal et premier marguillier de la paroisse de Saint-Rémi, vint chez moi, et me notifia, de la part du représentant du peuple *Bulh*, l'ordre de remettre le reliquaire contenant la sainte ampoule, pour être brisé. Nous résolûmes, M. Hourelle et moi, ne pouvant mieux faire, d'extraire de la sainte ampoule la plus grande partie du baume qu'elle contenait. Nous nous rendîmes à l'église de Saint-Rémi ; je tirai le reliquaire du tombeau du saint, et le transportai à la sacristie, où je l'ouvris à l'aide d'une petite pince de fer. Je trouvai placé dans le ventre d'une colombe d'or et d'argent doré, revêtue d'émail blanc, ayant le bec et les pattes rouges, les ailes déployées, une petite fiole de verre de couleur rougeâtre d'environ un pouce et demi de hauteur, bouchée avec un morceau de damas cramoisi ; j'examinai cette fiole attentivement au jour, et j'aperçus grand nombre de coups d'aiguille aux parois du vase ; alors je pris dans une bourse de velours cramoisi, parsemé de fleurs de lis d'or, l'aiguille qui servait, lors du sacre de nos rois, à extraire les parcelles du baume desséché et attaché au verre ; j'en détachai la plus grande partie possible, dont je pris la plus forte, et je remis la plus faible à M. Hourelle. »

Suivent les détails des moyens employés par MM. Seraine et Hourelle pour la conservation de leur dépôt ; et ce témoignage a été confirmé par les déclarations qu'ont faites les autres témoins. Ces parcelles conservées ont été remises entre les mains de M. de Coucy, dernier archevêque de Reims, qui les a réunies dans un nouveau reliquaire qui a été placé dans le tombeau de saint Rémi.

Ces détails, qui ont été publiés, paraissent ne devoir laisser aucun doute sur leur authenticité et sur la vérité des faits qu'ils contiennent.

CINQUIÈME NOTE.

Sois sacré ! tu deviens, par ce royal mystère,
Le maître de la terre,
Le serviteur de Dieu.

A partir de la fin du quatorzième siècle, le sacre a constamment passé pour une cérémonie sinon indifférente, du moins indépendante de l'exercice de tous droits et de toutes prérogatives ultramontaines ou sociales. L'héritier du trône, saisi du titre de roi dès le ventre de sa mère, a toujours été réputé roi par la seule force et dans toute la plénitude de son droit héréditaire, sans que le défaut ou l'accomplissement de l'onction pût ni le fortifier, ni l'affaiblir, ni rien changer à l'effet de la puissance royale, avant comme après la solennité. Mais on a continué d'y respecter ce caractère auguste qu'y imprime la religion. Nous n'avons pas d'exemple qu'un roi de France ait dédaigné ou négligé de se conformer à cet antique usage, lors même qu'il a cessé d'être un sujet d'obligation politique, jusqu'aux successeurs de l'infortuné Louis XVI qui était hors d'état de se faire sacrer. Il n'est pas un de nos princes qui ne se soit fait un pieux devoir d'appeler la bénédiction du ciel sur les prémices de son règne, et de courber publiquement son front aux pieds du souverain maître des empires et des rois. Jean Rely, dans un de ses discours aux états de Tours, en 1483, exprime ainsi son opinion au sujet du sacre : « La vertu de l'onction sacrée et des bénédictions sacerdotales et pontificales qui se font en la sainte église au couronnement des rois, quand ils sont dignement venus de lui, le font régner en paix, en joie et en prospérité, avoir longue vie, grande gloire et invincible sûreté, protection et garde de Dieu le créateur, et des benoits anges, de laquelle le roi est environné, défendu et gardé, etc... »

RÉPONSE

AUX

ADIEUX DE SIR WALTER SCOTT

A SES LECTEURS.

ADIEUX DE SIR WALTER SCOTT

A SES LECTEURS[*].

Abbotsford, septembre 1831.

Le lecteur sait que, selon toute apparence, ces contes sont les derniers que l'auteur soumettra au jugement du public. Il est maintenant à la veille de visiter des pays étrangers. Le roi son maître a bien voulu désigner un vaisseau de guerre pour transporter l'*auteur de Waverley* dans des climats où il puisse retrouver assez de santé pour revenir ensuite achever doucement le fil de sa vie dans son pays natal. S'il avait continué ses travaux ordinaires, il est plus que probable qu'à l'âge où il est parvenu, le vase, pour employer le langage expressif de l'Écriture, se serait brisé à la fontaine; et celui qui a eu le bonheur d'obtenir une part peu commune du plus précieux des biens de ce monde, est peu en droit de se plaindre que la vie, en approchant de son terme, ne soit pas exempte des troubles et des orages auxquels nul d'entre nous ne saurait échapper. Ils ne l'ont pas du moins affecté d'une manière plus pénible qu'il n'est

---

[*] Ces *Adieux* se trouvent à la fin du dernier volume de la 4ᵉ série des *Contes de mon Hôte*, contenant *Robert de Paris* et *le Château périlleux*, par sir Walter Scott.

inséparable de l'acquittement de cette partie de la dette de l'humanité. De ceux dont les rapports avec lui dans les rangs de la vie auraient pu lui assurer leur sympathie dans ses souffrances, beaucoup n'existent plus à présent ; et ceux qui ont survécu avec lui sont en droit d'attendre, dans la manière dont il supportera des maux inévitables, un exemple de fermeté et de patience, surtout de la part d'un homme qui est loin d'avoir eu à se plaindre de son sort dans le cours de son pèlerinage.

« L'auteur de *Waverley* n'a pas d'expressions pour peindre la reconnaissance qu'il doit au public; mais peut-être lui sera-t-il permis d'espérer que, tel qu'il est, son esprit n'a pas vieilli plus vite que son corps, et qu'il pourra se présenter de nouveau à la bienveillance de ses amis, sinon dans son ancien genre de composition, du moins dans quelque branche de la littérature, sans donner lieu à la remarque, que

« Trop longtemps le vieillard est resté sur la scène. »

RÉPONSE

AUX

ADIEUX DE SIR WALTER SCOTT

A SES LECTEURS.

ÉPITRE FAMILIÈRE.

Au premier mille, hélas, de mon pèlerinage,
Temps où le cœur tout neuf voit tout à son image,
Où l'âme de seize ans, vierge de passions,
Demande à l'univers ses mille émotions,
Le soir d'un jour de fête au golfe de Venise,
Seul, errant sans objet dans ma barque indécise,
Je suivais, mais de loin, sur la mer, un bateau
Dont les concerts flottans se répandaient sur l'eau ;
Voguant de cap en cap, nageant de crique en crique,
La barque balançant sa brise de musique,
Élevait, abaissait, modulait ses accords
Que l'onde palpitante emportait à ses bords,
Et selon que la plage était sourde et sonore,
Mourait comme un soupir des mers qui s'évapore,
Ou dans les antres creux réveillant mille échos

Élançait jusqu'au ciel la fanfare des flots;
Et moi, penché sur l'onde, et l'oreille tendue,
Retenant sur les flots la rame suspendue,
Je frémissais de perdre un seul de ces accens,
Et le vent d'harmonie enivrait tous mes sens.

C'était un couple heureux d'amans unis la veille,
Promenant leur bonheur à l'heure où tout sommeille,
Et, pour mieux enchanter leurs fortunés momens,
Respirant l'air du golfe au son des instrumens.
La fiancée en jouant avec l'écume blanche,
Qui de l'étroit esquif venait laver la hanche,
De son doigt dans la mer laissa tomber l'anneau,
Et pour le ressaisir son corps penché sur l'eau
Fit incliner le bord sous la vague qu'il rase;
La vague, comme une eau qui surmonte le vase,
Les couvrit : un seul cri retentit jusqu'au bord :
Tout était joie et chant, tout fut silence et mort.

Eh bien! ce que mon cœur éprouva dans cette heure
Où le chant s'engloutit dans l'humide demeure,
Je l'éprouve aujourd'hui, chantre mélodieux,
Aujourd'hui que j'entends les suprêmes adieux
De cette chère voix pendant quinze ans suivie.
Voluptueux oubli des peines de la vie,
Musique de l'esprit, brise des temps passés,
Dont nos soucis dormans étaient si bien bercés!
Heures de solitude et de mélancolie,
Heures des nuits sans fin que le sommeil oublie,
Heures de triste attente, hélas! qu'il faut tromper,

Heures à la main vide et qu'il faut occuper,
Fantômes de l'esprit que l'ennui fait éclore,
Vides de la pensée où le cœur se dévore !
Le conteur a fini : vous n'aurez plus sa voix,
Et le temps va sur nous peser de tout son poids.

Ainsi tout a son terme, et tout cesse, et tout s'use.
A ce terrible aveu notre esprit se refuse :
Nous croyons en tournant les feuillets de nos jours
Que les pages sans fin en tourneront toujours ;
Nous croyons que cet arbre au dôme frais et sombre,
Dont nos jeunes amours cherchent la mousse et l'ombre,
Sous ses rideaux tendus doit éternellement
Balancer le zéphyr sur le front de l'amant ;
Nous croyons que ce flot qui court, murmure et brille,
Et du bateau bercé caresse en paix la quille,
Doit à jamais briller, murmurer et flotter,
Et sur sa molle écume à jamais nous porter ;
Nous croyons que le livre où notre âme se plonge
Et comme en un sommeil nage de songe en songe,
Doit dérouler sans fin cette prose ou ces vers,
Horizons enchantés d'un magique univers :
Mensonges de l'esprit, illusion et ruse
Dont pour nous retenir ici-bas la vie use !
Hélas ! tout finit vite : encore un peu de temps,
L'arbre s'effeuille et sèche, et jaunit le printemps,
La vague arrive en poudre à son dernier rivage,
L'âme à l'ennui, le livre à sa dernière page.

Mais pourquoi donc le tien se ferme-t-il avant

Que la mort ait fermé ton poëme vivant,
Homère de l'histoire à l'immense Odyssée,
Qui, répandant si loin ta féconde pensée,
Soulèves les vieux jours, leur rends l'âme et le corps,
Comme l'ombre d'un dieu qui ranime les morts?
Ta fibre est plus savante et n'est pas moins sonore.
Tes jours n'ont pas atteint l'heure qui décolore,
Ton front n'a pas encor perdu ses cheveux gris,
Couronne dont la muse orne ses favoris,
Où, comme dans les pins de ta Calédonie,
La brise des vieux jours est pleine d'harmonie.
Mais, hélas! le poëte est homme par les sens,
Homme par la douleur! Tu le dis, tu le sens;
L'argile périssable où tant d'âme palpite,
Se façonne plus belle et se brise plus vite;
Le nectar est divin, mais le vase est mortel;
C'est un Dieu dont le poids doit écraser l'autel,
C'est un souffle trop plein du soir ou de l'aurore
Qui fait chanter le vent dans un roseau sonore,
Mais qui, brisé du son, le jette au bord de l'eau
Comme un chaume séché battu sous le fléau!
O néant! ô nature! ô faiblesse suprême!
Humiliation pour notre grandeur même!
Main pesante dont Dieu nous courbe incessamment,
Pour nous prouver sa force et notre abaissement,
Pour nous dire et redire à jamais qui nous sommes,
Et pour nous écraser sous ce honteux nom d'hommes!

Je ne m'étonne pas que le bronze et l'airain
Cèdent leur vie au temps et fondent sous sa main,

Que les murs de granit, les colosses de pierre
De Thèbe et de Memphis fassent de la poussière,
Que Babylone rampe au niveau des déserts,
Que le roc de Calpé descende au choc des mers,
Et que les vents, pareils aux dents des boucs avides,
Écorcent jour à jour le tronc des pyramides :
Des hommes et des jours ouvrages imparfaits,
Le temps peut les ronger, c'est lui qui les a faits,
Leur dégradation n'est pas une ruine,
Et Dieu les aime autant en sable qu'en colline ;
Mais qu'un esprit divin, souffle immatériel
Qui jaillit de Dieu seul comme l'éclair du ciel,
Que le temps n'a point fait, que nul climat n'altère,
Qui ne doit rien au feu, rien à l'onde, à la terre,
Qui, plus il a compté de soleils et de jours,
Plus il se sent d'élan pour s'élancer toujours,
Plus il sent, au torrent de force qui l'enivre,
Qu'avoir vécu pour l'homme est sa raison de vivre ;
Qui colore le monde en le réfléchissant ;
Dont la pensée est l'être, et qui crée en pensant ;
Qui, donnant à son œuvre un rayon de sa flamme,
Fait tout sortir de rien, et vivre de son âme,
Enfante avec un mot, comme fit Jéhova,
Se voit dans ce qu'il fait, s'applaudit, et dit : Va !
N'a ni soir, ni matin, mais chaque jour s'éveille
Aussi jeune, aussi neuf, aussi dieu que la veille ;
Que cet esprit captif dans les liens du corps
Sente en lui tout à coup défaillir ses ressorts,
Et, comme le mourant qui s'éteint, mais qui pense,
Mesure à son cadran sa propre décadence,

Qu'il sente l'univers se dérober sous lui,
Levier divin qui sent manquer le point d'appui,
Aigle pris du vertige en son vol sur l'abîme,
Qui sent l'air s'affaisser sous son aile et s'abîme,
Ah ! voilà le néant que je ne comprends pas !
Voilà la mort, plus mort que la mort d'ici-bas,
Voilà la véritable et complète ruine !
Auguste et saint débris devant qui je m'incline,
Voilà ce qui fait honte ou ce qui fait frémir,
Gémissement que Job oublia de gémir !

Ton esprit a porté le poids de ce problème :
Sain dans un corps infirme, il se juge lui-même ;
Tes organes vaincus parlent pour t'avertir ;
Tu sens leur décadence, heureux de la sentir,
Heureux que la raison, te prêtant sa lumière,
T'arrête avant la chute au bord de la carrière !
Eh bien ! ne rougis pas au moment de t'asseoir ;
Laisse un long crépuscule à l'éclat de ton soir ;
Notre tâche commence et la tienne est finie :
C'est à nous maintenant d'embaumer ton génie.
Ah ! si comme le tien mon génie était roi,
Si je pouvais d'un mot évoquer devant toi
Les fantômes divins dont ta plume féconde
Des héros, des amans, a peuplé l'autre monde ;
Les sites enchantés que ta main a décrits,
Paysages vivans dans la pensée écrits ;
Les nobles sentimens s'élevant de tes pages
Comme autant de parfums des odorantes plages,
Et les hautes vertus que ton art fit germer,

Et les saints dévouemens que ta voix fait aimer ;
Dans un cadre où ta vie entrerait tout entière,
Je les ferais jaillir tous devant ta paupière,
Je les concentrerais dans un brillant miroir,
Et dans un seul regard ton œil pourrait te voir !
Semblables à ces feux, dans la nuit éternelle,
Qui viennent saluer la main qui les appelle,
Je les ferais passer rayonnans devant toi ;
Vaste création qui salûrait son roi !
Je les réunirais en couronne choisie,
Dont chaque fleur serait amour et poésie,
Et je te forcerais, toi qui veux la quitter,
A respirer ta gloire avant de la jeter.

Cette gloire sans tache et ces jours sans nuage
N'ont point pour ta mémoire à déchirer de page ;
La main du tendre enfant peut t'ouvrir au hasard,
Sans qu'un mot corrupteur étonne son regard,
Sans que de tes tableaux la suave décence
Fasse rougir un front couronné d'innocence ;
Sur la table du soir, dans la veillée admis,
La famille te compte au nombre des amis,
Se fie à ton honneur, et laisse sans scrupule
Passer de main en main le livre qui circule ;
La vierge, en te lisant, qui ralentit son pas,
Si sa mère survient ne te dérobe pas,
Mais relit au grand jour le passage qu'elle aime,
Comme en face du ciel tu l'écrivis toi-même,
Et s'endort aussi pure après t'avoir fermé,
Mais de grâce et d'amour le cœur plus parfumé.

Un dieu descend toujours pour dénouer ton drame,
Toujours la Providence y veille et nous proclame
Cette justice occulte et ce divin ressort
Qui fait jouer le temps et gouverne le sort;
Dans les cent mille aspects de ta gloire infinie,
C'est toujours la raison qui guide ton génie.
Ce n'est pas du désert le cheval indompté
Traînant de Mazeppa le corps ensanglanté,
Et, comme le torrent tombant de cime en cime,
Précipitant son maître au trône ou dans l'abîme;
C'est le coursier de Job, fier, mais obéissant,
Faisant sonner du pied le sol retentissant,
Se fiant à ses flancs comme l'aigle à son aile,
Prêtant sa bouche au frein et son dos à la selle :
Puis, quand en quatre bonds le désert est franchi,
Jouant avec le mors que l'écume a blanchi,
Touchant sans le passer le but qu'on lui désigne,
Et sous la main qu'on tend courbant son cou de cygne.

Voilà l'homme, voilà le pontife immortel !
Pontife que Dieu fit pour parfumer l'autel,
Pour dérober au sphinx le mot de la nature,
Pour jeter son flambeau dans notre nuit obscure,
Et nous faire épeler, dans ses divins accens,
Ce grand livre du sort dont lui seul a le sens.

Aussi dans ton repos, que ton heureux navire
Soit poussé par l'Eurus, ou flatté du Zéphyre,
Et, partout où la mer étend son vaste sein,
Flotte d'un ciel à l'autre aux deux bords du bassin;

Ou que ton char, longeant la crête des montagnes,
Porte en bas ton regard sur nos tièdes campagnes,
Partout où ton œil voit du pont de ton vaisseau
Le phare ou le clocher sortir du bleu de l'eau,
Ou le môle blanchi par les flots d'une plage
Étendre en mer un bras de ville ou de village,
Partout où ton regard voit au flanc des coteaux
Pyramider en noir les tours des vieux châteaux,
Ou flotter les vapeurs, haleines de nos villes,
Ou des plus humbles toits le soir rougir les tuiles,
Tu peux dire, en ouvrant ton cœur à l'amitié,
Ici l'on essuirait la poudre de mon pié,
Ici dans quelque cœur mon âme s'est versée,
Car tout un siècle pense et vit de ma pensée !
Il ne t'a rien manqué pour égaler du front
Ces noms pour qui le temps n'a plus d'ombre et d'affront,
Ces noms majestueux que l'épopée élève
Comme une cime humaine au-dessus de la grève,
Que d'avoir concentré dans un seul monument
La puissance et l'effort de ton enfantement,
Et d'avoir fait tailler tes divines statues
Dans le moule des vers de rhythmes revêtues.
L'immortelle pensée a sa forme ici-bas,
Langue immortelle aussi que l'homme n'use pas.
Tout ce qui sort de l'homme est rapide et fragile,
Mais le vers est de bronze et la prose d'argile :
L'une, lorsque la brise et le soleil des jours
Et les mains du vulgaire ont palpé ses contours,
Sous la pluie et les vents croule et glisse en poussière,
S'évanouit en cendre, et périt tout entière ;

L'autre passe éternelle avec les nations
De générations en générations,
Résiste aux feux, à l'onde, et survit aux ruines ;
Ou si la rouille attente à ses formes divines,
L'avenir, disputant ses fragmens aux tombeaux,
Adore encor de l'œil ces sonores lambeaux.
Mais tout homme a trop peu de jours pour sa pensée :
La main sèche sur l'œuvre à peine commencée,
Notre bras n'atteint pas aussi loin que notre œil ;
Soyons donc indulgens même pour notre orgueil.
Les monumens complets ne sont pas œuvre d'homme :
Un siècle les commence, un autre les consomme ;
Encor ces grands témoins de notre humanité
Accusent sa faiblesse et sa brièveté ;
Nous y portons chacun le sable avec la foule ;
Qu'importe, quand plus tard notre Babel s'écroule,
D'avoir porté nous-même à ces longs monumens
L'humble brique cachée au sein des fondemens,
Ou la pierre sculptée où notre vain nom vive ?
Notre nom est néant quelque part qu'on l'inscrive.

Spectateur fatigué du grand spectacle humain,
Tu nous laisses pourtant dans un rude chemin.
Les nations n'ont plus ni barde ni prophète
Pour enchanter leur route et marcher à leur tête ;
Un tremblement de trône a secoué les rois,
Les chefs comptent par jour et les règnes par mois ;
Le souffle impétueux de l'humaine pensée,
Équinoxe brûlant dont l'âme est renversée,
Ne permet à personne, et pas même en espoir,

De se tenir debout au sommet du pouvoir ;
Mais poussant tour à tour les plus forts sur la cime,
Les frappe de vertige et les jette à l'abîme ;
En vain le monde invoque un sauveur, un appui,
Le temps plus fort que nous, nous entraîne sous lui :
Lorsque la mer est basse un enfant la gourmande,
Mais tout homme est petit quand une époque est grande.
Regarde : citoyens, rois, soldat ou tribun,
Dieu met la main sur tous et n'en choisit pas un ;
Et le pouvoir, rapide et brûlant météore,
En tombant sur nos fronts nous juge et nous dévore.
C'en est fait : la parole a soufflé sur les mers,
Le chaos bout et couve un second univers,
Et pour le genre humain que le sceptre abandonne
Le salut est dans tous et n'est plus dans personne.
A l'immense roulis d'un océan nouveau,
Aux oscillations du ciel et du vaisseau,
Aux gigantesques flots qui croulent sur nos têtes,
On sent que l'homme aussi double un Cap des Tempêtes,
Et passe, sous la foudre et sous l'obscurité,
Le tropique orageux d'une autre humanité.

Aussi jamais les flots où l'éclair se rallume
N'ont jeté vers le ciel plus de bruit et d'écume,
Dans leurs gouffres béans englouti plus de mâts,
Porté l'homme plus haut pour le lancer plus bas,
Noyé plus de fortune et sur plus de rivages,
Poussé plus de débris et d'illustres naufrages :
Tous les royaumes veufs d'hommes-rois sont peuplés ;
Ils échangent entre eux leurs maîtres exilés.

J'ai vu l'ombre des Stuarts, veuve du triple empire,
Mendier le soleil et l'air qu'elle respire,
L'héritier de l'Europe et de Napoléon
Déshérité du monde et déchu de son nom,
De peur qu'un si grand nom qui seul tient une histoire
N'eût un trop frêle écho d'un si grand son de gloire.

Et toi-même en montant au sommet de tes tours,
Tu peux voir le plus grand des débris de nos jours,
De leur soleil natal deux plantes orphelines
Du palais d'Édimbourg couronner les ruines !...
Ah ! lorsque, s'échappant des fentes d'un tombeau,
Cette tige germait sous un rayon plus beau,
Quand la France, envoyant ses salves à l'Europe,
Annonçait son miracle aux flots de Parthénope,
Quand moi-même d'un vers pressé de le bénir
Sur un fils du destin j'invoquais l'avenir,
Je ne me doutais pas qu'avec tant d'espérance
Le vent de la fortune, hélas ! jouait d'avance,
Emportant tant de joie et tant de vœux dans l'air
Avec le bruit du bronze et son rapide éclair,
Et qu'avant que l'enfant pût manier ses armes
Les bardes sur son sort n'auraient plus que des larmes !..
Des larmes ? non, leur lyre a de plus nobles voix :
Ah ! s'il échappe au trône, écueil de tant de rois ;
Si, comme un nourrisson qu'on jette à la lionne,
A la rude infortune à nourrir Dieu le donne,
Ce sort ne vaut-il pas les berceaux triomphans ?
Toujours l'ombre d'un trône est fatale aux enfans,
Toujours des Tigellins l'haleine empoisonnée

Tue avant le printemps les germes de l'année !
Qu'il grandisse au soleil, à l'air libre, aux autans,
Qu'il lutte sans cuirasse avec l'esprit du temps ;
De quelque nom qu'amour, haine, ou pitié le nomme,
Néant ou majesté, roi proscrit, qu'il soit homme !
D'un trône dévorant qu'il ne soit pas jaloux :
La puissance est au sort, nos vertus sont à nous,
Qu'il console à lui seul son errante famille ;
Plus obscure est la nuit et plus l'étoile y brille !
Et si, comme un timide et faible passager
Que l'on jette à la mer à l'heure du danger,
La liberté prenant un enfant pour victime,
Le jette au gouffre ouvert pour refermer l'abîme,
Qu'il y tombe sans peur, qu'il y dorme innocent
De ce qu'un trône coûte à recrépir de sang ;
Qu'il s'égale à son sort, au plus haut comme au pire ;
Qu'il ne se pèse pas, enfant, contre un empire ;
Qu'à l'humanité seule il résigne ses droits :
Jamais le sang du peuple a-t-il sacré les rois?

Mais adieu ; d'un cœur plein l'eau déborde, et j'oublie
Que ta voile frissonne aux brises d'Italie,
Et t'enlève à la scène où s'agite le sort,
Comme l'aile du cygne à la vase du bord.
Vénérable vieillard, poursuis ton doux voyage ;
Que le vent du midi dérobe à chaque plage
L'air vital de ces mers que tu vas respirer ;
Que l'oranger s'effeuille afin de t'enivrer ;
Que dans chaque horizon ta paupière ravie
Boive avec la lumière une goutte de vie !

Si jamais sur ces mers dont le doux souvenir
M'émeut comme un coursier qu'un autre entend hennir,
Mon navire inconnu glissant sous peu de voile
Venait à rencontrer sous quelque heureuse étoile
Le dôme au triple pont qui berce ton repos,
Je jetterais de joie une autre bague aux flots ;
Mes yeux contempleraient ton large front d'Homère,
Palais des songes d'or, gouffre de la Chimère,
Où tout l'Océan entre et bouillonne en entrant,
Et d'où les flots sans fin sortent en murmurant,
Chaos où retentit ta parole profonde
Et d'où tu fais jaillir les images du monde ;
J'inclinerais mon front sous ta puissante main
Qui de joie et de pleurs pétrit le genre humain ;
J'emporterais dans l'œil la rayonnante image
D'un de ces hommes-siècle et qui nomment un âge ;
Mes lèvres garderaient le sel de tes discours,
Et je séparerais ce jour de tous mes jours,
Comme au temps où d'en haut les célestes génies,
Prenant du voyageur les sandales bénies,
Marchaient dans nos sentiers ; les voyageurs pieux
Dont l'apparition avait frappé les yeux,
L'œil encore ébloui du rayon de lumière,
Marquaient du pied la place, y roulaient une pierre,
Pour conserver visible à leurs postérités
L'heure ou l'homme de Dieu les avait visités.

HOMMAGE

A

L'ACADÉMIE DE MARSEILLE.

NOTE DES ÉDITEURS.

La pièce suivante, qui complète véritablement une première série des œuvres de l'illustre poëte, a été composée à Marseille vers la fin de juin 1832 ; M. de Lamartine était alors près de s'embarquer pour son voyage en Orient. Voici la copie d'un billet qu'il adresse à l'un des éditeurs au moment de partir.

« A M. CHARLES GOSSELIN.

« Je vous prie, sur les exemplaires que vous me devez de votre édition
« actuelle, d'en envoyer dix au fur et à mesure des livraisons, à M. Freys-
« sinet, banquier à Marseille, chargé de les distribuer de ma part, en mon
« absence, à ceux des littérateurs de ce pays-ci où je reçois un si brillant
« et si touchant accueil. Je m'embarque dans huit jours pour un an ou
« dix-huit mois. Je vais dans tout l'Orient.

« Mille complimens et adieux.

« LAMARTINE. »

« Marseille, 29 juin 1832. »

HOMMAGE

A L'ACADÉMIE DE MARSEILLE.

ADIEU.

Si j'abandonne aux plis de la voile rapide
Ce que m'a fait le ciel de paix et de bonheur ;
Si je confie aux flots de l'élément perfide
Une femme, un enfant, ces deux parts de mon cœur;
Si je jette à la mer, aux sables, aux nuages,
Tant de doux avenirs, tant de cœurs palpitans,
D'un retour incertain sans avoir d'autres gages
      Qu'un mât plié par les autans,

Ce n'est pas que de l'or l'ardente soif s'allume
Dans un cœur qui s'est fait un plus noble trésor ;
Ni que de son flambeau la gloire me consume
De la soif d'un vain nom plus fugitif encor ;
Ce n'est pas qu'en nos jours la fortune du Dante
Me fasse de l'exil amer manger le sel,
Ni que des factions la colère inconstante
      Me brise le seuil paternel.

Non, je laisse en pleurant, aux flancs d'une vallée,
Des arbres chargés d'ombre, un champ, une maison

De tièdes souvenirs encor toute peuplée,
Que maint regard ami salue à l'horizon.
J'ai sous l'abri des bois de paisibles asiles
Où ne retentit pas le bruit des factions,
Où je n'entends, au lieu des tempêtes civiles,
  Que joie et bénédictions.

Un vieux père entouré de nos douces images
Y tressaille au bruit sourd du vent dans les créneaux,
Et prie, en se levant, le maître des orages
De mesurer la brise à l'aile des vaisseaux ;
De pieux laboureurs, des serviteurs sans maître,
Cherchent du pied nos pas absens sur le gazon,
Et mes chiens au soleil, couchés sous ma fenêtre,
  Hurlent de tendresse à mon nom.

J'ai des sœurs qu'allaita le même sein de femme,
Rameaux qu'au même tronc le vent devait bercer ;
J'ai des amis dont l'âme est du sang de mon âme,
Qui lisent dans mon œil et m'entendent penser ;
J'ai des cœurs inconnus, où la muse m'écoute,
Mystérieux amis à qui parlent mes vers,
Invisibles échos répandus sur ma route
  Pour me renvoyer des concerts !

Mais l'âme a des instincts qu'ignore la nature,
Semblables à l'instinct de ces hardis oiseaux,
Qui leur fait, pour chercher une autre nourriture,
Traverser d'un seul vol l'abîme aux grandes eaux.
Que vont-ils demander aux climats de l'aurore ?

N'ont-ils pas sur nos toits de la mousse et des nids?
Et des gerbes du champ que notre soleil dore,
  L'épi tombé pour leurs petits?

Moi, j'ai comme eux le pain que chaque jour demande,
J'ai comme eux la colline et le flot écumeux;
De mes humbles désirs la soif n'est pas plus grande,
Et cependant je pars et je reviens comme eux!
Mais comme eux vers l'aurore une force m'attire;
Mais je n'ai pas touché de l'œil et de la main
Cette terre de Cham, notre premier empire,
  Dont Dieu pétrit le cœur humain.

Je n'ai pas navigué sur l'océan de sable,
Au branle assoupissant du vaisseau du désert ;
Je n'ai pas étanché ma soif intarissable,
Le soir, au puits d'Hébron de trois palmiers couvert ;
Je n'ai pas étendu mon manteau sous les tentes,
Dormi dans la poussière où Dieu retournait Job,
Ni la nuit, au doux bruit des toiles palpitantes,
  Rêvé les rêves de Jacob.

Des sept pages du monde une me reste à lire,
Je ne sais pas comment l'étoile y tremble aux cieux,
Sous quel poids de néant la poitrine respire,
Comment le cœur palpite en approchant des dieux !
Je ne sais pas comment, au pied d'une colonne
D'où l'ombre des vieux jours sur le barde descend,
L'herbe parle à l'oreille, ou la terre bourdonne,
  Ou la brise pleure en passant.

Je n'ai pas entendu dans les cèdres antiques
Les cris des nations monter et retentir,
Ni vu du haut Liban les aigles prophétiques
S'abattre au doigt de Dieu sur les palais de Tyr;
Je n'ai pas reposé ma tête sur la terre
Où Palmyre n'a plus que l'écho de son nom,
Ni fait sonner au loin, sous mon pied solitaire,
  L'empire vide de Memnon.

Je n'ai pas entendu, du fond de ses abîmes,
Le Jourdain lamentable élever ses sanglots,
Pleurant avec des pleurs et des cris plus sublimes
Que ceux dont Jérémie épouvanta ses flots;
Je n'ai pas écouté chanter en moi mon âme
Dans la grotte sonore où le barde des rois
Sentait au sein des nuits l'hymne à la main de flamme
  Arracher la harpe à ses doigts.

Et je n'ai pas marché sur des traces divines
Dans ce champ où le Christ pleura sous l'olivier;
Et je n'ai pas cherché ses pleurs sur les racines
D'où les anges jaloux n'ont pu les essuyer!
Et je n'ai pas veillé pendant des nuits sublimes
Au jardin où, suant sa sanglante sueur,
L'écho de nos douleurs et l'écho de nos crimes
  Retentirent dans un seul cœur.

Et je n'ai pas couché mon front dans la poussière
Où le pied du Sauveur en partant s'imprima;
Et je n'ai pas usé sous mes lèvres la pierre

Où, de pleurs embaumé, sa mère l'enferma ;
Et je n'ai pas frappé ma poitrine profonde
Aux lieux où, par sa mort conquérant l'avenir,
Il ouvrit ses deux bras pour embrasser le monde
    Et se pencha pour le bénir.

Voilà pourquoi je pars, voilà pourquoi je joue
Quelque reste de jours inutile ici-bas ;
Qu'importe sur quel bord le vent d'hiver secoue
L'arbre stérile et sec, et qui n'ombrage pas !
—L'insensé ! dit la foule.—Elle-même insensée !
Nous ne trouvons pas tous notre pain en tout lieu :
Du barde voyageur le pain c'est la pensée,
    Son cœur vit des œuvres de Dieu !

Adieu donc, mon vieux père, adieu mes sœurs chéries,
Adieu ma maison blanche à l'ombre du noyer,
Adieu mes beaux coursiers oisifs dans mes prairies,
Adieu mon chien fidèle, hélas, seul au foyer !!!
Votre image me trouble, et me suit comme l'ombre
De mon bonheur passé qui veut me retenir.
Ah ! puisse se lever moins douteuse et moins sombre
    L'heure qui doit nous réunir !

Et toi, terre livrée à plus de vents et d'onde
Que le frêle navire où flotte mon destin !
Terre qui porte en toi la fortune du monde !
Adieu ! ton bord échappe à mon œil incertain !
Puisse un rayon du ciel déchirer le nuage
    Qui couvre trône et temple et peuple et liberté,

Et rallumer plus pur sur ton sacré rivage
    Ton phare d'immortalité !

Et toi, Marseille, assise aux portes de la France
Comme pour accueillir ses hôtes dans tes eaux,
Dont le port sur ces mers rayonnant d'espérance
S'ouvre comme un nid d'aigle aux ailes des vaisseaux,
Où ma main presse encor plus d'une main chérie,
Où mon pied suspendu s'attache avec amour,
Reçois mes derniers vœux en quittant la patrie,
    Mon premier salut au retour !

POÉSIES DIVERSES.

A UNE JEUNE ARABE

QUI FUMAIT LE NARGUILÉ DANS UN JARDIN D'ALEP.

Septembre 1832.

Qui? toi? me demander l'encens de poésie?
Toi, fille d'Orient, née aux vents du désert!
Fleur des jardins d'Alep, que Bulbul* eût choisie
Pour languir et chanter sur son calice ouvert!

Rapporte-t-on l'odeur au baume qui l'exhale?
Aux rameaux d'oranger rattache-t-on leurs fruits?
Va-t-on prêter des feux à l'aube orientale,
Ou des étoiles d'or au ciel brillant des nuits?

Non, plus de vers ici! Mais si ton regard aime
Ce que la poésie a de plus enchanté,
Dans l'eau de ce bassin** contemple-toi toi-même;
Les vers n'ont point d'image égale à ta beauté!

* Nom du rossignol en Orient.
** Toutes les cours des maisons en Orient ont un jet d'eau au milieu, et un bassin de marbre.

A UNE JEUNE ARABE.

Quand le soir, dans le kiosque à l'ogive grillée,
Qui laisse entrer la lune et la brise des mers,
Tu t'assieds sur la natte, à Palmyre émaillée,
Où du moka brûlant fument les flots amers ;

Quand, ta main approchant de tes lèvres mi-closes
Le tuyau de jasmin vêtu d'or effilé,
Ta bouche, en aspirant le doux parfum des roses,
Fait murmurer l'eau tiède au fond du narguilé ;

Quand le nuage ailé qui flotte et te caresse
D'odorantes vapeurs commence à t'enivrer ;
Que les songes lointains d'amour et de jeunesse
Nagent pour nous dans l'air que tu fais respirer ;

Quand de l'Arabe errant tu dépeins la cavale
Soumise au frein d'écume entre tes mains d'enfant,
Et que de ton regard l'éclair oblique égale
L'éclair brûlant et doux de son œil triomphant ;

Quand ton bras, arrondi comme l'anse de l'urne,
Sur le coude appuyé soutient ton front charmant,
Et qu'un reflet soudain de la lampe nocturne
Fait briller ton poignard des feux du diamant ;

Il n'est rien dans les sons que la langue murmure,
Rien dans le front rêveur des bardes comme moi,
Rien dans les doux soupirs d'une âme fraîche et pure,
Rien d'aussi poétique et d'aussi frais que toi !

A UNE JEUNE ARABE.

J'ai passé l'âge heureux où la fleur de la vie,
L'amour, s'épanouit et parfume le cœur;
Et l'admiration, dans mon âme ravie,
N'a plus pour la beauté qu'un rayon sans chaleur.

De mon cœur attiédi la harpe est seule aimée ;
Mais combien à seize ans j'aurais donné de vers
Pour un de ces flocons d'odorante fumée
Que ta lèvre distraite exhale dans les airs ;

Ou pour fixer du doigt la forme enchanteresse
Qu'une invisible main trace en contour obscur,
Quand le rayon des nuits, dont le jour te caresse,
Jette en la dessinant ton ombre sur le mur !

AU PRINCE ROYAL DE BAVIÈRE,

VOYAGEANT EN GRÈCE.

Péra, le 6 juillet 1833.

Pèlerin inconnu des vieux sentiers du monde,
Quitter l'ombre et la paix des foyers paternels,
Se laisser dériver aux caprices de l'onde,
Vers tous les bords lointains qu'un nom fit éternels ;

Saluer d'une larme, à travers sa ruine,
Le temple de Minerve au lumineux fronton ;
Sentir battre un cœur d'homme au roc de Salamine,
Rêver des songes d'or sur le cap de Platon ;

Écouter le destin sur l'airain de ses pages ;
Des peuples et des dieux sonner le jour fatal ;
Ou remuer du pied, dans la poudre des âges,
Ce que l'aile du temps jette du piédestal ;

Toucher au doigt le vide et l'étroit de la vie ;
Confesser sa misère, et goûter son néant,
Et dire à chaque pas, sans regret, sans envie :
Ce monde est comme nous, petit ! Dieu seul est grand !

AU PRINCE ROYAL DE BAVIÈRE.

Du voyageur obscur voilà chaque journée :
De poussière en poussière il s'égare à pas lents ;
Le flot porte sans bruit son humble destinée,
Et le reporte au gîte avec des cheveux blancs !

Mais vous, enfans de rois que l'avenir regarde,
Quand vous voguez devant ces bords aux grands échos,
La gloire du passé se rallume et vous darde
Quelqu'un de ces rayons qui brûlent les héros.

Voilà ce que leurs pas ont laissé sur la route !
Tous ces rivages morts vivent de leur vertu ;
Toi qui passes comme eux devant leur cendre, écoute
La terre qui te dit : Que me laisseras-tu ?

Quand l'homme obscur finit son court pèlerinage,
Sous l'herbe du cercueil il dort impunément ;
Mais la terre de vous demande témoignage,
Et la tombe d'un roi doit être un monument.

PENSÉES EN VOYAGE.

A M. DE MONTHEROT.

Ami ! plus qu'un ami, frère de sang et d'âme,
Dont l'humide regard me suivit sur la lame,
A travers tant de flots jetés derrière moi ;
A travers tant de ciel et d'air, je pense à toi ;
Je pense à ces loisirs que nous usions ensemble
Au bord de nos ruisseaux sous le saule ou le tremble ;
A nos pas suspendus, à nos doux entretiens,
Qu'entremêlaient souvent ou tes vers ou les miens :
Tes vers fils de l'éclair, tes vers nés d'un sourire,
Que tu n'arraches pas palpitans de ta lyre,
Mais que de jour en jour ta négligente main
Laisse, à tout vent d'esprit, tomber sur ton chemin,
Comme ces perles d'eau que pleure chaque aurore,
Dont toute la campagne au réveil se colore;
Qui formeraient un fleuve en se réunissant,
Mais qui tombent sans bruit sur le pied du passant;
Dont le soleil du jour repompe l'humble pluie,
Ou qu'aspire en parfums le vent qui les essuie !
Autres temps, autres soins ! à tout fruit sa saison.
Avant que ma pensée eût l'âge de raison,
Quand j'étais l'humble enfant qui joue avec sa mère,
Qu'on charme ou qu'on effraie avec une chimère,

J'imitais les enfans, mes égaux, dans leurs jeux ;
Je parlais leur langage et je faisais comme eux !
J'allais aux premiers mois où le bourgeon s'élève,
Où l'écorce du bois semble suer la sève,
Vers le torrent qui coule au pied de mon hameau
Des saules inclinés couper le frais rameau.
Réchauffant de l'haleine une sève encor tendre,
Je détachais du bois l'écorce sans la fendre ;
Je l'animais d'un souffle, et bientôt sous mes doigts
Un son plaintif et doux s'exhalait dans le bois :
Ce son, dont aucun art ne réglait la mesure,
N'était rien qu'un bruit vide, un vague et doux murmure,
Semblable aux voix de l'onde et des airs frémissans,
Dont on aime le bruit sans y chercher de sens ;
Prélude d'un esprit éveillé de bonne heure,
Qui chante avant qu'il chante ou pleure avant qu'il pleure.

Mais ce n'est plus le temps, je touche à mon midi !
J'ai souffert et dans moi mon esprit a grandi !
Ces fragiles roseaux jouets de ma jeunesse
Ne sauraient contenir le souffle qui m'oppresse :
Il n'est point de langage ou de rhythme mortel,
Ou de clairon de guerre ou de harpe d'autel
Que ne brisât cent fois le souffle de mon âme ;
Tout se rompt à son choc et tout fond à sa flamme !
Il a pour exhaler ses accords éclatans
Aux verbes d'ici-bas renoncé dès longtemps.
Il ferait éclater leurs fragiles symboles !
Il entrechoquerait des foudres de paroles,
Et les hommes diraient en secouant leurs fronts :

« Qu'il nous parle plus bas, Seigneur, ou nous mourrons ! »

Il ne leur parle plus ! il se parle à lui-même
Dans la langue sans mots, dans le verbe suprême,
Qu'aucune main de chair n'aura jamais écrit ;
Que l'âme parle à l'âme et l'esprit à l'esprit.
Des langages humains perdant toute habitude,
Seul il console ainsi sa sombre solitude !
Au dedans de moi-même il gronde incessamment
Comme une mer de bruit toujours en mouvement ;
Il fait battre à grands coups mes tempes dans ma tête
Avec le son perçant du vol de la tempête ;
Il retentit en moi comme un torrent de nuit
Dont chaque flot emporte et rapporte le bruit,
Comme le contre-coup des foudres de montagnes
Que mille échos tonnans répètent aux campagnes ;
Comme la voix d'airain de ces lourds vents d'hiver
Qui tombent comme un poids du Liban sur la mer,
Ou comme ces grands chocs quand sur un cap qui fume
Elle monte en colline et retombe en écume.
Voilà les seules voix, voilà les seuls accens
Qui peuvent aujourd'hui chanter ce que je sens !

N'attends donc plus de moi ces vers où la pensée,
Comme d'un arc sonore avec grâce élancée
Et, sur deux mots pareils, vibrant à l'unisson,
Dansent complaisamment aux cadences du son !
Ce froid écho des vers répugne à mon oreille ;
Et si du temps passé le souvenir m'éveille ;
Si du désert muet, du limpide orient,

PENSÉES EN VOYAGE. 421

Mon visage vers vous se tourne en souriant ;
Si, pensant aux amis qui verront cette aurore,
Mon âme avec la leur veut se confondre encore ;
C'est par une autre voix que mon cœur attendri
Leur jette et leur demande un souvenir chéri.
La prière, accent fort, langue ailée et suprême,
Qui dans un seul soupir confond tout ce qui s'aime,
Rend visibles au cœur, rend présens devant Dieu
Mille êtres adorés dispersés en tout lieu ;
Fait entre eux, par les biens que la vertu nous verse,
Des plus chers dons du ciel l'invisible commerce :
Langage universel jusqu'au ciel répandu,
Qui s'élève plus haut pour mieux être entendu,
Inextinguible encens qui brûle et qui parfume
Celui qui le reçoit et celui qui l'allume !

C'est ainsi que mon cœur se communique à toi :
Tous les mots d'ici-bas sont néant devant moi ;
Et si tu veux savoir pourquoi je les méprise,
Suis ma voile qui s'enfle et qui fuit sous la brise,
Et viens sur cette scène où le monde a passé,
Où le désert fleurit sur l'empire effacé,
Sur les tombeaux des dieux, des héros et des sages,
Assister à trois nuits et voir trois paysages !

Je venais de quitter la terre dont le bruit
Loin, bien loin sur les flots vous tourmente et vous suit ;
Cette Europe où tout croule, où tout craque, où tout lutte,
Où de quelques débris chaque heure attend la chute ;
Où deux esprits divers, dans d'éternels combats,

Se lancent temple et lois, trône et mœurs en éclats,
Et font, en nivelant le sol qui les dévore,
Place à l'esprit de Dieu qu'ils ne voient pas encore !
Mon navire, poussé par l'invisible main,
Glissait en soulevant l'écume du chemin;
Douze fois le soleil, comme un Dieu qui se couche,
Avait roulé sur lui l'horizon de sa couche
Et s'était relevé bondissant dans les airs,
Comme un aigle de feu, de la crête des mers;
Mes mâts dorment, pliant l'aile sous les antennes,
Mon ancre mord le sable, et je suis dans Athènes!

Il est l'heure où jadis cette ville de bruit,
Muette un peu de temps sous le doigt de la nuit,
S'éveillant tour à tour dans la gloire ou la honte,
Roulait ses flots vivans comme une mer qui monte;
Chaque vent les poussait à leurs ambitions,
Les uns à la vertu, d'autres aux factions,
Périclès au forum, Thémistocle aux rivages,
Aux armes les héros, au portique les sages,
Aristide à l'exil et Socrate à la mort,
Et le peuple au hasard et du crime au remord !
Au pied du Parthénon qu'un homme au turban garde
J'entends venir le jour, je marche et je regarde.

Du haut du Cythéron le rayon part : le jour
De cent chauves sommets va frapper le contour,
De leurs flancs à leurs pieds, des champs aux mers d'Illysse,
Sans que rien le colore et rien le réfléchisse,
Ni cités éclatant de feux dans le lointain,

Ni fumée ondoyante au souffle du matin,
Ni hameaux suspendus au penchant des montagnes,
Ni voiles sur les eaux, ni tours dans les campagnes :
La lumière en passant sur ce sol du trépas,
Y tombe morte à terre et n'en rejaillit pas ;
Seulement le rayon le plus haut de l'aurore
Effleure sur mon front le Parthénon qu'il dore,
Puis glissant à regret sur ces créneaux noircis
Où dort, la pipe en main, le janissaire assis,
Va, comme pour pleurer la corniche brisée,
Mourir sur le fronton du temple de Thésée!
Deux beaux rayons jouant sur deux débris : voilà
Tout ce qui brille encore et dit : Athène est là !

FIN DU TOME TROISIÈME.

TABLE

DU TOME TROISIÈME.

                                                                                                           Pages.

Lettre à M. Léon Bruys d'Ouilly, servant de préface.   5

RECUEILLEMENS POÉTIQUES.

I. — Cantique sur la mort de madame la duchesse de Broglie   17

II. — A une jeune fille qui pleurait sa mère   29

III. — A M. de Genoude, sur son ordination   50

IV. — A madame .... qui fondait une salle d'asile . .   56

V. — A M. Wap, poëte hollandais, en réponse à une Ode adressée à l'auteur sur la mort de sa fille.   57

VI. — A madame la duchesse de R..., sur son album.   45

VII. — A une jeune Moldave.   45

VIII. — Réponse à un Curé de campagne   47

IX. — Amitié de femme. A madame L..., sur son album.   51

X. — Épitaphe des Prisonniers français, morts pendant leur captivité en Angleterre   55

XI. — A un Anonyme.   54

XII. — A M. Félix Guillemardet, sur sa maladie. . . .   55

XIII. — Fragment biblique.   62

XIV. — Toast porté dans un banquet national des Gallois et des Bretons, à Albergavenny, en Écosse   75

XV. — A une jeune fille poëte.   80

TABLE DES MATIÈRES.

XVI. — Cantique sur un Rayon de soleil	87
XVII. — Épitre à M. Adolphe Dumas	94
XVIII. — A une jeune fille qui me demandait de mes cheveux	105
XIX. — A Angelica	107
XX. — A Augusta	108
XXI. — Le Tombeau de David à Jérusalem. A M. Dargaud	109
XXII. — A M. le comte de Virieu, sur la mort d'un ami commun, M. le baron de Vignet	122
XXIII. — Vers écrits dans la chambre de J.-J. Rousseau à l'Ermitage	128
XXIV. — Utopie, à M. Bouchard	129
XXV. — La Femme, à M. Decaisne	140
XXVI. — La Cloche du village	144
XXVII. — A mon ami Aimé Martin, sur sa Bibliothèque	150
XXVIII. — A M. Beauchesne	155
XXIX. — A M. Regaldi	151
Note de l'éditeur	155
A M. de Lamartine, par M. Bouchard. L'avenir politique en 1857	157
A M. de Lamartine, sur son Voyage en Orient, en 1855, par M. Bouchard	161
LA MORT DE SOCRATE. — Avertissement	167
La Mort de Socrate	175
Notes	207
LE DERNIER CHANT DU PÈLERINAGE D'HAROLD. — Avertissement	257
Dédicace	249
Le dernier chant du Pèlerinage d'Harold	251
Notes	519
CHANT DU SACRE ou la Veille des armes	545
Notes	575

TABLE DES MATIÈRES. 427

Réponse aux Adieux de sir Walter Scott a ses lec-
teurs 385
Adieux de sir Walter Scott à ses lecteurs 387
Réponse aux Adieux de sir Walter Scott à ses lecteurs . . . 389

Hommage à l'Académie de Marseille. 405

POÉSIES DIVERSES.

A une jeune Arabe qui fumait le narguilé dans un jardin
d'Alep. 415
Au prince royal de Bavière voyageant en Grèce 416
Pensées en voyage. 418

FIN DE LA TABLE.

www.ingramcontent.com/pod-product-compliance
Lightning Source LLC
Chambersburg PA
CBHW050918230426
43666CB00010B/2224